중국 태원에서 원저자와 함께(2017년 2월)

맹파명리(盲派命理)는 저작권법에 의하여 한국어 출판에 대한 국내외에서
보호를 받는 저작물이므로 무단전재와 무단복제를 금합니다.

盲派命理
맹파명리

段建業 著　朴炯圭 譯

 장위 선생의 서문

　　명리(命理)는 술수(術數)이고, 술수는 음양(陰陽)에 기초하고, 명리는 인생을 분명히 보여준다. 음양은 천지(天地)의 도(道)이고, 인생은 길흉(吉凶)의 시기이다. 천지의 도는 매우 깊어서 사람들이 일상적으로 사용하지만 알지 못한다. 길흉의 시기도 예측하기 어려워서 일반 사람들은 알고 싶어하지만 알 수 없다. 그러므로 현인(賢人)이 나타나 명리라는 하나의 술(術)을 만들어서 사람들로 하여금 명(命)을 알게 함으로써 천지에 순응하고 도에 다가가게 한다.

　　명리(命理)가 세상에 나오자 여러 가지로 나누어지고, 사람에 따라 견해가 달라 여러 파로 갈라진다. 어떤 맹인 명사자(命師者)가 지팡이를 들고 마을을 자유스럽게 돌아다니며 사람들에게 명(命)을 판단[批]하는데, 한치의 실수도 없었다. 단칼에 읽어내는 정확성 때문에 멀리까지 명성이 퍼져 민간에까지 유행하게 되었다. 그는 제자를 선택하는데 매우 엄격해서 맹인이 아니면 전수하지 않았고, 입으로 전하지만 마음으로 깨달아야 하고, 문자로는 남기지 않았기 때문에 단명(斷命)의 방법을 외부인들은 알 수가 없었다.

나의 스승인 단건업(段建業) 선생은 사람 됨됨이가 부드럽고 인정이 많으며, 항상 학습에 전념하였다. 기회와 인연이 딱 맞아 떨어져서 맹파(盲派)의 명인〔高人〕인 학금양(郝金陽) 스승을 만났으며, 학선생의 선택을 받아 맹파의 심오한 경지를 들여다보기 시작했다.

그리고 수년이라는 세월이 흐르고 나서야 비로소 맹파(盲派)의 바른 이치를 깨닫게 되었다. 학선생께 감사하는 마음으로 사심 없이 최근에 하나하나씩 학선생의 절학(絶學:빼어난 독보적 학문)과 자신의 느낌을 잇따라 책으로 정리해서 대중에게 알리고 있는데, 유일한 바람은 맹파를 공부하려는 인연이 있는 사람들에게 전달하여 사용하게 하는 것이다. 그래서 신작 『맹파명리(盲派命理)』에서 전면적이고 체계적으로 〈맹사단명법(盲師斷命法)〉을 총정리하였고, 그것을 바탕으로 또한 〈맹사학(盲師學)〉의 발전이 있었다. 단건업 선생은 맹파명리를 체계화와 이론화한 결과, 일반사람들이 그것을 읽고서 맹사(盲師)의 법(法)을 습득하여 맹파에 입문할 수 있게 했다. 단(段)선생의 이런 행동들이 우리 같이 명리학을 공부하는 사람들에게는 정말 대단한 행운이고, 그 공은 막대하다고 말할 수 있다.

맹파명리(盲派命理)를 총괄적으로 보면 세 가지의 법(法)이 있는데, 이법(理法)·상법(象法)·기법(技法)이다. 이 책에서는 두 가지를 다룰 것이며, 간략히 언급하면 다음과 같다.

이법(理法)은 단명(斷命)의 근본이고, 이법이 통(通)하면 국(局)이 명확해지고, 국이 명확해지면 상(象)이 나온다. 맹사(盲師)는 그 이치를 가슴으로 이해하고, 천지자연(天地自然)으로 생각했기 때문에 말〔言〕은 극히 적었다. 단선생은 맹사(盲師)의 법(法)과 역리(易理)를 근거로 음양오행(陰陽五行)으로부터 그것을 정리하여 발전시켜 맹파의 이법을 만듦으로써 맹파학을 간략화시켜 일반 사람으로 하여금 이해하게 만들었다.

이(理)라고 말하는 것은 음양(陰陽)을 벗어나지 않는다. 대부분의 술수(術數)는 음양을 근본(本)으로 하지 않는 것이 없는데, 만약 음양과 관련된 것이 아니면 그것은 위술(僞術)이기 때문에 명(命)을 배우는 사람들은 음양으로 자세한 판단기준을 삼아야 한다. 맹파(盲派)의 이(理)를 보면 빈주(賓主)·체용(體用)·간지배치(干支配置)를 말하는데, 음양과 서로 부합하지 않는 것은 없다. 빈주를 나눠서 내외(內外)를 알고, 체용을 관찰해서 득실(得失)을 분명히 하고, 간지를 분석해서 형상(形象)을 분별하고, 국(局)·운(運)·유년(流年)을 관찰해서 동정(動靜)과 길흉(吉凶)을 살핀다. 공부하는 사람이 만약 음양에서부터 시작한다면 적은 노력으로 많은 성과를 볼 수 있을 것이다. 오행(五行)으로 말하자면 역시 이(理)에 도달한 것이니, 맹파의 공용(功用)의 이(理)는 즉 맹파명리를 이해하는 데 있어서 근본이다.

예를 들면 제국(制局), 합국(合局), 묘국(墓局), 생국(生局), 화국(化局), 대국(對局), 전국(戰局) 등등의 형식은 많더라도 이(理)는 하나이니, 생극승모(生剋乘侮)와 충합형천(沖合刑穿)이 그것이다. 팔자(八字)의 공(功)은 이것에서 벗어나지 못한다. 그 이(理)를 아는 사람은 맹파에 입문할 수 있고, 명자(命者)의 의향, 명국(命局)의 고저(高低), 부귀빈천(富貴貧賤)의 정도, 대운(大運)·유년(流年)의 길흉(吉凶)에 관해서 모두 알 수 있다.

상법(象法)은 맹파(盲派)의 정수(精髓)이고 또한 술수(術數)의 정수이기도 하다. 술수는 역(易)에 근원을 두고 있고, 역은 오직 상(象)의 학(學)이다. 고대 성인들은 다방면으로 자세히 관찰하고 주변의 모든 사물들을 취해서 괘(卦)를 만든 결과 비로소 역학(易學)이 유행하게 되었다. 맹파의 상(象)은 명리의 오래된 책에 실려 있지는 않지만, 역(易)의 상(象)에서는 모두 맞아떨어진다. 그래서 명(命)을 판단하는 데 있어 모든 것이 마치 신(神)처럼 영험하게 판단한다. 맹사(盲師) 하중기(夏仲奇) 선생이 어떤 여성이 80세 노인에게 시집가고, 멀리 6천 리나 떨어진 곳으로 시집간다라고 판단을 했는데, 이 모든 것들은 상(象)을 사용한 것이다. 혹자는 이것은 수(數)인데 어찌 상(象)이라고 하느냐고 말을 하지만, 상(象)을 보는 것은 수(數)에서 벗어나지 않는다는 것을 어찌 알지 못하는가? 상(象)은 수(數)에서 스스로 명확하게 드러나고, 천문(天文)이 수학(數學)에서 벗어날 수 없는 것처럼 상(象)과 수(數)는 하나이다.

　　책에 기재된 것을 내용을 보면 상(象)에는 간지상(干支象)·십신상(十神象)·궁위상(宮位象)·신살상(神煞象)이 있고, 상(象)의 운용은 또한 대상(帶象)·공상(共象)·합상(合象)·화상(化象)을 말하고 있는데, 이 모든 것들은 상(象)을 취(取)하는 법문(法文)이다. 그러나 상법(象法)의 사용은 깨달음에 달려 있기 때문에 그 법(法)을 알아도 통변(通變)을 알지 못한다면 운용할 수 없다. 일찍이 한 사람이 어떤 여자의 팔자를 단선생에게 보여주었는데, 선생이 이 여자 남편이 교통사고로 목숨을 잃었고, 게다가 몸과 목이 각각 다른 곳에 놓여 있던 사실도 맞췄는데, 이것이 상(象)의 운용이다. 명(命)을 공부하는 사람이 만약 상법 운용을 능수능란하게 할 수 있다면, 단명(斷命)은 자세하고 직접 본 것 같은 수준에 도달할 수 있다.

*기*법(技法)은 맹사(盲師)가 전수하지 않는 비밀이기 때문에 구결(口訣)로써 서로 전수함으로 일반적인 이치로는 그것을 추측할 수 없다. 소위 말하는 공리(公理)는 스스로 증명할 수 없다는 것과 같다. 본 책에서 다루지 않았기 때문에 함부로 말하지 않겠다.

*나*는 갑신(甲申)년 여름 초에 단건업 선생을 우연히 만났는데, 선생은 "팔자는 반드시 세로로 배열해야 한다"라고 말했다. 처음에는 선생의 의미를 알지 못해서 낡아빠진 것이라고 생각하며 웃었는데 나중에 나의 미천함을 깨닫게 됐다. 〈계사(系辭)〉 첫머리에서 "천존지비(天尊地卑) 건곤정의(乾坤定矣)"라 말했다. 간지(干支)가 즉 천지(天地)이고, 존비(尊卑)가 자존(自存)이다. 존비를 나누지 않으면 천지가 명확하지 않고, 형란(形亂)하면 신(神)이 흩어지게 된다.

단(段)선생이 이야기하는 근본 뜻은 천지(天地)에 대한 경외감, 명리(命理)에 대한 경외감이다. 경외감이라는 것은 신앙의 근원이어서 만약 불교의 신자들이면 석가모니를 경외할 것이고, 기독교 신자라면 하나님을 경외할 것이다. 경외감이 없어지면 신앙도 없어진다. 만약 명(命)을 배우는 사람이 명리 자체에 대해 경외감이 부족하다면 신앙을 잃었는데 또 어떻게 사람들과 명(命)을 논할 수 있겠는가? 팔자를 세로로 배열하면 느낌이 직접적이고, 천지를 나누면 음양이 나타나고, 이역(理易)이 명확하면 상역(象易)이 나타나고, 팔자에 대한 이해에도 많은 도움이 된다. 현재 명(命)을 공부하는 사람들도 책 쓰기가 편리하다는 이유로 팔자의 배열 모양을 소홀히 하는 사람이 있다. 이는 천지의 도(道)를 정말 알지 못하는 것이다. 명리를 공부하는 사람들 모두가 참여하

기를 특별히 바란다.

  단(段)선생이 신작을 완성하고 머릿말을 쓰도록 했지만, 나의 재능이 모자라고 학문에 깊이가 없기 때문에 글을 쓰는 동안 부끄러워 몸둘 바를 몰랐다. 오로지 맹파명리(盲派命理)의 깨달음으로 인해서 조리가 없지만 서문을 쓰게 되었다. 첫째는 스승의 가르침에 감사하고, 둘째는 동료들이 서로 보완하고 협력해서 맹파명리가 대중들과 함께 하면서 더욱더 발전하기를 기원하고, 아울러 스승의 소원이 이루어지기를 희망한다.

을유(乙酉)년 겨울 대련에서
張衛(장위)

 |저자 서문|

　　맹사일파(盲師一派)의 명(命)을 논하는 방법은 줄곧 말로 전하고 마음으로 깨닫는 형식이고, 맹인에게만 전수하는 단명절학(斷命絶學)이다. 예측의 놀라운 정확성, 기예의 절묘한 경지, 높은 적중률 때문에 민간에서 넓게 전해지며 칭송되고 있다. 오랜 시간이 흘러오면서 명학(命學)을 연구하는 저작들이 매우 많았지만, 그것의 심오한 이치를 꿰뚫어볼 수 있는 책은 없었다.

　　나는 정축(丁丑)년 학금양 선생을 알게 될 인연이 있었다. 더 나아가 직접 단명(斷命)의 신기함에 매우 경탄하도록 알게 해주셨다. 그래서 사부로 모시고 공부하기로 결심했다. 그러나 맹파의 절학(絶學)은 외부로 전수할 수 없다는 스승의 가르침을 받았기 때문에 그가 살아계셨을 때 배운 것은 매우 적었다.

　　맹인들의 산명(算命)은 쇠왕(衰旺)을 보지 않고, 용신(用神)을 논하지 않고, 격국(格局)을 중시하지 않고 해서 기존의 모든 명학이론(命學理論)과 어긋났다. 그러나 확고하고 정확하게 예측할 수 있는 맹파명리(盲派命理)에는 분명히 심오한 이치가 있다는 것이다.

나는 2000년 이후에 맹파명리(盲派命理)의 연구를 시작했고, 그 후에 쓴 『명리진보(命理珍寶)』, 『명리괴보(命理瑰寶)』, 『맹사단명질례집(盲師斷命軼例集)』 모두는 연구의 깨달음이다. 한 발짝 한 발짝이 모여 걸음이 되고 물이 모여 연못이 되는 것처럼 이 책에서는 맹파명리의 연구가 매우 길고 긴 과정이라는 것을 알 수 있다. 마치 술을 빚는 것처럼 사부 학선생이 나에게 남긴 것은 귀중한 술누룩이고, 좋은 술을 만들고 싶으면 아주 긴 시간 동안의 발효가 필요하다. 내가 사부의 명을 논하는 경지에까지 도달하려면 아직 상당한 거리가 있다는 것을 깊이 알고 있다. 이것은 단지 맹파명리 연구의 시작일 뿐이다.

맹파명리(盲派命理)의 가장 핵심적인 부분은 명리(命理)를 해독하는 방법에 있어 전통의 명리와 다르다는 것이다. 사람의 명운(命運)은 사람과 외부 세계의 모든 사회 관계가 공동으로 구성하는 것이므로, 명리학(命理學)이 밝히려고 하는 것은 바로 이런 관계인데, 명리는 단지 간지(干支)를 사용해서 이런 관계를 유추할 뿐이다. 이른바 명리의 본질은 인생을 서술하는 것이고, 우리 명리사(命理師)들의 임무는 이런 서술을 해독하는 데 있으며, 우리는 추상적인 간지부호(干支符號)를 인생의 각종 사람, 사물로 유화(類化)시켜야만 하고, 게다가 간지 사이의 관계를 인사(人事) 관계로 유추시켜서, 우리들은 이것을 해독해내는 데 이것이 바로 추명(推命)이다.

학금양, 하중기 두 분의 잇따른 사망은 진정한 맹파명리(盲派命理) 연구에 어두운 시기일 수도 있다. 그러나 우리에게 주어진 것은 스승의 부재를 안타까워하기보다는 바로 끝없는 탐구이다. 본 책을 『맹파명리(盲派命理)』라 함은 한편으로는 그들에 대한 기념에서 나온 것이고 또 한편으로는 기대에서 나온 것이다. 더욱 많은 역우(易友)들이 본 파(派)의 연구에 참여하고, 게다가 더욱 더 완벽하게 발전시켜 나가길 희망한다. 나는 장차 연구하여 깨달은 지난 일의 흔적을 책에 남길 것이다.

나의 친구인 조우(趙宇) 선생에게 감사하고, 그와의 공동 연구가 없었다면 현재의 성과는 없었을 것이다. 서강(徐强), 장위(張衛), 언명(言明), 경위(慶威), 손강(孫康)이 이 책의 창작과정에서 보내준 도움과 지지에 감사를 표한다. 또한 더욱더 많은 사람들이 맹파명리(盲派命理) 연구와 학습에 참여해서 사회에 도움이 될 수 있기를 희망한다.

병주(幷州)에서
단건업(段建業)

周序 | 주일신 선생의 서문 : 나의 맹파명리(盲派命理) 인연 |

현세(現世) 초월에 대한 추구는 인류의 선천적인 욕망이고, 사람들은 본능적으로 미지의 세계에 대한 호기심과 생각으로 충만하다. 그러나 오랜 세월에 걸친 사색과 탐구에도 불구하고 이러한 의혹을 해소하지 못했다. 오랫동안 제기된 문제로는 우주는 무엇인가? 시간은 무엇인가? 나는 누구인가? 나는 어디에서 와서 어디로 가는가? 정말 명운(命運)은 있는가? 등이 이에 해당한다.

인류가 발전함에 따라 사람들은 자신의 인생과 세계 우주에 관한 사색이 점점 축적되고 쌓여서 철학의 탄생을 촉진시켰고, 또한 풍부한 중국 전통문화를 만들어냈다. 귀천(貴賤)에서 길흉(吉凶)에 이르기까지 연구하는 명리학(命理學)은 그중에서 지금에 이르기까지 쇠(衰)하지 않는 긴 강줄기에 해당한다. 돌이켜보면, 이 강에 발을 들여놓은 지 벌써 15년이 되었다. 그러나 많은 세월을 허송하고, 2005년에 단사부(段師父)를 만나고 나서야 비로서 명(命)을 판단하는 데 눈이 트이기 시작했다. 그 전의 오랜 세월은 밖에서 배회한 것일 뿐이었다.

一 맹파명리를 처음 접하다

나는 동북 농촌에서 태어났고, 어렸을 때 마을 이웃이 무당을 불러 농사 일을 묻고 라선(蘿仙)에게 제를 올려 길흉(吉凶)을 구하는 일을 여러 번 경험한 적이 있다. 대략 7~8세였던 어느 날 하루, 여기저기 돌아다니며 사람들에게 산명(算命)을 해주던 맹인이 집에 왔었다. 맹인 선생은 많은 사람들에게 산명을 해주었는데 우리 삼 형제에게도 산명을 해주었다. 어렸을 때였지만 나는 자세한 부분까지 분명하게 기억하고 있다.

둘째 형의 복채는 3백원이었는데, 큰형과 나는 홍괘(紅卦)라고 말하고 각각 8백원씩 받았다. 지금 생각해 보면, 선생이 받았던 복채는 확실한 이유가 있었다. 큰형과 나는 연이어 고향을 떠나 도시로 갔으며, 맹인 선생의 예언대로 풍족한 새로운 생활을 실현했는데, 둘째 형의 생활은 비록 시골 유지라고는 할 수 있지만 밭에서 벗어나지는 못했다. 이것이 내가 처음 산명을 접한 경험이었는데, 아마도 모르는 사이에 내가 명리(命理)를 좋아하고 맹파(盲派)를 접하게 되는 씨앗을 뿌린 것이라는 생각이 든다.

二 단(段) 사부를 만남

지난 세기 90년대 초, 국내에서 막 주역(周易) 열풍이 일기 시작했다. 그 당시에 나는 학교 생활로 바빴지만 틈틈이 역(易)을 읽고 명(命)을 공부했다. 비록 경제적으로는 궁핍했지만 역서(易書)를 사는 데 있어서는 조금도 인색하지 않았다. 예컨대『주역과 예측학(周易과 預測學)』,『주역예측예제해(周易預測例題解)』,『사주예측학(四柱預測學)』,『사주예측예제해(四柱預測例題解)』,『중국

고대산명술(中國古代算命術)』 등 서점에서 볼 수 있는 것들은 모두 사들였다.

당시에는 책을 보면서 친구에게 예측을 해주었는데, 놀랍게도 가끔씩 맞기도 했다. 지금 생각해 보면 절로 웃음이 나온다. 일을 마치고 난 후에도 이 취미를 포기하지 않고 끊임없이 자료를 수집했고, 잇따라 이홍성(李洪成), 이함진(李涵辰), 장성달(張成達), 유립걸(劉立杰), 곽요종(郭耀宗), 유등운(劉登云) 등의 책을 봤지만 인연 때문인지 모두 심도 있게 깊이 들어가지는 못했다.

당시에 유행했던 명학이론(命學理論)은 명(命)을 보는 시작은 모두 먼저 일주왕쇠(日主旺衰)를 보고, 그 다음에 희기(喜忌)를 보고 나서, 용신(用神)을 찾는 것이었다. 그러나 일주의 왕쇠판정법은 공부하는 사람들의 머리를 참으로 아프게 만들었는데 고급단계인 용신을 찾는 것은 어떠했겠는가? 2000년 나는 인터넷에서 우연히 복문명학(卜文命學)을 봤는데, 바로 신비한 맹사(盲師) 학금양 선생의 단명(斷命) 이야기에 빠져들었다. 어렸을 때 산명(算命)한 기억이 새롭게 떠올랐다.

명(命)을 논하는 데 다른 것들과 다르게 일주왕쇠(日主旺衰)를 중요하게 여기지 않고, 용신(用神)을 중요하게 생각하지 않는 사상이 내 마음을 흔들어놓았다. 처음부터 왕쇠(旺衰)를 보지 않고 용신을 찾지 않아도 단명(斷命)할 수 있고, 게다가 이렇게 구체적으로 맞춰서 사람을 놀라게 할 수 있는 점이 나를 매료시켰다. 나중에 단건업(段建業) 선생과 여러 차례 서신왕래를 통해서 그가 아주 충직하면서 온후하고, 약점을 숨기지 않으며, 꼼수를 부리지 않고, 있는 그대로 말하며, 마음씨가 정직하고 사심이 없고 해서 신뢰할 만한 사람이라고 느꼈다. 게다가 깨달음이 아주 높고, 맹사(盲師)의 단어(斷語)를 통해서 맹파이론(盲派理論)을 내놓았는데 확실히 남다른 경지에 올라 스스로 자신의 일가(一家)를 이뤘다. 여기저기서 책을 베껴 쓰는 사람들이 도달할 수 있는 곳은 결코

주서(周序)

아니었다. 그래서 스승으로 모셔서 배우기로 의연히 결심했다.

三 태원에서 단 사부로부터 직접 전수받다

맹파명리(盲派命理)의 논리체계는 다른 것들과 달라서, 오랫동안 시중의 일반 명서(命書)이론을 받아들이고 주입했던 나는 맹파명리를 처음 접하는 순간 머리가 멍해지고 충격을 받았으나 어떻게 접근해 볼 방법이 었었다. 비록 단(段) 사부가 여러 번 직접 전수〔面授〕를 진행했지만 길이 너무 멀어서 모두 참여할 수가 없었다. 2005년이 되어서야 내가 직장을 떠나 북경에서 공과대학 석사과정을 공부하는 중에 여가시간이 많았기 때문에 직접 전수에 참여할 수 있었다.

이번 공부야말로 진정으로 나로 하여금 "명리(命理)의 본질이 인생을 표술(表述)하는 것이다"라는 점을 이해하게 만들었고, 게다가 초보적이지만 빈주(賓主)·체용(體用)·주공(做功)이론을 활용하고, 오행(五行)·십신(十神)의 상(象)을 참고하고 종합해서 팔자(八字)를 연구 토론할 수 있게 되었다.

일 대 일 학습과 근거리 접촉으로 단(段) 사부의 친절함을 더욱 잘 느낄 수 있었다. 단 사부는 거만함이 없고, 독단적이지 않으며, 논쟁을 허락해서 다른 견해도 존중하였다. 특히 단 사부는 천성이 소박하고 솔직해서 사람들로 하여금 존경하게 만든다. 단 사부와 함께 보냈던 그 시간들이 너무 즐거웠고, 사부이면서도 친구 같은 느낌이었다.

四 맹파명리를 처음 적용하다

태원(太原)에서 돌아와 노트를 정리하면서 실예(實例)를 사용해 검증을 했

다. 나의 한 학우의 사주팔자 乙巳 己卯 壬午 癸卯 사주(四柱)를 잘 열거하고 대운(大運)을 배열했다. 육신(六神)을 보고, 오행(五行)을 조사하고, 궁위(宮位)를 살핀 후, 매우 조심스럽게 탐색의 말을 건넸다.

"너는 보기에 얌전하고 우아해 보이지만 사실은 아주 개성이 강하고, 화가 나면 아무리 상사라 해도 전혀 개의치 않는다. 맞니?"

겁재(劫財)가 일간을 돕고, 상관(相官)이 득령하고 투출했고, 또한 정관(正官)을 보고 있다.

"맞아, 너무 잘 맞는다. 회사의 선임한테 화를 낸 적도 있고, 상급 인사책임자한테도 화를 낸 적이 있어. 회사에서는 나의 이런 성격 때문에 유명해."

나는 그가 18세에서 28세까지 정축대운(丁丑大運)이 행(行)하고 정임(丁壬)이 합재(合財)를 봤으니, 틀림 없이 결혼운이어서 다시 유년(流年)을 보았다. 23세 유년(流年) 정묘(丁卯)가 명국(命局)과 정임합(丁壬合)을 이루고 묘오(卯午)가 파(破)해서 동거파신(同居破身)의 상(象)이 있고, 26세 경오(庚午) 정재(正財) 오화(午火)가 도위(到位)한다.

"너는 23세 때 결혼하지 않으면 26세 때 결혼할 것이다."

23세를 고려하면 공부할 것이지만 나는 이같이 예측했다.

"26세에 결혼했고, 상대는 급우이고, 오랫동안 사귀었다."

그는 이렇게 대답했다. 처음 시도한 것이 성공적이었기 때문에 나는 흥분해서 또 많은 것들을 이야기했다. 그중에는 맞는 것도 있고 틀린 것도 있었다. 예측이 끝나고 나서 그는 농담조로 말했다.

"친구, 내가 작년에 루산(廬山)에 갔었는데 도사가 나에게 산명(算命)을 해준 적이 있었지. 그런데 지금 네가 말한 것과 비슷하다. 지금 너는 루산(廬山)의 도사 수준이다."

한 번은 우연히 북경에서 장사하는 동북 고향사람을 만났는데, 사주가 丁巳 甲辰 丁酉 庚子이었다. 그의 팔자(八字)를 보고, 단(段) 사부의 상(象)과 관련된 이론을 활용해서 나는 그에게 말했다.

"당신 사업은 컴퓨터나 인터넷과 관련된 일일 것입니다. 부동산일 가능성도 있습니다."

그는 바로 놀라면서 대답했다.

"맞습니다! 모두 관련이 있습니다!"

사실 당시 내가 속으로 놀라는 정도는 그에 뒤지지 않았다. 단 사부가 가르쳐 주신 것이 효과가 있구나! 처음 치르는 실전이어서 비록 적지 않은 실수가 섞여 있었지만, 어쨌든 나는 첫걸음을 떼었다. 그리고 나는 실전에서 명(命)을 논할 때 몇 가지 점은 반드시 주의해야 한다는 것을 느꼈다.

첫째, 이론을 숙지해야 하고 가장 좋은 것은 마음속에도 능숙해야 한다. 이렇게 해야 팔자(八字)를 배열한 후에 신속하게 정도를 끌어낼 수가 있다.

둘째, 자주 손에 들고 감상해서 자신으로 하여금 예측할 수 있는 상태에 있게 해야 한다. 이렇게 해야 팔자(八字)가 나온 후에 자주 영감이 있을 수 있고, 흔히 일컫듯 신들린 것처럼 표현할 수 있다.

셋째, 두려워해서는 안 된다. 대담하게 예측을 해야 한다. 실수를 두려워하면 할수록 주저하게 되고, 일반적으로 실마리를 찾을 수 없게 되고, 사물을 볼 수 없게 된다.

넷째, 욕심이 있어서는 안 된다. 뭔가를 보여주려고, 뭔가를 뽐내고 자랑하려고 해서는 안 된다. 특히 배운 지 얼마 되지 않아서 공력(功力)이 부족할 때 일반적으로 자신을 증명해 보이고 싶을수록 결과는 정반대로 나온다는 사실

이다.

다섯째, 자주 실천을 하고 주의해서 정리를 해야 한다. 그러나 될 수 있는 한 자발적으로 먼저 사람들에게 산명(算命)해서는 안 된다. 산명하는 것과 산명되어지는 것은 한 조의 음양(陰陽)이다. 순수한 양(陽)은 생할 수 없고, 홀로된 음(陰)은 자라게 할 수 없으니, 예측의 이치는 감응의 도이다(預測之理, 感應之道).

어떤 학생들은 여러 번 단(段) 사부의 직접전수에 참여할 인연이 있었던 관계로, 매번 수업을 들을 때마다 새로운 수확이 있었다. 이는 학생들의 맹파이론(盲派理論)에 대한 이해 정도의 끊임없는 향상일 것이고, 또 다른 면에서는 단 사부도 연구하면서 발전했기 때문일 것이다. 단 사부의 이번 저서는 그의 맹파명학(盲派命學)에 대한 분석 설명이고, 그의 현재 모든 저작 중에서 가장 분량이 많은 것이어서 매우 중요한 이론적 가치가 있을 뿐만 아니라 실전기법에서 더욱 돋보이므로, 명학이론(命學理論)의 일대 혁신이고 명학계(命學界)의 아주 기쁜 일이다.

乙酉年末 장춘에서
주일신(周日新)

차례

- ● 張序 장서 4
- ● 自序 자서 10
- ● 周序 주서 13

제 1 장 음양오행(陰陽五行)

1. 음양(陰陽)학설 29
2. 오행(五行)학설 32
3. 오행생극(五行生克) 34
4. 오행반상(五行反常) 40
5. 오행유상(五行類象) 44

제 2 장 십천간(十天干)

1. 십천간(十天干) 작용 관계 55
   1. 십간(十干)의 생(生) 55
   2. 십간(十干)의 극(克) 56
   3. 십간(十干)의 합(合) 57
   4. 십간(十干)의 충(沖) 57
2. 십간(十干)의 상(象) 58

제3장 십이지지(十二地支)

1 십이지(十二支)와 음양(陰陽), 오행(五行)과 십간(十干) 관계 ... 66
- 1 십이지지(十二地支) ... 66
- 2 오행본기(五行本氣) ... 67
- 3 오행장생(五行長生) ... 67
- 4 오행묘고(五行墓庫) ... 68
- 5 오행여기(五行餘氣) ... 68
- 6 오행사지(五行死地) ... 70
- 7 오행절지(五行絶地) ... 70
- 8 십간본기(十干本氣) ... 71
- 9 십간(十干)상태 ... 71
- 10 지지둔장(地支遁藏) ... 73

2 십이지지(十二地支)와 시간(時間), 방위(方位) ... 75
- 1 십이지지(十二地支)와 사시방위(四時方位) ... 75
- 2 십이지(十二支) 월건(月建) 배열 ... 76
- 3 십이지(十二支)와 십이시진(十二時辰) ... 76
- 4 십이지(十二支)와 십이지수(十二支數) ... 77

3 십이지(十二支)의 작용관계 ... 78
- 1 십이지(十二支) 상합(相合) ... 78
  - (1) 십이지(十二支) 육합(六合) ... 78
  - (2) 십이지(十二支) 삼합국(三合局) ... 80
  - (3) 암합(暗合) ... 82
- 2 십이지(十二支) 상충(相沖) ... 83
- 3 십이지(十二支) 상천(相穿) ... 88

- ④ 십이지(十二支) 상형(相刑) 90
- ⑤ 지지상파(地支相破) 91
- ⑥ 지지(地支)의 묘(墓) 92

④ 오행(五行)·간지(干支)의 기타 특성 94
- ① 진술축미(辰戌丑未特誠) 특성 94
- ② 목(木)의 사활(死活) 96
- ③ 사화(巳火)의 특수성 98

제4장 사주팔자(四柱八字)

① 사주(四柱)를 배열하는 법 101

② 대운(大運)과 유년(流年) 105
- ① 대운(大運) 배열하는 법 105
- ② 교운시간(交運時間) 106
- ③ 유년기법(流年起法) 109

③ 사주궁위취상(四柱宮位取象) 110
- ① 궁위유상(宮位類象) 110
- ② 궁위길흉(宮位吉凶) 114

④ 일주(日主)와 십신(十神) 116
- ① 십신(十神) 개념 116
- ② 십신(十神) 생극(生克) 119

⑤ 십신유상(十神類象) 121
- ① 정인(正印)·편인(偏印)의 유상(類象) 121
- ② 정관(正官)·칠살(七煞)의 유상(類象) 124

③ 정재(正財)·편재(偏財)의 유상(類象) ··········· 126
　　④ 비견(比肩)·겁재(劫財)의 유상(類象) ··········· 129
　　⑤ 식신(食神)·상관(傷官)의 유상(類象) ··········· 131
　⑥ 신살유상(神煞類象) ······························· 135
　　① 록신(祿神) 유상(類象) ····························· 135
　　② 양인(羊刃) 유상(類象) ····························· 136
　　③ 묘고(墓庫)의 상(象) ······························· 138
　　④ 역마(驛馬)의 상(象) ······························· 138
　　⑤ 공망(空亡)의 상(象) ······························· 139

제5장 맹파명리 체계

　① 맹파명리(盲派命理)와 전통명리(傳統命理)의 구별 ········ 145
　② 맹파명리의 체계적 특징 ································ 148
　　① 빈주(賓主)의 개념 ······························· 148
　　② 체용(體用)의 개념 ······························· 151
　　③ 공신(功神)과 폐신(廢神)의 개념 ··················· 153
　　④ 능량(能量)과 효율(效率)의 개념 ··················· 155
　　⑤ 적신(賊神)과 포신(捕神)의 개념 ··················· 156
　③ 간지배치(干支配置)의 원리 ···························· 157
　　① 간지생극(干支生克)의 원리 ························ 157
　　② 간지호통(干支互通)의 원리 ························ 158
　　③ 간지허실(干支虛實)의 원리 ························ 164

제6장 맹파명리 논명방법

1 팔자입수(八字入手) 방법 ... 171
1 팔자의 공을 봄〔看八字的功〕 ... 171
2 팔자의 부귀와 빈천을 봄〔看八字富貴貧賤〕 ... 173
- (1) 부귀(富貴)한 팔자(八字) ... 173
- (2) 보통(普通) 팔자(八字) ... 181
- (3) 나쁜 팔자〔差八字〕 ... 183

2 주공(做功)의 방식 ... 185
1 제용구조주공〔制用構造做功〕 ... 186
2 화용구조주공〔化用構造做功〕 ... 188
3 생용설용구조주공〔生用泄用構造做功〕 ... 189
4 합용구조주공〔合用構造做功〕 ... 191
5 묘용구조주공〔墓用構造做功〕 ... 195
6 복합구조주공〔復合構造做功〕 ... 197

3 대운(大運)·유년(流年)과 응기(應期) ... 202

4 제국통변(制局通辨) ... 215

5 제법명석(制法明析) ... 231

제7장 상담사례 분석

1 제자 언명(言明)여사의 상담사례 발췌 ... 247
1 한 사업가의 번뇌 ... 247
2 원래는 회계 ... 254
3 회사를 지배할 수 없는 주주 ... 257

    4️⃣ 하늘은 사람의 뜻대로 되지 않는다 〔결혼〕 262

2️⃣ 맹파실전(盲派實戰)의 예(例) 273
    1️⃣ 현장 실전 명례 ①- 비참한 첩자 274
    2️⃣ 현장 실전 명례 ②- 엄청난 재산이 한순간에 없어지다 279
    3️⃣ 현장 실전 명례 ③- 경전의 직업 판례 281
    4️⃣ 현장 실전 명례 ④- 비겁상관고(比劫傷官庫)가 불충(不冲)하면
          평생 직업이 무엇일까? 284
    5️⃣ 현장 실전 명례 ⑤- 그녀는 회계경리이다 289
    6️⃣ 현장 실전 명례 ⑥- 미녀의 응단(應斷) 292

제8장 맹파명리 질의응답

    ■ 맹파명리 질의응답 299

제9장 부록 | 저자의 블로그 문장 모음

    ■ 맹파명리 개론 321
        ❶ 연극배우와 얼굴 화장 323
        ❷ 바둑의 1인자 이창호 326
        ❸ 교배(雜交) 벼의 아버지 원륭평 331
        ❹ 이가성(李嘉誠)과 황혼 로맨스 335
        ❺ 종초홍(鍾楚紅) |남편의 연이 다해서 단지 한 사람만 남아 슬픔에 잠겼다| ... 339
        ❻ 장예모(張藝謀) 344
        ❼ 사망(死亡)과 영생(永生) |영국 다이애나 비의 명운(命運) 탐색| ... 349
        ❽ 상(象)으로 설명해 보는 뉴턴과 아인슈타인 354
        ❾ 곤사(坤沙)의 마약 인생 361
        ❿ 천수이비엔(陳水扁) 367
        ⓫ 학금양 전기 |유개성 맹사 일화 포함| 374

● 역자후기 392

일러두기

- 맹파명리 번역 교재는 2009년 하얼삔 출판사에서 나온 맹파명리 수정판을 근거로 하여 한국어로 번역하였습니다. 맹파명리 수정판은 초판에 비해 내용이 3분의 1 정도 첨가되었습니다.
- 본문 중에 나오는 금액은 한국 화폐단위로 환산하였습니다(예 수억 위앤→수백 억원).
- 일주(日主)는 일간(日干)과 같은 의미입니다.

제1장
음양오행
(陰陽五行)

맹파맹리
盲派命理

① 음양(陰陽)학설

 역왈(易曰), 일음(一陰)과 일양(一陽)을 도(道)라고 한다. 음양학술은 중국 옛사람들이 우주 만물을 인지(認知)하는 방법으로, 우주의 만물은 모두 음양 두 가지 성질로 구성되어 있다고 고인(古人)들은 인식했다. 『내경(內經)』에서 다시 명확하게 밝히고 있다. "음양(陰陽)은 천지(天地)의 도(道)요, 만물의 강기(綱紀)요, 변화의 부모이며, 생살(生殺)의 본시(本始)요, 신명(神明)의 부(府)이다."
 중국 고대인이 인지한 세계(世界)는 세계의 조성(組成)을 고려한 것이 아니고, 세계가 운행하는 규율과 형태를 개괄하는 것이다.
 우리들은 현재 물질세계는 기본입자로 구성되어 있다고 알고 있다. 그러나 기본입자의 운행은 오히려 완전히 음양(陰陽) 이론으로 개괄할 수 있는 것이다. 양자역학은 우리들에게 입자는 파(波) 즉 음성(陰性)과 입자 즉 양성(陽性) 두 개의 성(性)을 갖추고 있는데, 이것은 곧 상호 보조하는 원리이다. 양자학의 창시자인 브루노(波爾)는 중국의 태극도형(太極圖形)의 상(象)을 빌려 양자행위(量子行爲)을 설명하고 있는데, 정말 그 설명이 매우 적절하다.

고인(古人)의 음양(陰陽)에 관한 개념은 일반적으로 두 가지 의미로 운용된다.

첫째, 작위(作爲)하여 우주 사이에 없는 곳이 없으며, 보편 유행하는 기(氣)와 같다. 음양은 곧 기화(氣化)하는 것이다.

둘째, 일반적으로 우주 사이에 두 가지 종류가 상호 대립하거나 교감하는 것을 가리키는데, 즉 대립과 교감의 모순이 음양의 근본 특징이다. 그러므로 천지(天地)·수화(水火)·향배(向背)·진퇴(進退) 등의 일체 대립면(對立面) 및 그 상호작용 모두를 칭하여 음양이라 한다. 음양의 대립과 교감은 바로 우주의 생생불식(生生不息)하는 최고 근본의 원인이 존재하는 곳이다.

'역(易)' 이란 문자가 만들어진 기원과 조합을 풀어보면, 역(易)은 일(日)과 월(月) 두 글자의 합체이다. 일(日)은 양(陽)이고, 월(月)은 음(陰)이 된다. 역(易)이 반영하는 것은 바로 음양의 변화이다. 그것을 설명하면 역(易)의 본질은 우주가 변화하여 발전하는 규율을 묘술한 것이고, 우주의 발전과 변화는 곧 음양의 작용으로 일어나는 것이고, 그것을 따르는 이 규율을 옛사람은 '도(道)' 라고 하였다.

'도(道)'는 우주의 본질이고, 음양을 이용하여 건립한 예측술(預測術)은 바로 인식하고 구증(求證)하는 도(道)의 일종에 수단과 방법인 것이다. 이러한 종류의 예측술은 어떻게 관련 있는 사람의 허다한 사정을 정확하게 예측할 수 있는가? 이것은 바로 사람이 우주 천체와 밀접한 관계가 있기 때문이다.

태양·지구·달 이 3자의 존재에서 연유하여 비로소 사람이 태어난다. 그러므로 인류 사회의 일체 활동 또한 필연적으로 이 세 개의 천체와 밀접한 관계가 있다. 중국 고대의 음양(陰陽) 학술과 간지(干支) 학술은 바로 태양·지구·달 세 가지가 운행하는 주기규율을 묘사하고 있다. 예측술은 사람이 활동하여 발생하는 사건과 음양, 그리고 간지를 관련시켜 건립한 하나의 추연하는 모형으로 이로써 과거를 증험하여 미래를 추측하려는 것이 목적인 것이다.

음양(陰陽)은 인체 방면에서 충분히 체현될 수 있다. 곧 사람의 성별로 말하면 남자는 양(陽), 여자는 음(陰)이다. 한 개인으로 말하면 상(上)은 양(陽), 하(下)는 음(陰), 배(背)는 양(陽), 흉(胸)은 음(陰), 좌(左)는 양(陽), 우(右)는 음(陰)이다. 외(外)는 양(陽), 내(內)는 음(陰), 부(腑)는 양(陽), 장(臟)은 음(陰) 등이다.

사람의 일생은 바로 하나의 음양 변화의 과정이다. 고대 중국의 의학은 음양 원리를 이용하여 발전시킨 하나의 완전한 치병(治病)과 방병(防病)하는 원리로 몇 천 년간의 임상 실천하는 중에 충분히 증명된 것이다.

술수학(術數學) 또한 음양학술(陰陽學術)의 기초에서 발전한 것이다. 다만 그것은 다시 많은 상(象)의 사상과 응용을 포함하고 있다. 상(象)은 음양을 기초로 하여 다시 상(象)의 개념을 갖추고, 오행(五行)·팔괘(八卦)·간지(干支) 학설을 포괄하여, 바로 상(象)으로 인입(引入)하여 세간 만물을 능히 분류할 수 있기 때문에 비로소 술수학이 미래를 예측하는 방법과 기능의 하나로 성립할 수 있었다.

② 오행(五行)학설

고인(古人)은 "사람이 출생할 때에 천지 음양오행의 기(氣)를 직접적으로 받아들일 뿐만 아니라 또 음양오행의 기(氣)의 영향을 받아 사람의 명운(命運)이 형성되었다."고 인식하였다. 그런 까닭에 명리학(命理學)의 학습은 당연히 먼저 음양오행을 아는 것부터 시작해야 한다.

■ 그렇다면 오행(五行)이란 무엇인가?

이것은 세계가 단지 다섯 가지 물질로 구성되었다는 것을 말하는 것이 아니다. 고인은 세계의 조성(組成)을 탐구한 것이 아니고, 세계가 운행하는 규율을 연구했기 때문에 오행사상(五行思想)에서 말하고자 하는 것은 세계에는 다섯 가지 힘[力]의 작용이 존재하고 있다는 것이다.

행(行)이란 행동(行動)이나 운동(運動)을 말한다. 그러나 만일 오행(五行)을 완전히 물리적으로 이루어진 힘으로만 이해한다면 이것 또한 확실한 것이 아니다. 그러므로 다섯 종류의 다른 기(氣)를 이해해야만 한다. 기(氣)는 하나의 작용하는 힘이며 또한 상(象)이라고 해야 할 것이다. 상(象)이란 개념을 말한다면, 이것은 어떤 공통적인 특징을 구비한

한 사물을 가리킨다

【 오행(五行)의 대표적인 특성 】

수(水)	한냉(寒冷), 향하(向下), 조습(潮濕), 자윤(滋潤), 물(水), 우(雨), 설(雪), 야(夜), 흑색(黑色), 북방(北方), 빙(氷) 등
화(火)	온열(溫熱), 광량(光亮), 향상(向上), 승등(升騰), 화염(火焰), 광망(光芒), 하천(夏天), 홍색(紅色), 남방(南方) 등
목(木)	생발(生發), 유화(柔和), 곡직(曲直), 서전(舒展), 식물(植物), 조신(早晨), 춘천(春天), 동방(東方) 등
금(金)	청량(淸凉), 결정(潔淨), 숙강(肅降), 수렴(收斂), 금속(金屬), 추천(秋天), 백색(白色), 서방(西方) 등
토(土)	장량(長養), 생화(生化), 수납(受納), 변화(變化), 토(土), 산(山), 황색(黃色), 중앙(中央) 등

③ 오행생극(五行生克)

　오행(五行)의 학설은 오행이 사물의 성질을 분류하는 것만 아니라 더욱 중요한 것은 그것이 사물 내부 운동의 일반적 규율(規律)을 분명히 천명(闡明)하고 있다는 것이다.
　또한 이것은 오행 사이의 상호 관계를 설명하는데 이미 상생(相生)의 일면이 있으면 또 상극(相克)의 일면이 있다는 것으로, 바로 이러한 상생과 상극의 작용 때문에 우주 중의 사물이 비로소 변화와 발전이 있다는 것이다.
　오행의 상생은 서로 자생(滋生)하고, 촉진(促進)하고, 조장(助長)하는 것을 가르킨다. 상극은 상호 제약(制約), 극제(克制), 억제(抑制)하는 뜻을 내포하고 있다.

1 오행상생(五行相生)

⊙ **오행상생** ☞ 목생화(木生火), 화생토(火生土), 토생금(土生金), 금생수(金生水), 수생목(水生木)

【오행(五行)의 상생(相生)적 합의】

목생화 (木生火)	목(木)의 성질은 온난하고 화(火)가 그 안에 은복(隱伏)하고, 찬목(鑽木)하여 화(火)를 생(生)한다. 그래서 목생화(木生火)다.
화생토 (火生土)	화(火)는 작열(灼熱)하므로 목(木)을 불타게 하고, 목(木)은 다 타버린 후에 재〔灰燼〕로 변한다. 회(灰)는 곧 토(土)다. 그래서 화생토(火生土)이다.
토생금 (土生金)	금(金)은 돌 중에 은장(隱藏)된 것에서 구하는 데, 돌은 산에 붙어서 의지한다. 진윤(津潤:습기를 띰)이 태어나게 한다. 토(土)가 모여 산을 이룬다. 산이 있으면 반드시 돌을 만들어낸다. 그래서 토생금(土生金)이 된다.
금생수 (金生水)	금기(金氣)는 소음(少陰)의 기(氣)로 온윤유택(溫潤流澤)하여 수(水)가 금(金)의 생에 의지한다. 그래서 금생수(金生水)다.
수생목 (水生木)	온윤(溫潤)한 수(水)가 수목(樹木)을 태어나게 하고 자라게 한다. 그래서 수생목(水生木)이다.

2 오행상극(五行相克)

⊙ **오행상극** ☞ **목극토(木克土), 토극수(土克水), 수극화(水克火), 화극금(火克金), 금극목(金克木)**

오행의 상극 원리도 또한 대자연을 관찰한 중에서 귀납(歸納)하여 총결(總結)하여 나온 것이다.

衆勝寡, 故水勝火 (중승과, 고수승화)	무리가 적음을 이기니, 그래서 수(水)가 화(火)를 이긴다.
精勝堅, 故火勝金 (정승견, 고화승금)	정미함이 굳음을 이기니, 그래서 화(火)가 금(金)을 이긴다.
剛勝柔, 故金勝木 (강승유, 고금승목)	강함이 유함을 이기니, 그래서 금(金)이 목(木)을 이긴다.
專勝散, 故木勝土 (전승산, 고목승토)	모여 있는 것이 흩어진 것을 이기니, 그래서 목(木)이 토(土)를 이긴다.
實勝虛, 故土勝水 (실승허, 고토승수)	실(實)이 허(虛)를 이기니, 그래서 토(土)가 수(水)를 이긴다.

상생(相生)의 관계 중에는 모두 생아生我☞나를 생함와 아생我生☞내가 생함의 두 가지 관계가 있다.

명리학(命理學)에서는 생극(生克) 관계를 연화(演化)하여 육친(六親)의 관계를 이룬다. 즉 나를 생(生)하는 것은 부모, 내가 생(生)하는 것은 자식이 되고, 나를 극(克)하는 것은 관귀(官鬼)이며, 내가 극(克)하는 것은 처와 재산이 되고, 비견(比肩)은 형제가 된다.

만일 일간(日干)이 경금(庚金)이라면 토생금(土生金)하니, 토(土)는 금

(金)의 부모가 된다.

- **화극금(火克金)**하면, 화(火)는 금(金)의 **관귀(官鬼)**이다.
- **금극목(金克木)**하면, 목(木)은 금(金)의 **처재(妻財)**이다.
- **금생수(金生水)**하면, 수(水)는 금(金)의 **자손**이다.
- 금(金)과 금(金)은 서로 같다. 그러므로 **비견(比肩)**은 **형제**가 된다.
- **처재(妻財)**는 남자 입장에서 말하면 전재(錢財)를 대표하며, 또 처(妻)를 대표한다
- **관귀(官鬼)**는 여자 입장에서 말하면 관성(官星)으로 남편이 된다.

상생과 상극의 상(象)은 음양(陰陽)의 한 모양이기 때문에 사물을 두 개의 방면으로 나눌 수 없다는 것이다. 생(生)이 없으면 사물이 발생하고 성장할 수 없고, 극(克)이 없으면 사물이 발전 변화하는 중에 균형과 협조를 유지할 수 없다.

태과(太過)나 불급(不及)은 사물이 정상적으로 발전하는 데 불리하다. 그러므로 상생이 없으면 상극이 없고 상극이 없으면 상생이 없다.

이것은 생(生) 중에 극(克)이 있고, 극(克) 중에 생(生)이 있어 서로 도우면서 이루게 되며, 서로 용(用)되는 관계이다. 추동(推動)과 유지(維持)는 사물의 정상적인 생장(生長)과 발전(發展) 그리고 변화(變化)이다.

오행(五行)의 상생(相生) 중에서 생(生)의 한 방향은 모방(母方)이 되고, 피생(被生)의 한 방향은 자방(子方)이 된다. 강약의 정황이 같지 않음을 근거로 생(生)이 기쁘고, 생(生)을 꺼리는 몇 가지 정황이 있으니 다음과 같다.

1 만약 모방(母方)이 지나치게 강하면 자방(子方)이 와서 모방(母方)을 설(泄) 해 주는 것이 좋다.
- 강한 토(土)는 금(金)이 설(泄)함이 좋다.
- 강한 금(金)은 수(水)가 설(泄)함이 좋다.
- 강한 수(水)는 목(木)이 설(泄)함이 좋다.
- 강한 목(木)은 화(火)로 설(泄)함이 좋다.
- 강한 화(火)는 토(土)로 설(泄)함이 좋다.

2 자방(子方)이 태약하면 모방(母方)이 자방(子方)을 생조하면 좋다.
- 약한 금(金)은 토(土)의 생(生)이 좋다.
- 약한 토(土)는 화(火)의 생(生)이 좋다.
- 약한 화(火)는 목(木)의 생(生)이 좋다.
- 약한 목(木)은 수(水)의 생(生)이 좋다.
- 약한 수(水)는 금(金)의 생(生)이 좋다.

3 모방(母方)이 태약하면 자방(子方)이 모방(母方)을 설(泄)하는 것을 두려워 한다.
- 토(土)가 약한데 금(金)이 많으면 토(土)가 쉽게 함몰된다.
- 금(金)이 약한데 수(水)가 많으면 금(金)이 가라앉는다.
- 수(水)가 약한데 목(木)이 많으면 수(水)가 쉽게 마른다.
- 목(木)이 약한데 화(火)가 많으면 목(木)이 타버린다.
- 화(火)가 약한데 토(土)가 많으면 화(火)가 쉽게 꺼진다.

오행(五行)의 상극에 있어서 또한 극(克)을 좋아하는 것과 극(克)을 꺼리는 구분이 있는데, 아래 두 가지 예가 그것이다.

1 일방이 너무 왕(旺)하면 이 일방은 극(克)을 받는 것이 좋다.
- 토(土)가 왕(旺)하면 목(木)을 얻어야 비로소 소통(疏通)되며,
- 목(木)이 왕(旺)하면 금(金)을 얻어야 동량(棟梁)이 되고,
- 금(金)이 왕(旺)하면 화(火)를 얻어야 그릇[器皿]을 만들 수 있다.
- 화(火)가 왕(旺)하면 수(水)를 얻어서 상제(相濟)를 이루어야 하고,
- 수(水)가 왕(旺)하면 토(土)를 얻어야 지소(池沼)가 된다.

2 일방적으로 약(弱)하면 극(克)을 받는 것을 꺼린다.
- 약한 토(土)가 목(木)을 만나면 기울어 넘어진다[傾陷].
- 약한 목(木)이 금(金)을 만나면 반드시 베어져 꺾인다[砍析].
- 약한 금(金)이 화(火)를 만나면 반드시 녹는다[鎖熔].
- 약한 화(火)가 수(水)를 만나면 반드시 꺼진다[熄滅].
- 약한 수(水)가 토(土)를 만나면 진흙탕이 되어서 막힌다[淤塞].

④ 오행반상(五行反常)

오행(五行)의 생(生)과 극(克)에 있어 우리들이 다만 순생(順生)과 순극(順克)만 알고, 반생(反生)과 반극(反克)의 이치를 알지 못한다면 오행의 이론을 운용하여 인체의 정보를 예측할 수 없다.

음양오행은 다만 생극하는 것 뿐만 아니라, 서로 돕고 이루고 또 서로 제약하는 일면이 있고, 다시 태과불급(太過不及)하는 일면이 있으니, 이것으로 복잡한 것을 예측할 수 있다. 학습하는 중에 이러한 방면의 대립과 통일의 관계를 파악하여 반드시 옳은 것과 꺼리는 것을 밝혀서 변통하여 활용하여야 한다.

1 상생반상(相生反常)

① 토(土)는 금(金)을 생(生)하는 데, 다음 두 가지 상황에서는 토(土)는 금(金)을 생(生)하지 못한다.

  ❶ 마른 조토(燥土)는 금(金)을 생(生)하지 못한다. 토(土)가 건조한 것

은 토(土) 중에 화(火)가 포함되어 있어서 성(性)이 건조하여 금(金)을 생하지 못하고 반대로 금(金)을 부서지게〔脆〕한다.
❷ 토(土)가 많으면 금(金)을 생하지 못한다. 토(土)가 아주 많으면 토(土)에 금(金)이 파묻혀 생해 줄 방법이 없다.

② 금(金)은 수(水)를 생(生)하는 데, 다음 두 가지 상황에서는 금(金)은 수(水)를 생(生)하지 못한다.
❶ 약한 금(金)은 수(水)를 생(生)하지 못한다. 금(金)이 태약(太弱)해서 스스로 돌아보기도 어려우니 수(水)를 생(生)해 줄 방법이 없다.
❷ 금(金)은 얼음이 된 수(水)를 생(生)하지 못한다. 겨울에 금(金)은 차갑고 물은 얼므로 생(生)하지 못한다.

③ 수(水)는 목(木)을 생(生)하는 데, 다음 두 가지 상황에서는 수(水)는 목(木)을 생(生)하지 못한다.
❶ 수(水)가 많으면 목(木)이 떠서 수(水)가 목(木)을 생(生)하지 못한다. 목(木)이 뿌리가 없는데 수(水)를 보면 쉽게 떠서 수(水)가 생해 주는 것을 받지 못한다.
❷ 한수(寒水)는 목(木)을 생(生)하지 못한다. 겨울의 물은 차가워서 목(木)이 얼기 때문에 생(生)하기 어렵다. 따뜻하게 해야 비로소 생(生)해 줄 수 있다.

④ 목(木)은 화(火)를 생(生)하는 데, 다음 하나의 상황에서는 목(木)은 화(火)를 생(生)하지 못한다.

❶ 습목(濕木)은 화(火)를 생(生)하지 못한다. 목(木)이 수(水)의 습기(濕氣)를 머금으면 화(火)를 생하기 어렵다.

② 상극반상(相克反常)

① 토(土)는 수(水)를 극(克)하는 데, 다음 세 가지 상황에서는 토(土)는 수(水)를 극(克)하지 못한다.

❶ 수(水)가 왕(旺)하고 토(土)가 약하면 토(土)는 수(水)를 극(克)하지 못하고, 도리어 수(水)가 많으면 토(土)가 휩쓸린다.

❷ 습토(濕土)는 수(水)를 극(克)하지 못한다. 토(土)가 습하기 때문인데, 토(土) 중에 수(水)를 머금어서 진흙과 같기 때문이다.

❸ 금(金)이 많거나 혹은 금(金)이 그중에 끼어 있으면 토(土)는 수(水)를 극하지 못하니, 토(土)가 금(金)을 생(生)할 욕심으로 수(水)를 극(克)해야 함을 잊기 때문이다.

② 수(水)는 화(火)를 극(克)하는 데, 다음 두 가지 상황에서는 수(水)는 화(火)를 극(克)하지 못한다.

❶ 화(火)가 왕하고 수(水)가 약하면 수(水)는 화(火)를 극(克)하지 못하고, 오히려 화성(火性)을 격왕(擊旺)하게 하니 꺼린다.

❷ 목(木)이 많거나 혹은 그중에 목(木)이 끼어 있으면 화(火)를 극(克)하지 못한다. 왜냐하면 수(水)가 목(木)을 생하는 것을 탐하여 화(火)를 극(克)해야 하는 것을 잊기 때문이다.

③ 화(火)는 금(金)을 극(克)하는 데, 다음 한 가지 상황에서는 화(火)는 금(金)을 극(克)하지 못한다.
  ❶ 토(土)가 많거나 혹은 토(土)가 그 가운데 끼어 있으면 화(火)는 금(金)을 극하지 못한다. 왜냐하면 화(火)는 토(土)를 생하는 것을 탐하여 금(金)을 극하는 것을 잊기 때문이다.

④ 금(金)은 목(木)을 극(克)하는 데, 다음 두 가지 상황에서는 금(金)은 목(木)을 극(克)하지 못한다.
  ❶ 목(木)이 왕(旺)하고 금(金)이 약하면 금(金)은 목(木)을 극하지 못하고, 도리어 목(木)이 견고하여 금결(金缺)되는 우환이 있다.
  ❷ 수(水)가 많거나 혹은 수(水)가 그 사이에 끼어 있으면 금(金)은 목(木)을 극하지 못한다. 왜냐하면 금(金)이 수(水)를 생(生)하는 것을 탐하여 목(木)을 극(克)해야 하는 것을 잊어버리기 때문이다.

⑤ 목(木)은 토(土)를 극(克)하는 데, 다음 두 가지 상황에서는 목(木)은 토(土)를 극(克)하지 못한다.
  ❶ 목(木)이 허(虛)하고 토(土)가 단단하면 목(木)은 토(土)를 극(克)하지 못한다. 왜냐하면 토(土)가 조(燥)하여 말랐기 때문이다. 이는 도자기 굽는 가마의 토(土)와 같기 때문이다.
  ❷ 화(火)가 많거나 혹은 화(火)가 그 사이에 끼어 있으면 목(木)이 토(土)를 극(克)하지 못한다. 왜냐하면 목(木)이 화(火)를 생하는 것을 탐하여 토(土)를 극(克)해야 하는 것을 잊기 때문이다.

⑤ 오행유상(五行類象)

『역경(易經)』은 상(象)을 이용하여 세계 만물을 이해하는 방법을 유추하였다. 오행(五行)의 유상(類象)은 가장 기본적인 사람의 성정(性情)으로 태어날 때부터 가지고 온 것이다. 여기서 성정(性情)이란 희노애락애오욕(喜怒哀樂愛惡欲)의 정(情)과 인의예지신(仁義禮智信)의 성(性)을 가리킨 것이며, 이는 금목수화토(金木水火土)의 관계를 벗어날 수 없다는 것이다.

항상 말하기를, 성격은 명운(命運)이 결정한다고 한다. 비록 그렇다고 하나, 사람의 성정(性情)은 후천의 가정·환경·교육 등의 영향을 받아서 고쳐지기도 하는데, 그러나 인간은 사주(四柱) 명국에 나타난 음양오행의 왕쇠생극(旺衰生克)을 따를 수밖에 없으므로 오히려 크게 보면 사람이 타고난 천성의 본질적인 면은 바꾸기가 쉽지 않다.

오행(五行)의 대표적인 것에는 성(性)·색(色)·미(味)·인체(人體)·사시(四時)·방위(方位)가 있는데, 이것은 오행(五行)의 기본적인 특성이 된다.

사주의 오행 중에는 유용한 일방(一方)과 꺼리는 일방(一方)이 있다. 유용한 일방(一方)은 한 사람의 장점이나 혹은 외인(外人)에게 기뻐하는 마음으로 칭찬을 받는 특징 혹은 성격으로 인해 이득을 얻는 점이고, 꺼리는 일방(一方)은 개인의 단점이나, 사람들이 증오(憎惡)하는 부분이나 혹은 성격으로 인해 손실이 오는 부분이다.

　인간의 성정(性情)은 음양오행(陰陽五行)의 영향을 직접 받는 관계로 인하여 우리들은 오행(五行)의 성(性) 가운데서 한 사람의 성격의 특성과 직업의 취향을 살필 수 있다.

1 금(金)

1 체질(體質)
- 금(金)은 강견(剛堅)하고 정수(精粹)의 체(體)이며, 숙살(肅殺)하는 예리(銳利)한 성(性)이다.
- 서쪽이고, 얼굴색은 백색이며, 맛은 맵다〔辣〕.

2 천간(天干)과 지지(地支)
- 천간의 양금(陽金)은 경(庚), 음금(陰金)은 신(辛), 지지는 신유(申酉)이다.

3 신체(身體)
- 폐(肺), 호흡기, 대장(大腸).
- 폐와 대장은 오장육부의 안과 밖의 관계, 기관지와 호흡기 계통의 코·골격·치아이다.

4 인성(人性)

- 금(金)은 주로 의(義)이고, 성(性)은 강(剛), 정(情)은 열(烈)이다.
- 금(金)이 성(盛)한 사람은 골육이 제격에 맞다〔相稱〕.
- 얼굴이 네모나고 흰색〔白淨〕이며, 눈썹이 높고 눈이 깊으며, 체(體)가 건장하고 정신〔神〕이 맑다.
- 강하고 결단력이 좋은 사람이며, 재(財)를 가볍게 여기고 의(義)를 중히 여기며, 청렴함과 염치를 구별한다.
- 태과(太過)하면 용감하나 꾀가 없고, 탐욕하고 인자하지 않다.
- 금(金)이 불급(不及)하면 사람이 신체가 왜소하고, 각박하고 몸에 독이 있고〔內毒〕, 음란을 즐기고, 죽이기를 좋아하고, 인색(吝嗇)하고 탐욕스럽다.
- 금(金)은 서방(四方)을 좋아한다.
- 종사하는 일은 공예, 오금(五金), 재료, 결단, 무술, 공안, 검사, 법률, 감정(鑑定), 청관(淸官), 총관(總管), 기차, 교통, 금융, 공정(工程), 개광(開鑛), 민의 대표, 벌목, 기계 등의 업종이나 경영에 종사한다.

2 목(木)

1 체질(體質)

- 목(木)은 유약(柔弱)하고 번성과 무성한 체(體)이며, 온건(穩健) 우아(優雅)의 성격(性)이다.
- 동쪽이고, 얼굴은 청록색이며, 맛은 시다〔酸〕.

2 천간(天干)과 지지(地支)
- 천간의 양목(陽木)은 갑(甲), 음목(陰木)은 을(乙), 지지는 인묘(寅卯)이다.

3 신체(身體)
- 간과 담, 근골과 사지, 관절, 근맥筋脈☞정맥혈관, 모발.
- 간과 담은 오장육부의 안과 밖의 관계.

4 인성(人性)
- 목(木)은 주로 인(仁)이며, 성(性)은 직(直), 정(情)은 화(和)이다.
- 목(木)이 성(盛)한 사람은 용모가 수려하고, 골격이 가늘고 길며, 손발이 가늘거나 매끄럽다.
- 얼굴색이 청백색이며, 성정은 온화・인자・선량하고, 풍부한 이성과 박애하고 측은한 마음이 있다. 또한 자상하고 부드럽고 온화하다.
- 목(木)은 동방(東方)을 좋아한다.
- 종사하는 일은 목재, 목기, 가구, 방직, 메리야스, 건재, 장식, 목으로 만든 물건, 지물업(종이업), 꽃을 기르는 업, 종자사업, 조경업, 향료, 신을 공경하는 물품, 식물성 채식 등의 경영과 사업 등에 종사한다.

3 수(水)

1 체질(體質)

- 수(水)는 내강(內剛) 외유(外柔)의 체(體)이며, 기민하고 영교(靈巧)한 성(性)이다.
- 북방이고, 안색(顔色)은 흑색이며, 맛은 짜다〔咸〕.

2 천간(天干)과 지지(地支)
- 천간의 양수(陽水)는 임(壬), 음수(陰水)는 계(癸), 지지는 해자(亥子)이다.

3 신체(身體)
- 신장과 방광, 뇌, 골수(髓), 혈(血)과 비뇨, 생식기 계통.
- 신장과 방광은 오장육부의 안과 밖의 관계.

4 인성(人性)
- 수(水)는 주로 지혜(智)이며, 성(性)은 총명(聰), 정(情)은 선(善)이다.
- 수(水)가 왕(旺)한 사람은 얼굴은 흑채(黑彩)이고, 언어는 온화하며, 생각이 깊다. 지혜와 꾀가 많다. 임기응변이 좋다. 학식이 넘친다.
- 태과(太過)하면 시비(是非)를 좋아하고, 유랑하고, 음란을 탐한다.
- 불급(不及)하면 인물이 작고, 성정(性情)이 무상(無常)하고, 담이 적어서 책략이 없고, 일을 반복한다.
- 수(水)는 북방(北方)을 좋아한다.
- 종사하는 일은 항해, 타지 않는 액체, 빙수(氷水), 어류, 수산, 수리(水利), 수물(水物), 냉장, 냉동, 건지거나 인양함, 식물(食物) 매매, 표류, 분파(奔波), 유동, 연속성, 쉽게 변함, 수(水)의 성질, 음향 성질,

청결성, 해상 작업, 옮김, 특기표연(特技表演), 운동, 관광안내원, 완구, 마술, 기자, 정탐(偵探), 여행회사, 불 끄는 기구, 낚시기구, 의료업, 약물 경영, 의생(醫生), 변호사 등의 경영과 일에 종사한다.

4 화(火)

1 체질(體質)

- 내유외강의 체(體)이며, 밝고 고운 치열(熾熱)의 성(性)이다.
- 남방이고, 안색은 홍(紅)이며, 맛은 쓰다〔苦〕.

2 천간(天干)과 지지(地支)

- 천간의 양화(陽火)는 병(丙), 음화(陰火)는 정(丁), 지지는 사오(巳午)이다.

3 신체(身體)

- 심장과 소장, 혈맥, 눈, 정신 신경계통.
- 심장과 소장은 오장육부의 안과 밖의 관계.

4 인성(人性)

- 화(火)는 주로 예(禮)이며, 성(性)은 급(急), 정(情)은 공손이다.
- 화(火)가 성(盛)한 사람은 머리가 적고 다리가 길며, 상(上)은 뾰족하고 하(下)는 넓으며, 눈썹이 짙고 귀가 작으며, 정신이 빛난다〔번쩍

하다]. 겸화한 사람이다. 공손·열정·예의를 좋아한다. 조급하다. 말을 잘한다. 풍부한 환상이 있다. 화려함을 추구한다.
- 화(火)가 쇠(衰)한 사람은 누리하면서 마르고 모나다. 언어가 터무니없고 황당 방자하며, 교활·간악·교묘하게 속이고, 질투가 독하며 하는 일은 시작은 있으나 마무리가 없다.
- 화(火)는 남방(南方)을 좋아한다.
- 종사하는 직업은 방광(放光), 조명(照明), 조광(照光), 연예(演藝), 광학, 고열(高熱), 액열(液熱), 쉽게 연소하고 쉽게 타는 것, 유류(油類), 주정류(酒精類), 불을 때는 음식, 식품, 이발, 화장품, 사람 몸의 장식품, 문예, 문학, 문구, 문화, 학술, 사상, 문인, 작가, 사진사, 산문, 교사, 교장, 비서, 출판, 공무, 정계 등의 직업에 종사한다.

5 토(土)

1 체질(體質)
- 토(土)는 풍후(豊厚)하고 포용하는 체(體)이며, 정직·공정하고 우아하고 예스러운 성격(性)이다.
- 중앙이고, 안색은 황색이며, 맛은 단맛이다.

2 천간(天干)과 지지(地支)
- 양토(陽土)는 무(戊), 음토(陰土)는 기(己), 지지는 진술축미(辰戌丑未)이다.

3 신체(身體)

- 비(脾)와 위(胃), 장(腸), 소화계통, 피육皮肉☞살과 피부.
- 비(脾)와 위(胃)는 오장육부의 안과 밖의 관계.

4 인성(人性)

- 토(土)는 주로 신용(信)이며, 성(性)은 중(重), 정(精)은 후(厚)이다.
- 토가 왕성한 사람은 둥근 허리원요☞圓腰, 넓은 코활비☞闊鼻, 미목이 청수하고〔眉淸目秀〕, 말재주와 무거운 목소리이다. 사람이 충효지성(忠孝至誠), 도량관후(度量寬厚), 행지온중行止穩重☞행동거지가 온중하다, 강구신예講求信譽☞명성과 평판을 중시하다 한다.
- 토기(土氣)가 태과하면 두뇌가 경직되고〔僵化〕, 우졸불명愚拙不明☞어리석고 우둔하여 밝지 못함하며, 내향호정內向好靜☞내향적으로 아주 조용함하다.
- 토(土)가 부족한 사람은 얼굴에 근심을 띠고 있다. 얼굴이 평평하고 납작하며 코가 낮다. 낭독괴려狼毒乖戾☞잔인하고 괴팍한 성격한 사람이고, 신용이 없고, 이치・도리〔情理〕가 통하지 않는 사람이다.
- 토(土)는 중앙의 자리나 본지本地☞본고장를 좋아한다.
- 종사하는 직업은 토산(土産), 지산(地産), 농업, 축목업, 화공(化工), 석료(石料), 석회(石灰), 시멘트, 건축, 부동산 매매, 비를 막는 우의, 우산, 돛단배, 제방을 막음, 물을 담는 물품, 전당포, 골동품, 수장(收藏), 중개인, 율사, 관리, 매매, 설계, 고문(顧問), 장의업, 축묘(築墓), 묘지 관리, 스님 등의 직업이다.

맹파맹리

盲派命理

제2장

십천간
(十天干)

맹파명리
盲派命理

① 십천간(十天干) 작용 관계

　십간(十干)은 甲乙丙丁戊己庚辛壬癸인데 이것을 음양의 오행으로 나누면 기본속성은 甲乙은 木, 丙丁은 火, 戊己는 土, 庚辛은 金, 壬癸는 水에 속한다.
　甲丙戊庚壬은 오양(五陽)의 천간(天干)이며, 乙丁己辛癸는 오음(五陰)의 천간(天干)이다. 천간(天干)의 생극(生克)은 오행(五行)이 생극(生克)하는 이치에 의한다.

1 십간(十干)의 생(生)

- 갑을(甲乙)은 병정(丙丁)을 생(生)하고,
- 병정(丙丁)은 무기(戊己)를 생(生)하고,
- 무기(戊己)는 경신(庚辛)을 생(生)하고,
- 경신(庚辛)은 임계(壬癸)를 생(生)하며,
- 임계(壬癸)는 갑을(甲乙)을 생(生)한다.

- 양(陽)은 양(陽)을 생(生)할 수 있고, 음(陰)을 생(生)할 수 있다.
- 음(陰)은 음(陰)을 생(生)할 수 있고, 양(陽)을 생(生)할 수 있다.
- 양(陽)은 실(實)하고, 음(陰)은 허(虛)하다. 그러므로 양(陽)이 생(生)해 주는 것은 비교적 강하고, 음(陰)이 생(生)해 주는 것은 비교적 약하다.
- 양(陽)은 크[大]고, 음(陰)은 작[小]다. 그래서 양(陽)이 음(陰)을 생하면 음(陰)에게 이롭고 양(陽)에게 불리하다.
- 음생양(陰生陽)은 음(陰)은 의지[恃]하고, 양(陽)은 자라게[長] 한다.
- 양(陽)은 나타나고[顯], 음(陰)은 숨는다.
- 양생양(陽生陽)은 기세가 반드시 증가하고, 음생음(陰生陰)은 그 뜻이 끊긴다.

2 십간(十干)의 극(克)

십간(十干)의 상극은 음양(陰陽)의 이치로 더욱 세밀하게 분별하면 극제(克制)가 있고, 극구(克拘)가 있다.

1 갑(甲)이 무(戊)를 보거나, 을(乙)이 기(己)를 보아 동성(同性)끼리 서로 극(克)하는 것은 무정하여 극력(克力)이 반드시 강하니 극제(克制)라 하고, 그 극성(克性)이 포학(暴虐)하여 손상·압제(壓制)·파괴의 뜻이 있다.

2 을(乙)이 무(戊)를 보는 것은, 음양(陰陽)의 다른 성질이 서로 보는 것이니

극(克)해도 유정(有情)하니 극구(克拘)라 한다. 그 극성(克性)은 온화하여 충고·권장·제약의 뜻이 있다.

3 십간(十干)의 합(合)

갑기(甲己), 을경(乙庚), 병신(丙辛), 정임(丁壬), 무계(戊癸)는 서로 합(合)한다. 음양의 다른 성(性)이 서로 보니, 극(克)하는 가운데 합(合)한다 하여 마치 남녀의 다른 성(性)이 서로 합(合)하여 부부를 이룬 것과 같다.

갑(甲)은 기(己)의 **남편**이고, 기(己)는 갑(甲)의 **처**가 된다. 서로 합(合)하니, 화합이나 친근이나 기반(羈絆)의 뜻이 있다.

4 십간(十干)의 충(沖)

갑경(甲庚), 을신(乙辛), 병임(丙壬), 정계(丁癸)는 상충(相沖)한다. 상대에게 향하는 것이니, 그러므로 충(沖)하게 된다.

무기(戊己)는 중궁(中宮)에 머무니 충(沖)이 없다.

상충(相沖)은 다만 상극(相克)의 의미가 있을 뿐 아니라 또한 동(動)하는 뜻이다.

② 십간(十干)의 상(象)

① 십간(十干)의 오행(五行)·사시(四時)·방위(方位)

- 갑을(甲乙) ☞ 목(木), 동방(東方), 춘(春) (생:生)
- 병정(丙丁) ☞ 화(火), 남방(南方), 하(夏) (장:長)
- 무기(戊己) ☞ 토(土), 중앙(中央), 사계월(四季月)
- 경신(庚辛) ☞ 금(金), 서방(西方), 추(秋) (수:收)
- 임계(壬癸) ☞ 수(水), 북방(北方), 동(冬) (장:藏)

② 십간유상(十干類象)

【갑상(甲象)】

상(象)	우뢰〔雷〕, 큰나무〔大樹〕, 두목〔首領〕, 수림(樹林), 재목〔木頭〕, 동량(棟梁), 전봇대〔電干〕, 고루(高樓), 신위(神位), 공문(公門)
인체(人體)	머리, 두면(頭面), 두발, 눈썹, 지체(肢體), 간담, 경맥, 신경
인성(人性)	너그럽고 인자함, 도량이 넓고 고귀함.
형(形)	직선〔直〕

【을상(乙象)】

상(象)	바람〔風〕, 벼싹〔禾苗〕, 교목(喬木), 화목(花木), 연한 나뭇가지, 채소, 익은 벼, 식물의 줄기(등나무), 농작물, 녹지, 화원, 공원, 산림, 난간, 모필(毛筆), 직물, 견사, 실, 수작업
인체(人體)	목, 등뼈(척추), 손가락(손목), 발가락(종아리), 담, 두발, 경맥
인성(人性)	소박, 선량, 부드러움, 유아(儒雅), 인자함
형(形)	곡(曲), 굽은 것

【병상(丙象)】

상(象)	태양〔太陽〕, 광선, 제왕, 권력, 온난, 색채, 병환, 영시(影視), 전매(傳媒), 소식, 인기〔名氣〕, 화훼, 화려, 장식, 성문(城門), 극장, 궁실, 문장, 서화, 표면, 연설, 전(電), 전기(電器)
인체(人體)	눈, 신경, 대뇌, 혈압, 소장, 어깨
인성(人性)	자상히 보살핌, 정면(正面), 다언(多言), 격정, 생각〔心思〕
형(形)	대(大)

【정상(丁象)】

상(象)	별들〔星星〕, 별빛, 등불, 신기한 광채, 등화, 문명, 문자, 사상, 의술, 현학, 신학(神學), 향화(香火), 소화(小火), 내화(內火), 전(電), 전자, 망락(網絡), 문장, 서적, 보간(報刊), 영예(榮譽), 명망
인체(人體)	눈, 심장, 혈관, 신경
인성(人性)	우아함, 생각이 많음, 신비, 지혜
형(形)	소(小)

【무상(戊象)】

상(象)	노을〔霞〕, 대지, 산악, 높은 언덕, 방파제, 성지(城池), 정부(政府), 건축, 부동산, 창고, 정류장, 사원(寺院), 골동품, 옛것, 벽돌과 기와, 수장품, 완성품, 튀어나온 물건
인체(人體)	코, 위, 피부, 살
인성(人性)	충후함〔忠厚〕, 느긋함, 노련함, 딱딱함
형(形)	방(方 : 사각형, 육각형)

【기상(己象)】

상(象)	구름〔雲〕, 전원, 정원, 집, 묘지, 평원, 토산(土産), 농업, 목업, 시멘트, 건재(建材), 과실, 재물, 분진, 더러운 것, 반점, 얼룩, 자아(自我)
인체(人體)	비장, 배, 피부, 췌장
인성(人性)	함축(含蓄), 신중함, 의심이 많음
형(形)	만(彎 : 굽을 만)

【경상(庚象)】

상(象)	달〔月〕, 무쇠, 철기, 날카로운 물건(무기), 오금(五金), 금속, 강철, 광물, 동재(銅材), 광산, 기계, 제조업, 금융, 군대, 경찰, 차, 큰 길〔大路〕, 수술, 의원
인체(人體)	대장, 대골격, 뼈, 폐, 치아, 목소리, 배꼽
인성(人性)	강강(剛强), 위무(威武), 폭력, 고집, 변혁
형(形)	모서리, 모퉁이〔棱角〕

【신상(辛象)】

상(象)	서리〔霜〕, 금속, 보석, 옥그릇〔玉器〕, 금장식, 다이아몬드, 수정, 악기(樂器), 침, 자르는 칼, 필(筆), 동전, 금융, 의약, 세밀한 가공, 법률
인체(人體)	폐, 호흡기, 목구멍, 콧구멍, 귓바퀴, 근육과 뼈, 소골격
인성(人性)	통달(通達), 유윤(柔潤), 민첩(靈動), 명예〔好面子〕
형(形)	치밀(致密 : 조밀, 세밀)

【임상(壬象)】

상(象)	운해(雲海), 대해(大海), 수택(水澤), 강하(江河), 호수, 운수(運輸), 항운(航運), 무역, 목욕업, 석유, 수채물감
인체(人體)	입, 방광, 혈액, 순환 계통
인성(人性)	지모(智謀), 제멋대로 움직임
형(形)	무규칙(無規則)

【계상(癸象)】

상(象)	비와 이슬〔雨露〕, 샘물, 서리와 눈, 연못, 결정체〔結晶〕, 눈물, 먹물〔墨〕, 수산, 목욕업, 뒷면, 현학, 지식업〔智業〕, 모략(謀略)
인체(人體)	신장, 눈, 골수, 뇌, 정액, 경혈, 진액
인성(人性)	지모(智謀), 총명, 기민함, 온유함
형(形)	원윤(圓潤 : 표면이 매끄럽고 반들반들함)

맹파명리
盲派命理

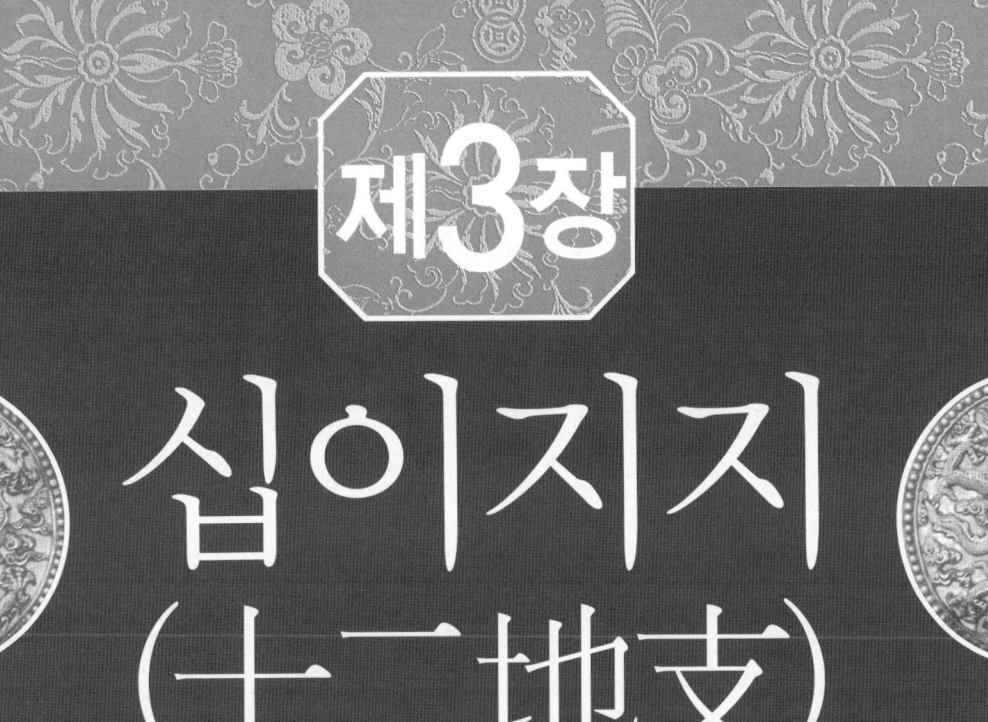

맹파명리
盲派命理

혼돈의 처음에 천지(天地)로 나누어지고 그런 연휴에 음양이 있다. 청기(淸氣)는 상승하여 천(天)을 이루고, 탁기(濁氣)는 하강하여 지(地)를 이루었다. 그러므로 천간(天干)의 기운은 맑고 가벼운 기(氣)가 되고 그 기(氣)는 순(純)하여 쉽게 나누어진다. 지지(地支)는 중탁(重濁)한 기운으로 그 기(氣)는 잡(雜)스러워 분별하기가 어렵다.

천간(天干)은 오행(五行)의 정기(正氣)를 겸하며 기(氣)의 강도가 비교적 약(弱)하므로 지지(地支)에 의존하여 존재한다. 지지(地支)는 4시(時) 8방(方)을 통괄하고 오행(五行)의 쇠왕생사(衰旺生死)를 싣고〔載〕있다. 그러므로 천간(天干)이 지(地)의 기(氣)를 얻으면 강왕(强旺)하고, 지기(地氣)를 얻지 못하면 쇠약하게 된다.

1 십이지(十二支)와 음양(陰陽), 오행(五行)과 십간(十干) 관계

1 십이지지(十二地支)

⊙ 십이지지 ☞ 자(子), 축(丑), 인(寅), 묘(卯), 진(辰), 사(巳), 오(午), 미(未), 신(申), 유(酉), 술(戌), 해(亥)

● 양지(陽支) ☞ 자(子), 인(寅), 진(辰), 오(午), 신(申), 술(戌)
● 음지(陰支) ☞ 축(丑), 묘(卯), 사(巳), 미(未), 유(酉), 해(亥)

● 인묘(寅卯)는 목(木)으로 인(寅) ☞ 양목(陽木), 묘(卯) ☞ 음목(陰木)
● 사오(巳午)는 화(火)로 오(午) ☞ 양화(陽火), 사(巳) ☞ 음화(陰火)
● 신유(申酉)는 금(金)으로 신(申) ☞ 양금(陽金), 유(酉) ☞ 음금(陰金)
● 자해(子亥)는 수(水)로 자(子) ☞ 양수(陽水), 해(亥) ☞ 음수(陰水)
● 진술축미(辰戌丑未)는 토(土)로 진술(辰戌) ☞ 양토(陽土),
　　　　　　　　　　　　　　　　축미(丑未) ☞ 음토(陰土)
● 미술(未戌)은 간토(干土)로 화(火)가 장간(藏干)되었고,
　축진(丑辰)은 습토(濕土)로 수(水)가 포함되어 있다.

2 오행본기(五行本氣)

- 목(木)은 인묘(寅卯)
- 화(火)는 사오(巳午)
- 금(金)은 신유(申酉)
- 수(水)는 해자(亥子)
- 토(土)는 진술축미(辰戌丑未)

3 오행장생(五行長生)

- 목(木)은 해(亥)에서 태어나서 자람
- 화(火)는 인(寅)에서 태어나서 자람
- 금(金)은 사(巳)에서 태어나서 자람
- 수(水)는 신(申)에서 태어나서 자람
- 토(土)는 인(寅)에서 장생하거나, 신(申)에서 장생하는 두 가지 학설이 있다.

◉ 맹파명리에서는 천간(天干)의 토(土)는 인(寅)에 장생하고, 지지(地支)의 토(土)는 신(申)에 장생한다.

4개의 생지(生地)에서 목화수(木火水)는 상생(相生)하는 곳이 장생(長生)이 되므로 강(强)장생이라 하고, 장생(長生)이 왕(旺)하다.
오로지 금(金)은 사(巳)에서 장생(長生)하는데, 사화(巳火)는 본래 금

(金)을 극(克)하므로 상극하는 장생(長生)이 되므로 약(弱)장생이라 하며 장생(長生)이 약하다.

4 오행묘고(五行墓庫)

- 목(木)의 **묘(墓)**는 **미(未)**에 있고,
- 화(火)의 **묘(墓)**는 **술(戌)**에 있고,
- 금(金)의 **묘(墓)**는 **축(丑)**에 있고,
- 수(水)의 **묘(墓)**는 **진(辰)**에 있고,
- 토(土)의 **묘(墓)**는 **진(辰)**과 **술(戌)**에 있다.
- 오행(五行)은 묘고(墓庫)에 통근하면 기(氣)를 얻는다.

진술축미(辰戌丑未)는 전부 토(土)의 질(質)이 되며 만물이 죽으면 토(土)로 돌아가는 것을 상징한다. 묘신(墓神)은 음양으로 나누지 않는다. 갑(甲)과 을(乙)은 미(未) 묘(墓)에 모두 통(統)한다. 묘신(墓神)이 천간(天干)에 투출되어 인출(引出)하면 비로소 유용(有用)하고, 묘신(墓神)이 천간에 불투(不透)하면 무용(無用)하고, 혹은 묘(墓)가 형충(形冲)을 만나면 유용(有用)하다.

5 오행여기(五行餘氣)

- 목(木)은 인묘(寅卯)에 왕하고 진(辰)이 여기(餘氣)이다.

진(辰)은 3월의 봄에 속하고, 봄은 목기(木氣)가 사령하니, 진(辰)은 본래 토(土)가 되므로 목(木)의 여기(餘氣)를 얻는다. 그 나머지 또한 그렇게 보면 된다.

- 미(未)는 화(火)의 **여기(餘氣)**이다.
- 술(戌)은 금(金)의 **여기(餘氣)**이다.
- 축(丑)은 수(水)의 **여기(餘氣)**이다.

오행(五行)이 여기(餘氣)를 깔고 앉으면 또한 통근하여 기(氣)를 얻는다. 그러나 여기는 또한 퇴기(退氣)도 되는데, 비록 기(氣)가 있어도 무력하다. 묘(墓) 중에 여기가 투간하여 인출되면 비로소 유용(有用)하며, 투간하지 못하면 무용(無用)하다. 혹은 묘(墓)가 충(沖)이 되면 유용(有用)하다.

정리하여 말하면, 천간(天干)이 지지(地支)의 기(氣)를 얻는 데는 다음 네 가지가 있다. ❶ 최고 왕(旺)은 록인(祿刃)을 만나는 것이고, ❷ 다음은 장생(長生), ❸ 다음은 묘고(墓庫), ❹ 다음은 여기(餘氣)가 된다.

지지(地支)가 천간(天干)을 생(生)해 주는 것을 만나면 또한 힘이 있다.

㉠ 계(癸)가 유(酉)에 좌(坐)한 것이나, 경(庚)이 진(辰)을 만나는 것

6 오행사지(五行死地)

- 목(木)은 오(午)에서 사(死)
- 화(火)는 유(酉)에서 사(死)
- 금(金)은 자(子)에서 사(死)
- 수(水)는 묘(卯)에서 사(死)
- 토(土)는 유(酉)에서 사(死)

● 오행(五行)이 사지(死地)에 임하면 기(氣)가 없을 뿐 아니라 또한 사망의 상징이 된다.

7 오행절지(五行絕地)

- 목(木)은 신(申)이 절(絕)
- 화(火)는 해(亥)가 절(絕)
- 금(金)은 인(寅)이 절(絕)
- 수(水)는 사(巳)가 절(絕)
- 토(土)는 해(亥)가 절(絕)

● 오행(五行)이 절지(絕地)에 임하면 기(氣)가 없을 뿐 아니라 기(氣)의 형체(形體)가 사라지는 상징이다.

8 십간본기(十干本氣)

오행(五行)은 본기(本氣)가 제일 강한데 음양 십간으로 나누어본다면, 록인(祿刃)의 구별이 있다. 록(祿)은 천간(天干) 본기(本氣)가 지(支)로 돌아간 것인데, 이 간(干)이 지(支)에서 권한을 행사하는 것이다.

인(刃)은 양간(陽干)에 록(祿)이 과(過)하여 태왕(太旺)을 이루어 타인을 해치는 물건이 된 것인데, 도검(刀劍)과 같은 것이다.

> 예) 갑록(甲祿)은 인(寅)에 있고, 을록(乙祿)은 묘(卯)에 있고, 갑인(甲刃)은 묘(卯)에 있고, 병록(丙祿)은 사(巳)에 있고, 정록(丁祿)은 오(午)에 있고, 병인(丙刃)은 오(午)에 있고, 경록(庚祿)은 신(申)에 있고, 신록(辛祿)은 유(酉)에 있으며, 경인(庚刃)은 유(酉)에 있다.
> 임록(壬祿)은 해(亥)에 있고, 계록(癸祿)은 자(子)에 있고, 임인(壬刃)은 자(子)에 있다.

> 예) 토(土)의 록(祿)·인(刃)은 비교적 특수하고, 화(火)에 접근한다. 무(戊)의 록(祿)은 사(巳), 기(己)의 록(祿)은 오(午), 무(戊)의 인(刃)은 오미(午未)에 있다. 진술(辰戌)은 무(戊)가 본기(本氣)이고, 미(未)는 기(己)가 본기(本氣)이지만 단 무기(戊己)의 록인(祿刃)은 아니다.

9 십간(十干) 상태

십천간(十天干)은 12지지(地支)에 대응해서 12종의 상태가 있는데, 다음과 같다.

| 장생 목욕 관대 임관 제왕 쇠 병 사 묘 절 태 양 |

초학자는 먼저 항상 사용하는 다섯 가지의 종류만 배우면 된다. 그 다섯 가지는 다음과 같다.

> 장생(長生) 왕(旺)[록인:綠刃] 사(死) 묘(墓) 절(絶)

또 음양간(陰陽干)이 동생(同生)·동사(同死)하는 것을 채용해야 하는데, 즉 갑을(甲乙) 목(木)은 함께 해(亥)에서 생(生)하고, 인묘(寅卯)에서 왕(旺)하고, 미(未)에서 묘(墓)하고, 오(午)에서 사(死)하며, 신(申)에서 절(絶)한다. 그 나머지 천간(天干)도 이에 준하면 된다.

십천간(十天干)의 기타 상태와 음양(陰陽)이 다른 장생의 용법에 대해서는 비교적 난이도가 있으므로 이 책에서는 논하지 않겠다.

	甲	乙	丙	丁	戊	己	庚	辛	壬	癸
록(綠)	인(寅)	묘(卯)	사(巳)	오(午)	사(巳)	오(午)	신(申)	유(酉)	해(亥)	자(子)
인(刃)		묘(卯)		오(午)		미(未)		유(酉)		자(子)
장생(長生)	해(亥)		인(寅)		인(寅)		사(巳)		신(申)	
묘고(墓庫)	미(未)		술(戌)		술(戌)	진(辰)	축(丑)		진(辰)	
여기(餘氣)	진(辰)		미(未)				술(戌)		축(丑)	
사(死)	오(午)		유(酉)		유(酉)		자(子)		묘(卯)	
절(絶)	신(申)		해(亥)		해(亥)		인(寅)		사(巳)	

10 지지둔장(地支遁藏)

천간(天干)은 천원(天元)이 되고, 지지는 지원(地元)이 되며, 지지에 감추어진 것은 인원(人元)이 된다. 지지는 본기를 제외한 이외에 다시 함기(含氣)가 있다.

> 예) 인(寅)의 본기(本氣)는 목(木)이 되는데, 이것이 화(火)의 장생점이 되는 고로 화(火)를 머금고, 또 토(土)의 장생점이 되는 고로 토(土)도 머금는다.

총괄하면 지지둔장에도 또한 규율이 있다.

인신사해(寅申巳亥)는 4개의 장생점(長生点)이 되는데 본기를 제한 이외에 각자 장생의 기를 머금고 있다.

토(土)의 장생에 있어서는 인(寅)과 신(申) 두 가지 상황이 있는데, 인(寅)과 신(申) 중에는 모두 토(土)를 머금고 있기 때문이다.

사(巳)는 토(土)의 록왕지(祿旺地)이므로 또한 토(土)를 머금고 있다.

해(亥) 중에는 토(土)가 없다.

장생은 처음 자라는 아기와 같아서 양기가 충족한 고로 인신사해(寅申巳亥)의 본기가 머금은 기는 모두 양이 된다.

자오묘유(子午卯酉)는 4개의 제왕점(帝王点)으로 천지의 4극(四極)점을 점하고 있는 까닭에 기(氣)가 전일하여 강하다.

오(午)가 토(土)의 록왕지(祿旺地)를 머금어 토(土)가 있는 것을 제외하고 그 나머지는 다만 본기만이 있고 함기(含氣)는 없다.

물(物)이 가득차면 기울고 그릇이 가득차면 줄어드는 것처럼 제왕(帝

王)은 무성한 화목과 같아서 영화(榮華)를 설하여 다하면 양(陽)이 극점에 도달하여 오히려 음(陰)이 되는 까닭에 자오묘유(子午卯酉)의 본기가 머금은 기는 모두 음이 된다.

진술축미(辰戌丑未)는 4개의 묘고점(墓庫点)으로 본기인 토를 제외하고 다시 묘(墓)의 기와 여기(餘氣)를 머금고 있다.

사물의 종결은 묘(墓)로 돌아가 갈무리되는 까닭에 묘(墓) 중에 머금은 기는 전부 음(陰)이 된다. 그리고 묘고(墓庫) 본기의 토는 음양으로 나뉘는데, 진술(辰戌)은 양토(陽土)이고 축미(丑未)는 음토(陰土)가 된다.

	子	丑	寅	卯	辰	巳	午	未	申	酉	戌	亥
장간(藏干)	癸	己辛癸	甲丙戊	乙	戊癸乙	丙庚戊	丁己	己乙丁	庚壬戊	辛	戊丁辛	壬甲

② 십이지지(十二地支)와 시간(時間), 방위(方位)

1 십이지지(十二地支)와 사시방위(四時方位)

인묘진(寅卯辰)은 봄   사오미(巳午未)는 여름
신유술(申酉戌)은 가을   해자축(亥子丑)은 겨울

● 이 중에서 진술축미(辰戌丑未)는 계절의 마지막에 있는 월(月)이다. 그리하여 토왕(土旺)은 사계절에 해당된다. 그래서 사계절의 토(土)가 된다.

자(子)는 정북(正北)   축인(丑寅)은 동북(東北)
묘(卯)는 정동(正東)   진사(辰巳)는 동남(東南)
오(午)는 정남(正南)   미신(未申)은 서남(西南)
유(酉)는 정서(正西)   술해(戌亥)는 서북(西北)

● 지지(地支)는 팔방의 구역을 관할한다.

2 십이지(十二支) 월건(月建) 배열

1월	2월	3월	4월	5월	6월	7월	8월	9월	10월	11월	12월
寅	卯	辰	巳	午	未	申	酉	戌	亥	子	丑

이러한 12개월은 절기를 따라 진행하는 것이지 음력도 양력도 아니다. 즉 정월(正月)은 인목(寅木)이 당령한 것이니, 인목(寅木) 당령은 필히 입춘 후 비로소 생살(生殺)의 권력을 능히 행사한다. 경칩 절기에 이르러 묘목(卯木)이 당령한다. 나머지도 이와 같이 유추한다.

3 십이지(十二支)와 십이시진(十二時辰)

자시(子時)	축시(丑時)	인시(寅時)	묘시(卯時)	진시(辰時)	사시(巳時)
23:00 ~ 1:00	1:00 ~ 3:00	3:00 ~ 5:00	5:00 ~ 7:00	7:00 ~ 9:00	9:00 ~ 11:00
오시(午時)	미시(未時)	신시(申時)	유시(酉時)	술시(戌時)	해시(亥時)
11:00 ~ 13:00	13:00 ~ 15:00	15:00 ~ 17:00	17:00 ~ 19:00	19:00 ~ 21:00	21:00 ~ 23:00

특별히 맹파는 자시(子時)를 만자시(晚子時)와 조자시(早子時)로 나누는데, 즉 반야(半夜) 24:00시 이전이 당일의 만자시(晚子時)이고 24:00시 이후가 다음날의 조자시(早子時)가 된다. 그래서 팔자 배열시 관련된 천간이 같지 않게 된다.

4 십이지(十二支)와 십이지수(十二支數)

子	丑	寅	卯	辰	巳	午	未	申	酉	戌	亥
1	2	3	4	5	6	7	8	9	10	11	12

③ 십이지(十二支)의 작용관계

1 십이지(十二支) 상합(相合)

1 십이지(十二支) 육합(六合)

```
육합(六合)  子丑  寅亥  卯戌  辰酉  巳申  午未
           合    合    合    合    合    合
```

지지(地支)의 육합은 팔자 중에서 가장 긴밀한 합(合)이다. 결친(結親)을 상징하고, 천간(天干)과 동일하며, 화합·친근·기반(羈絆)의 뜻이 있다. 그러나 지지는 천간에 비해 복잡한 면이 있는데, ❶조합(助合) ❷극합(克合) ❸폐기(閉氣) ❹합상(合傷)의 뜻이 있으니 잘 분별하여야 한다.

❶ 조합(助合)

- 진유합(辰酉合)은 유금(酉金)은 도움을 만나고, 진(辰)은 합(合)으로 인해 설(泄☞설기)되어서 자신의 작용은 감약(減弱)된다.

- 인해합(寅亥合)은 인목(寅木)은 도움을 만나고, 해(亥)는 합(合)으로 인해 설(泄)되어서 자신의 작용은 감약된다.
- 오미합(午未合)은 미토(未土)는 도움을 받으나, 오화(午火)는 합(合)으로 인해 설(泄)되어서 자신의 작용은 감약된다.

❷ 극합(克合)
- 묘술합(卯戌合)은 술토(戌土)가 극(克)을 받는다.
- 사신합(巳申合)은 신금(申金)이 극(克)을 받는다.

❸ 폐기(閉氣)
- 자축합(子丑合)은 축(丑) 중의 금(金)이 폐기(閉氣)되고,
- 진유합(辰酉合)은 진(辰) 중의 수(水)가 폐기(閉氣)되고,
- 오미합(午未合)은 미(未) 중의 목(木)이 폐기(閉氣)되고,
- 묘술합(卯戌合)은 술(戌) 중의 화(火)가 폐기(閉氣)된다.

폐기(閉氣)되면 유행(流行)이나 인발(引拔)이 불능하여 무용한 물건이 된다. 다만, 충(沖)을 만나야 비로소 쓸 수 있다.

❹ 합상(合傷)
- 진유합(辰酉合)은 진(辰) 중의 목(木)이 유금(酉金)에게 극상(克傷)된다.
- 인해합(寅亥合)은 인(寅) 중의 화(火)가 해수(亥水)에게 극상(克傷)된다.

2 십이지(十二支) 삼합국(三合局)

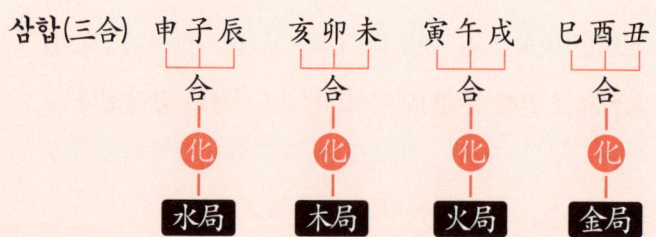

- 신자진(申子辰)이 합(合)하면 수국(水局)으로 화(化)하고, 해묘미(亥卯未)가 합(合)하면 목국(木局)으로 화(化)한다.
  인오술(寅午戌)이 합(合)하면 화국(火局)으로 화(化)하고, 사유축(巳酉丑)이 합(合)하면 금국(金局)으로 화(化)한다.

삼합국(三合局)은 장생(長生)·제왕(帝王)·묘고(墓庫) 3가지가 서로 모여 국(局)을 이룬 것으로 당국(黨局)이라고도 하는데, 사회관계 중에서 결당(結黨)과 비슷하며, 그 국(局)에서 중요한 것은 바로 하나의 목표나 핵심을 체현하는 것으로 중신(中神)은 당괴(黨魁☞우두머리) 혹은 강령이 되고, 그밖에 양신(兩神)은 보좌하는 신(神)이 된다.

삼합국은 반드시 친밀성이 있지만 그러나 육합(六合)의 친밀성보다는 못하다. 삼합국에서 한 글자가 빠지면 반합국(半合局)이라고 하는데, 반합국(半合局)의 역량은 자연히 삼합국에 비해 역량이 적다.

❶ 생지(生支) 반합국(半合局)
  - 해묘(亥卯) 반합(半合)은 목국(木局)이고,
  - 인오(寅午) 반합(半合)은 화국(火局)이고,

- 사유(巳酉) 반합(半合)은 금국(金局)이고,
- 신자(申子) 반합(半合)은 수국(水局)이다.

❷ **묘지(墓支) 반합국(半合局)**
- 묘미(卯未) 반합(半合)은 목국(木局)이고,
- 오술(午戌) 반합(半合)은 화국(火局)이고,
- 유축(酉丑) 반합(半合)은 금국(金局)이고,
- 자진(子辰) 반합(半合) 은 수국(水局)이다.

❸ **공국(拱局)**
- 해미(亥未)는 공목국(拱木局)이고,
- 인술(寅戌)은 공화국(拱火局)이고,
- 사축(巳丑)은 공금국(拱金局)이고,
- 신진(申辰)은 공수국(拱水局)이다.

삼합국에서는 충(沖)을 꺼린다.
- 해묘미(亥卯未) 삼합(三合) 목국(木局)에서 사유축(巳酉丑) 금국(金局) 중의 한 글자가 그중에 있거나 또 충(沖)하는 신(神)이 긴첩緊貼☞ 가깝게 붙어 있음하면 파국(破局)이 된다.
- 만약 유(酉)가 묘(卯)를 깨면 목국(木局)이 이루어지지 못한다.
- 만약 사(巳)가 해(亥)를 깨면 삼합국은 이루지 못하나 반합국은 이루어진다.

삼합국 중에 중신(中神)은 가장 중요하다. 만약 대운(大運)에서 중신

(中神)을 충극(沖克)하면 삼합국은 붕괴된다.

3 암합(暗合)

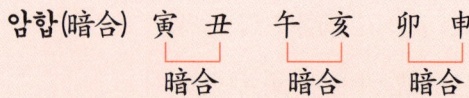

암합(暗合)은 지지(地支)의 장간(藏干)이 서로 합하는 것으로, 예를 들면 다음과 같다.

❶ 인축(寅丑) 암합
- 인(寅) 중의 무토(戊土)와 축(丑) 중의 계수(癸水)가 서로 합(合)하고, 인(寅) 중의 병화(丙火)와 축(丑) 중의 신금(辛金)이 서로 합하고, 인(寅) 중의 갑목(甲木)이 축(丑) 중의 기토(己土)와 서로 합하는 것이다.

❷ 오해(午亥) 암합
- 오(午) 중의 정화(丁火)와 해(亥) 중의 임수(壬水)가 서로 합(合)하고, 오(午) 중의 기토(己土)와 해(亥) 중의 갑목(甲木)이 서로 합하는 것이다.

❸ 묘신(卯申) 암합
- 묘(卯) 중의 을목(乙木)이 신(申) 중의 경금(庚金)과 서로 합(合)하는 것이다.

2 십이지(十二支) 상충(相沖)

> 육충(六沖) 子↔午 丑↔未 寅↔申 卯↔酉 辰↔戌 巳↔亥
>   沖   沖   沖   沖   沖   沖

육충(六沖)은 위치가 서로 마주보는 것으로, 오행(五行)이 서로 극(克)하거나 충돌하거나 서로 싸우는 뜻이 있다.

지위(地位)에 대한 충(沖) 이외에 또한 지(支) 중에 암장된 인원(人元)이 충극(沖克)하는 뜻이 있다.

❶ 자오충(子午沖)

자(子) 중에 계수(癸水)가 오(午) 중에 정화(丁火)를 극(克)하고, 오(午)중에 기토(己土)가 자(子) 중에 계수(癸水)를 극(克)한다.

❷ 축미충(丑未沖)

축(丑) 중의 신금(辛金)이 미(未) 중의 을목(乙木)을 극(克)하고, 미(未) 중의 기토(己土)와 정화(丁火)는 축(丑) 중의 계수(癸水)와 신금(辛金)을 극한다.

❸ 인신충(寅申沖)

인(寅) 중의 갑목(甲木)이 신(申) 중의 무토(戊土)를 극하고, 신(申) 중의 경금(庚金)과 임수(壬水)는 인(寅) 중의 갑목(甲木)과 병화(丙火)를 극한다.

④ **묘유충(卯酉沖)**

유(酉) 중의 신금(辛金)이 묘(卯) 중의 을목(乙木)을 극한다.

⑤ **진술충(辰戌沖)**

계수(癸水)가 술(戌) 중의 정화(丁火)를 극하고, 술(戌) 중의 신금(辛金)은 진(辰) 중의 을목(乙木)을 극한다.

⑥ **사해충(巳亥沖)**

사(巳) 중의 경금(庚金)이 해(亥) 중의 갑목(甲木)을 극하고, 해(亥) 중의 임수(壬水)는 사(巳) 중의 병화(丙火)를 극한다.

육충(六沖) 중,

- 자오충은 자수(子水)가 오화(午火)를 충(沖)하고 극(克)하나, 자수(子水)에 대한 오화(午火)는 충(沖)만 있을 뿐 극(克)은 없다.
- 묘유충은 유금(酉金)이 묘목(卯木)을 충(沖)하고 극(克)하나, 유금(酉金)에 대한 묘목(卯木)은 단지 충(沖)만 있을 뿐 극(克)은 없다.
- 인신충은 신금(申金)이 인목(寅木)을 충(沖)하고 극(克)하나, 신금(申金)에 대한 인목(寅木)은 단지 충(沖)만 있을 뿐 극(克)은 없다.
- 사해충은 해수(亥水)가 사화(巳火)를 충(沖)하고 극(克)하나, 해수(亥水)에 대한 사화(巳火)는 단지 충(沖)만 있을 뿐 극(克)은 없다.

충(沖)은 팔자 중에서 상린相隣☞이웃 하여 충(沖)하는 것과 격위(隔位)하여 충(沖)하는 것이 있고, 순충(順沖)과 도충(倒沖)이 있다.

상린(相隣)의 충(沖)은 가까운 충(沖)으로 역량이 크고, 격위(隔位)의 충(沖)은 떨어진 충(沖)으로 역량이 적다. 지지충(地支沖)은 그 상황에 따라 작용하는 것이 동일하지 않다.

1 상충(相沖)으로 극괴(克壞)나 극도(克掉)가 되는 경우

상충(相沖)은 상극(相剋)을 위주로 하나 그 상해(傷害)는 일반적인 상극(相克)보다 더하다.

❶ 자오충(子午沖)

오(午)는 극괴(克壞)를 당하고, 자(子)는 힘을 쓴다〔勞力〕.

❷ 묘유충(卯酉沖)

묘(卯)가 극괴(克壞)를 당하고, 유(酉)는 힘을 쓴다〔勞力〕.

❸ 인신충(寅申沖)

신(申)이 인(寅)을 극(克)하는 것이 위주가 된다. 인(寅) 중의 병화(丙火)가 신(申) 중의 임수(壬水)에게 함께 상(傷)을 당한다.

❹ 사해충(巳亥沖)

해수(亥水)가 사화(巳火)를 극하는 것이 위주가 되나 사(巳) 중의 무토(戊土)는 해(亥) 중의 갑목(甲木)에게 함께 상(傷)을 당한다.

❺ 진술충(辰戌沖)

같은 토의 충으로 인해 허(虛)로 변하는데, 진(辰) 중의 을계(乙癸)와 술(戌) 중의 신정(辛丁)이 함께 상(傷)을 당한다.

❻ 축미충(丑未沖)

토가 충으로 인해 허(虛)로 변하는데, 축(丑) 중의 계신(癸辛)과 미(未) 중의 을정(乙丁)이 함께 상(傷)을 당한다.

이상의 충극(沖克) 작용 모두 양지(兩支)가 상린(相隣)하고 역량이 같은 상황에 해당한다. 만약 충극(沖克)을 당하는 신(神)이 국 중에서 세력을 얻어 충하는 신(神)보다 역량이 크거나, 충극(沖克)을 받는 한쪽이 오히려 충(沖)하는 신(神)보다 강하다고 한다면 이것을 도충(倒沖)이라고 한다.

② 상충(相沖)이 파국(破局)이나 파합(破合)되는 경우

상합(相合)이 충(沖)을 만나면 반드시 그 합(合)이 깨지는데[破傷], 이는 탐합(貪合)과 망충(忘沖)이 아닌 경우이다.

- 만약 충신(沖神)이 합신(合神)의 중간에 있으면 합(合)이 상(傷)하여 충(沖)으로 논하지 합(合)으로 논하지 않는다.

  예) 자오축(子午丑)의 관계에서 오(午)가 자축(子丑)의 중간에 있으니, 자축(子丑)은 충(沖)으로 인해 합력(合力)이 감약(減弱)된다.

- 만약 충신(沖神)이 합신(合神)의 밖에 가깝게 있으면 상합(傷合)이며, 이때는 합(合)과 충(沖)을 함께 논한다.

  예) 오자축(午子丑)의 관계에서 자오충(子午沖)과 자축합(子丑合)이 동시에 성립한다.

- 만약 충신(沖神)이 합신(合神)의 밖에 있어 서로 떨어져 있고 가깝게 붙어 있지 않으면, 즉 탐합(貪合)으로 충(沖)을 잊는 것이니 합(合)으로 논하지 충(沖)으로 논하지 않는다.

  예 자축오(子丑午)의 관계에서 자축(子丑)은 합(合)으로 논하고, 오(午)는 그 합을 깨지 못한다.

이상은 비록 육합을 논한 것이지만, 삼합국의 상황도 이와 같이 논하면 된다.

3 상충(相沖)이 충기(沖起)와 충왕(沖旺)이 되는 경우

『적천수』에 말하기를, "왕신(旺神)이 쇠신(衰神)을 충(沖)하면 쇠한 것이 뽑히고, 쇠신(衰神)이 왕신(旺神)을 충하면 왕신(旺神)이 발(發)한다."고 하였는데, 이른 바 충기(沖起)와 충왕(沖旺)은 후자의 상황을 말한다.

- 득령(得令)한 것이 쇠신(衰神)을 충(沖)하면 쇠신(衰神)은 뽑히고, 실령자가 왕(旺)한 자를 충(沖)하면 다만 상(傷)하지 않을 뿐만 아니라, 오히려 충기(沖起)하여 다시 왕(旺)하게 된다.
- 충(沖)하는 자가 유력(有力)하면 그것을 제거할 수 있는데, 흉신(凶神)을 제거하면 유리하고 길신(吉神)을 제거하면 불리하다.
- 충(沖)하는 자가 무력(無力)하면 오히려 격해지니, 흉신(凶神)을 격(激)하면 화(禍)가 오고 길신(吉神)을 격(激)하는 것은 무방하며, 어떤 때는 길(吉)이 된다.
- 충신(沖神)의 왕쇠(旺衰) 판단은 많으면 왕(旺)이 되고, 적으면 쇠

(衰)가 된다. 합국(合局)이나 회국(會局)이 왕(旺)이 되고, 고립된 것이 극(克)을 받으면 쇠(衰)하다.

● 충(沖)하는 힘의 강약 판단은 충(沖) 중에 극(克)을 끼면 강하고, 충(沖)하나 극(克)하지 않으면 약하다.

● 대운(大運)이 충(沖)하면 강하고, 세운(歲運)이 충(沖)하면 약하다.

● 약한 수(水)가 왕(旺)한 화(火)를 충(沖)하면 화(火)는 더욱 왕(旺)해지고, 약한 금(金)이 왕목(旺木)을 충(沖)하면 벽목(壁木)하여 화(火)를 끌어들여 이롭다.

● 토(土)는 충(沖)하면 변왕(變旺)하나 오히려 동(動)하여 허(虛)하게 된다.

● 수(水)가 미쳐 날뛰면 제방이 무너진다〔奔決〕.

4 상충(相冲)이 충동(沖動)이나 충개(沖開)되는 경우

근충(近沖)은 극파(克破)하고 격충(隔沖)은 손상(損傷)된다. 게다가 운충(運沖)은 충파(沖破)와 충괴(沖壞)되고, 세충(歲沖)은 충동(沖動)과 충개(沖開)한다.

격충(隔沖)은 년과 일·월과 시가 충(沖)한 것이고, 운충(運沖)은 대운(大運)이 와서 팔자 중의 한 자를 충(沖)한 것이고, 세충(歲沖)은 유년(流年)이 팔자 중의 한 글자를 충(沖)한 것으로 동(動)은 곧 발동(發動)되고, 개(開)는 곧 개묘(開墓)된다.

3 십이지(十二支) 상천(相穿)

자미천(子未穿), 축오천(丑午穿), 인사천(寅巳穿), 묘진천(卯辰穿), 신해

천(申亥穿), 유술천(酉戌穿). 합(合)하는 신(神)을 충(沖)하는 것을 천(穿)이라고 한다.

> 예 자(子)와 축(丑)이 합(合)을 하려는데 미(未)가 와서 축(丑)을 충(沖)하면, 자미(子未)가 천(穿)이 되는데, 원수나 적을 상징한다.

핵심 ☞ 맹파명리에서는 천(穿)을 아주 중요시한다

천(穿)은 위해력과 살상력이 충(沖)보다 더 크다. 충(沖)은 정면으로 적(敵)과 마주할 때 달려가서 무너뜨리는 것이다. 그러므로 충(沖)에는 충주沖走☞달아나다라는 뜻이 있다.

그러나 천(穿)은 충(沖)과 같지 않다. 천(穿)은 측면에서 달려와 무너뜨리는 것으로 달아날 수도 없으니 이것은 원수(구적:仇敵)이다. 필사적으로 너는 죽고 나는 살려는 것이고, 또 방어하려 해도 방어가 안 되고 피할 수도 없다.

상극(相克)이 또 천(穿)을 끼고 있는 상황이 가장 엄중하다.

> 예 자미(子未), 묘진(卯辰), 유술(酉戌☞술(戌)은 조토(燥土)로 유(酉)를 무너뜨린다(壞酉)), 축오(丑午☞축(丑)은 습토로 화(火)를 어둡게 한다), 신해(申亥)나 인사(寅巳)의 천(穿)은 바로 천(穿) 중에 생(生)을 끼고 있으며, 생(生)하는 한 쪽이 천(穿)을 당할 때는 동(動)하는 뜻이 있고, 살상력이 엄중하지 않다.

천(穿)은 파괴의 뜻 외에 다시 도(倒)의 뜻이 있는데, 도(倒)는 정(正)의 물건을 천(穿)하면 편(偏)이 되고, 편(偏)의 물건을 천(穿)하면 정(正)이 된다. 도(倒)의 표시는 서 있을 수 없거나, 파괴·소망(消亡)이다. 그래서 늘상 천(穿)은 천도(穿倒)라 한다.

4 십이지(十二支) 상형(相刑)

삼형(三刑)에는 두 가지가 있는데, 인사신(寅巳申)과 축미술(丑未戌) 삼형이다.

寅·巳·申　　三刑
丑·未·戌　　三刑

다른 책에서 말하는 자묘형(子卯刑)은 실제로 파(破)를 말한다.

子 ↔ 卯　　破

진오유해(辰午酉亥)의 자형(自刑)은 응험하지 않지만 간단히 소개하기로 한다.

辰·午·酉·亥　白刑(辰辰午午酉酉亥亥)

삼형의 용법은 육충(六沖)에 가까우나, 형법(刑法)·죄악·질병을 표시하지 않는다. 육충과 구별되는 점은 삼형이 완전할 때 비난(責難)·문책 당함[受過]·폐기(廢棄)·손괴(損壞)의 뜻이 있다.

인사신(寅巳申)과 축술미(丑戌未) 삼형을 나누어서 풀어보면 다음과 같다.

● 인(寅)과 사(巳)는 상천(相穿)이 주(主)가 된다.

- 인(寅)과 신(申)은 육충(六沖)이 주(主)가 된다.
- 신(申)과 사(巳)는 육합(六合)이 주(主)가 되고, 형(刑)은 단지 일종의 부대적(附帶的) 작용이 된다.
- 삼자(三字)가 동시에 출현시 형(刑)의 뜻이 확실하게 나타난다.

- 축미(丑未)는 상충(相沖)이 주(主)가 된다. 단지 축술(丑戌)과 미술(未戌)은 형(刑)으로 보고, 그 용법은 충(沖)과 기본적으로 서로 같다.
- 축술미(丑戌未) 세 가지가 모두 있으면 형(刑)의 뜻이 명확하게 나타난다.

5 지지상파(地支相破)

명리의 모든 책에서는 파(破)를 많이 강조하지 않는다. 하지만 맹파명리에서는 육파(六破)의 용법을 말한다. 그것은 자파묘(子破卯)와 묘파오(卯破午)이고 또한 반대로도 파(破)하니, 묘파자(卯破子)와 오파묘(午破卯)이다. 우리들은 단지 수(水)가 목(木)을 생(生)한다는 것과, 목(木)이 화(火)를 생한다는 것만 알 뿐인데 그러나 실제 상파(相破)시에는 바로 생하지 않는다.

자수(子水)는 묘목(卯木)을 생(生)하지 못하고, 묘목(卯木)은 오화(午火)를 생하지 못한다는 것 이외에 파(破)에는 다시 무정(無情)·파괴·부식·폐기, 재산이 깨어지고 줄어들고, 루동漏洞☞구멍에서 샘 등의 뜻이 있다.

6 지지(地支)의 묘(墓)

맹파명리 지지(地支)의 묘(墓)는 지지 작용을 보는 중요한 방식으로 묘(墓)에는 수장(收藏)·득도(得到)·획취(獲取)·공제 控制☞억제, 다스림·점유(佔有) 등의 뜻이 있다. 어떤 때는 사람의 사망을 표시하기도 한다.

지지의 묘(墓)에 대한 원칙은 다음과 같다.

❶ 인신사해(寅申巳亥)의 4대 장생점(長生点)이 각자의 묘고(墓庫)를 보면 입묘(入墓)하고, 자오묘유(子午卯酉)가 그 묘(墓)를 보면 일반적으로 묘(墓)로 보지는 않고 공국(拱局)으로 보는데, 다만 극약(極弱)한 상황에서는 묘(墓)를 보면 비로소 들어간다.

❷ 많으면 입묘(入墓)한다. 즉, 천간(天干)과 지지(地支)를 합하여 두 개나 혹은 두 개 이상이 묘(墓)를 보면 입(入)한다. 예를 들면 신유주(辛酉柱)가 축(丑)을 보면 즉 신유(辛酉)는 축묘(丑墓)로 들어가는데 유축(酉丑) 공국(拱局)을 논하지 않는다. 다시 두 개의 유(酉)가 한 개의 축(丑)을 보면, 즉 두 개의 유(酉)는 입묘(入墓)하는 것으로 논하고 공국(拱局)으로 논하지 않는다.

❸ 천간(天干)이 좌묘(坐墓)한 것은 입묘(入墓)로 보지 않는다. 가령 신축(辛丑)은 신(辛)이 축묘(丑墓)로 들어가는 것으로 보면 안 된다.

❹ 지지(地支) 토(土)의 묘고(墓庫)는 비교적 특별하다. 축(丑)과 미(未)는 진(辰)에 입고(入庫)한다. 단지 축미진(丑未辰)이 모두 나타날 때

에는 축미충(丑未沖)으로 진묘(辰墓)로 들어가지 않는다.

묘신(墓神)	진(辰)	술(戌)	축(丑)	미(未)
지지(地支)	해축미(亥丑未)	사(巳)	신(申)	인(寅)

④ 오행(五行)·간지(干支)의 기타 특성

　오행(五行)과 간지(干支) 중에 특수한 성질과 내용을 가진 것을 선택해 비교적 상세하게 해석하여 다시 그것들을 이해하고자 한다.

1 진술축미(辰戌丑未) 특성

　진(辰)은 따뜻한 습토(濕土), 술(戌)은 마른 조토(燥土), 축(丑)은 추운 습토, 미(未)는 열이 있는 조토가 된다.

1 수(水)와의 관계

- 술토(戌土)와 미토(未土)는 수(水)를 극(克)하는 힘이 크다. 단, 술(戌)은 해수(亥水)를 극(克)할 때이고, 미(未)는 자수(子水)를 극(克)할 때이다.
- 진토(辰土)와 축토(丑土)는 원칙상 수(水)를 극(克)하지 못한다. 다만, 해(亥)가 진(辰)을 보면 입묘(入墓)한 수(水)가 된다. 자(子)가 축(丑)을 보면 합반(合絆)한 수(水)가 된다.

가령 임진(壬辰)이나 계축(癸丑)은 도리어 수(水)의 근(根)을 얻는 것이 되어서 주로 왕(旺)한 수(水)가 된다.

2 화(火)와의 관계

- 술토(戌土)와 미토(未土)는 기본적으로 화(火)를 어둡게 하지 않는다.
- 진토(辰土)와 축토(丑土)는 화(火)를 어둡게 하는데, 진(辰)이 사화(巳火)를 보면 어둡게 하는 것이 용이하고, 축(丑)은 오화(午火)를 보면 어둡게 하는 것이 더욱 심하다.

3 금(金)과의 관계

- 술(戌)과 미(未)는 금(金)을 생(生)하지 못하고 도리어 금(金)을 무르게 하며 금(金)을 제(制)한다. 진(辰)과 축(丑)은 능히 금(金)을 생(生)한다.

4 토(土)와의 관계

- 술(戌)과 미(未)는 토(土)를 돕는 힘이 크다. 진(辰)과 축(丑)의 상징은 진흙땅으로 토(土)를 돕는 힘이 아주 적으며 거의 토(土)를 돕지 못한다.

> 핵심☞ 진(辰)과 축(丑)은 토(土)를 거의 돕지 못한다

5 진술축미(辰戌丑未)는 사묘신(四墓神)이다

- 예를 들어 인신사해(寅申巳亥)는 각자의 묘고(墓庫)를 보면 모두 입묘(入墓)하는 것으로 논한다. 자오묘유(子午卯酉)가 각자의 묘(墓)를 보면 반합국(半合局)의 관계가 되므로 묘(墓)로 논하지 않는다.

2 목(木)의 사활(死活)

팔자 중에 있어 목(木)은 사목(死木)과 활목(活木)으로 나누는데, 이러한 종류의 구별은 우리들이 일상생활 중에 보는 것과 같아서 수목(樹木)과 초목(草木)은 활목(活木)이 되고, 목재 혹은 목재를 가공한 물건은 사목(死木)이 되는데 이 두 가지의 성질은 전혀 같지 않다

무엇이 활목(活木)인가?

수(水)의 생(生)이 있고 근(根)이 있는 것은 활목(活木)이 되는데, 이 두 가지 조건을 동시에 구비해야 한다. 다만, 수(水)의 생(生)은 있는데 뿌리가 없거나 또는 뿌리가 있는데 수(水)의 생(生)이 없으면 모두 활목(活木)이 아니다.

무엇이 사목(死木)인가?

무근(無根)이거나 혹은 수(水)가 없는 목(木)은 사목(死木)이 된다.

1 활목(活木)과 사목(死木)이 화(火)를 보면 그 의사는 같지 않다

활목은 생명이 있는 목(木)이니 화(火)를 보면 나무가 꽃을 피우듯 빼어난 기운을 더욱 발한다. 사목은 목재로, 화(火)를 보면 타버린다. 일반적으로 사목은 왕(旺)한 화(火)를 보면 안 된다. 그러면 쉽게 타서 없어지므로 단명(短命)하게 된다.

2 활목(活木)과 사목(死木)이 금(金)을 보는 상황이 서로 다르다

활목은 묻혀 있는 뿌리가 쇠를 두려워한다, 즉 금(金)이 뿌리를 괴(壞)하는 것을 두려워한다. 이러한 목(木)은 생존이 매우 어렵다.

> 예 갑진(甲辰)은 활목(活木)이 되는데, 진유합(辰酉合)으로 유금(酉金)의 철이 진(辰) 중의 을목(乙木)을 끊어버려서 갑목(甲木)이 손상을 당한다. 사목(死木)은 금(金)의 극(克)을 두려워하지 않는다. 금(金)은 능히 목(木)을 쪼개서 화(火)를 생(生)할 수 있어서 연소에 이롭다.

③ 활목(活木)과 사목(死木)이 수(水)를 만나는 상황[대운(大運)의 수(水)를 포함]은 또 다르다

활목은 수(水)를 좋아하는데 여름에 태어나거나 혹은 비교적 건조한 활목은 더욱더 수(水)의 생(生)을 좋아한다.
반대로 사목은 수(水)를 보면 무너진다. 한 가지는 수(水)가 많으면 부패하기 쉽고, 다른 한 가지는 수(水)로 인해 습목(濕木)이 되어서 화(火)를 생(生)하지 못한다.

④ 목(木)이 공망(空亡)을 만나면 목(木)의 속이 빈다

가령 활목이라면, 자라는 데 아주 건장(建壯)하지 못하게 될 것이고, 사목이라면 목재를 이루지 못한다.

⑤ 활목(活木)의 근(根)은 음양이 서로 뿌리가 될 수 있다

가령 갑일(甲日)이 묘(卯)를 보거나, 을일(乙日)이 인(寅)을 보면 모두 일주(日主)인 자신의 근(根)이 된다. 그러나 사목의 뿌리는 서로 이용하지 못한다. 갑일(甲日)이 묘(卯)를 보면 다른 목(木)이 되어서 일주(日主) 본인의 근(根)이 되지 못한다.

3 사화(巳火)의 특수성

사(巳)의 속성은 화(火)에 속하지만 금(金)의 장생(長生)에도 속한다. 그래서 이중성이 있다.

화(火)가 왕(旺)한데 목(木)이 생해 줌이 있을 때는 사화(巳火)는 금(金)을 극(克)하는 성질을 나타낸다.

화(火)가 약할 때 사화(巳火)가 축토(丑土)나 유금(酉金)을 보면 금(金)으로 귀순(歸順)하여 금국(金局)으로 합하여 금(金)을 돕는다.

십이지지 중에서 유일하게 환경에 따라 변화하는 일지(一支)가 된다. 팔자 중에서 사화(巳火)를 만났을 때는 그 국(局) 중에 목화(木火)가 왕(旺)한지 금수(金水)가 왕(旺)한지 살펴서 그것의 성질을 확정해야 한다.

다만, 때에 따라 그것은 대운(大運)의 개변(改變)에 의해서 변화를 발생하므로 사화(巳火)를 만날 때는 상세히 살펴서 분별하여야 한다.

> **핵심** ☞ 사화(巳火)는 유일하게 환경에 따라 변하는 일지(一支)이다

제4장

사주팔자(四柱八字)

맹파명리
盲派命理

① 사주(四柱)를 배열하는 법

출생한 연월일시를 근거하여 사주팔자(四柱八字)를 배정한다.

년주(年柱)

년(年)은 입춘(立春)에서 구분한다.

예) 2005년 2월 4일 입춘일에 을유년(乙酉年)으로 진입하여 2006년 2월 4일까지가 을유년(乙酉年)이 된다.

월주(月柱)

월(月)은 절령(節令)으로 나눈다.

매월의 어떤 하루에 절령(節令)의 경계가 있다. 출생월(出生月)의 표시는 사람이 출생한 년(年)에서 일으켜 사용한다.

모인(某人)의 생년월일을 근거로 하여 살핀 후 어떠한 월(月)인가를 보아서 지지(地支)를 정한 후에 년상(年上)에서 일어나는 구결(口訣)을 사용하여 천간(天干)을 정한다.

- 년상(年上)에서 일어나는 월(月)의 구결(口訣)
  - 갑기년(甲己年)은 병(丙)이 시초가 되고, 을경년(乙庚年)은 무(戊)가 시초가 된다.
  - 병신년(丙辛年)은 경(庚)이 시초가 되고, 정임년(丁壬年)은 임(壬)이 시초가 된다.
  - 만약 무계년(戊癸年)은 어떻게 세우느냐고 물으면, 갑인(甲寅)이 시초가 된다.
  - 갑기년(甲己年)은 병(丙)에서 시작되니, 즉 갑년(甲年)과 기년(己年)이 도래시 정월의 월 간지는 병인(丙寅)이고, 2월은 정묘(丁卯)... 이러한 순서로 12월까지 배열하면 된다.

  예) 1984년 갑자년(甲子年), 1989년 기사년(己巳年)은 년간(年干)이 갑(甲)과 기(己)로 정월은 병인월(丙寅月)이 된다.

【월(月)의 절기 일람표】

月	정월	2월	3월	4월	5월	6월	7월	8월	9월	10월	11월	12월
支	寅	卯	辰	巳	午	未	申	酉	戌	亥	子	丑
節令	입춘	경칩	청명	입하	망종	소서	입추	백로	한로	입동	대설	소한

주의

교절(交節)일에 출생하면 이날의 몇 시 몇 분이 교절(交節)인지 조사하여 월주(月柱)를 정하여야 한다.

일주(日柱)

비교적 간단하다. 만세력에서 태어난 생일을 찾으면 된다.

시주(時柱)

사람이 태어난 시를 간지로 표시하는 것인데, 이미 앞에서 시진과 지지의 대응관계에 대해서 설명했다.

지금 설명하고자 하는 것은 시주의 천간을 어떻게 배열하는가로, 그것은 시(時)는 일(日)에서 일어나는 것이다.

● 일(日)에서 일어나는 시(時)의 구결(口訣)

- 갑기(甲己)는 갑(甲), 을경(乙庚)은 병(丙), 병신(丙辛)은 무(戊), 정임(丁壬)은 경(庚), 무계(戊癸)는 임(壬)에서 천간(天干)이 일어난다.
- 갑기(甲己)는 갑(甲)에서 일어나는 것은 갑(甲) 혹은 기(己)일의 자시(子時)는 갑자시(甲子時)가 된다. 차례대로 축시(丑時)는 을축(乙丑), 인시(寅時)는 병인(丙寅)... 이런 식으로 유추하면 된다.

주의

우리는 하루의 끝인 24:00분을 경계점으로 하루(日)를 양분한다. 단, 명리학에서는 저녁 23:00분에서 새벽 01:00분까지를 자시(子時)로 본다. 즉, 자시(子時)가 양일(兩日)이 된다.

- 23:00분에서 24:00분은 야자시(夜子時), 24:00분에서 01:00분은 조자시(早子時)라고 한다. 야자시(夜子時)는 시(時)를 배열하는 천

간(天干)이 해당 일(日)에서 시(時)가 일어나는 것이 수레바퀴가 회전하는 것과 같이 본일(本日)이 다시 들어오는 것이다.

● 모인(某人)이 갑자일(甲子日) 저녁 23시 30분에 태어났다면, 갑자일(甲子日) 야자시(夜子時)로 추리하여 일(日)에서 시(時)가 일어나는 구결을 사용한다. 갑기(甲己)의 갑(甲)을 헤아려 보면 수레바퀴가 회전하는 것의 추론을 통하여 병(丙)이 천간(天干)에 들어와서 병자(丙子)가 되는 것으로 한다. 이는 조자시(早子時)의 추법(推法)을 사용하여 일(日)에서 시(時)가 일어나는 것으로 배열한다.

사주(四柱)를 세울 때에는 간지(干支)를 반드시 가로로 적지 말고 세로로 적어야 한다. 즉, 년(年)을 세우고 그 옆에 월(月)을 세우고 일(日), 시(時)를 좌로 차례로 세운다. 남명(男命)은 건조(乾造), 여명(女命)은 곤조(坤造)로 사용하여 쓴다.

예 2005년 3월 15일 사시(巳時)에 태어난 남명(男命)의 팔자 배열

⊙ 건조(乾造) 2005年 3월 15일 사(巳)시 (양력)

時	日	月	年
丁	戊	己	乙
巳	戌	卯	酉

② 대운(大運)과 유년(流年)

1 대운(大運) 배열하는 법

사람의 태어난 달[生月]의 간지(干支)를 기준한다.

- 양년(陽年)에 태어난 남자와 음년(陰年)에 태어난 여자는 순(順)으로 배열한다.
- 음년(陰年)에 태어난 남자와 양년(陽年)에 태어난 여자는 역(逆)으로 배열한다.

대운의 배정은 다시 생일을 계산하여 따른다.

- 이 모양의 순수(順數)와 역수(逆數)로 가장 가까운 절령(節令)까지 며칠인가 모두 합한 후 3으로 나눈다.
- 그 값이 대운의 수가 된다.
- 3으로 나누어서 남은 수가 2이면 올리고 1이면 내린다.

양년(陽年)은 甲 丙 戊 庚 壬년에 태어난 년(年)이고, 음년(陰年)은 乙 丁 己 辛 癸년에 태어난 년으로 대운(大運)을 정할 때 사주(四柱)의 월주

(月柱)가 앞으로 향하는가 아니면 뒤로 향하는가를 결정한다.
- 매운 10년을 전 5년 천간운(天干運)과 후 5년 지지운(地支運)으로 나눈다. 매 한 절기의 천수(天數)는 모두 31일 내에 포함되어 있다.
- 3으로 제(除)하면 최대 10이고, 최소 1이 된다. 그래서 대운은 1세에서 10세 사이에 있다.
- 당일 교절(交節)일에 천수(天數)를 계산하면 1일이 부족하다. 이런 경우에는 1세에 운을 배정한다.

명리학에서 설명하는 세수(歲數)와 중국 전통의 허수(虛數)를 계산하는 법과 같다. 즉, 출생한 어떤 날이 1세가 된다. 일년이 지나면 다시 1세를 더한다. 소위 이러한 것에서 운세(運歲)의 수(數)도 허세(虛歲)로 산출하여 정한다.

2 교운시간(交運時間)

맹파는 또 특수한 종류의 교운시간〔이전의 운(運)이 변하여 다음 운(運)까지 이르는 정확한 시간〕을 정한다. 그 방법은 한 사람의 태어난 년의 납음오행인 금목수화토(金木水火土)에 따라 다르다.

다음은 교운시간을 규정한 예이다.
- 화명(火命)인 사람의 교운(交運)은 청명(淸明) 전 삼일〔三天〕(4월 2일)의 오시(午時)에 있다.
- 토명(土命)인 사람의 교운(交運)은 망종(芒種) 후 구일〔九天〕(6월 15

일)의 진시(辰時)에 있다.
- 금명(金命)인 사람의 교운(交運)은 처서(處暑) 당일〔8월 23일〕신시(申時)에 있다.
- 목명(木命)인 사람의 교운(交運)은 대한(大寒) 당일〔1월 20일〕인시(寅時)에 있다.
- 수명(水命)인 사람의 교운(交運)은 동지(冬至) 전 삼일〔三天〕(12월 19일)의 해시(亥時)에 있다.

이상에서 설명한 며칠은 모두 허수(虛數)로 계산한 천수(天數)이다. 교운시 필요없는 외출은 삼가야 하는데, 자신의 띠와 불화한 사람과 상충(相沖)의 불화가 있고, 또 2일 내(內)에는 홍백연사(紅白宴巳)의 참가는 피하여야 한다.

예 2005년 3월 15일 사시생(巳時生) 남성의 팔자

時	日	月	年
丁	戊	己	乙
巳	戌	卯	酉

53	43	33	23	13	3
癸	甲	乙	丙	丁	戊
58	48	38	28	18	8
酉	戌	亥	子	丑	寅

- 음남(陰男)이므로 역순하면 경칩이 3월 5일이니 10일 차이가 난다. 3으로 나누면 3하고 1이 남는다. 1은 버리니 3이 운수(運數)가 된다.
- 즉, 3 허세(虛歲)에서 운(運)이 일어난다. 그래서 "3"의 표시가 대운

(大運)상에 있게 된다.

- 천간(天干)이 3 허세에서 일어나고, 지지(地支)는 차이는 5년으로 8 허세(虛歲)에서 일어난다. 년명(年命) 납음오행이 수명(水命)이니, 매년 교운(交運)의 1년은 동지 전 3일의 해(亥)시에서 일어나고, 매 5년은 1차 교운(交運)이다.

【육십갑자납음가(六十甲子納音歌)】

갑자(甲子) 을축(乙丑) 해중금(海中金)	갑술(甲戌) 을해(乙亥) 산두화(山頭火)	갑신(甲申) 을유(乙酉) 천중수(泉中水)	갑오(甲午) 을미(乙未) 사중금(砂中金)	갑진(甲辰) 을사(乙巳) 복등화(覆燈火)	갑인(甲寅) 을묘(乙卯) 대해수(大海水)
병인(丙寅) 정묘(丁卯) 노중화(爐中火)	병자(丙子) 정축(丁丑) 간하수(澗下水)	병술(丙戌) 정해(丁亥) 옥상토(屋上土)	병신(丙申) 정유(丁酉) 산하화(山河火)	병오(丙午) 정미(丁未) 천하수(天河水)	병진(丙辰) 정사(丁巳) 사중토(沙中土)
무진(戊辰) 기사(己巳) 대림목(大林木)	무인(戊寅) 기묘(己卯) 성두토(城頭土)	무자(戊子) 기축(己丑) 벽력화(壁歷火)	무술(戊戌) 기해(己亥) 평지목(平地木)	무신(戊申) 기유(己酉) 대역토(大驛土)	무오(戊午) 기미(己未) 천상화(天上火)
경오(庚午) 신미(辛未) 노방토(路傍土)	경진(庚辰) 신사(辛巳) 백납금(白臘金)	경인(庚寅) 신묘(辛卯) 송백목(松栢木)	경자(庚子) 신축(辛丑) 벽상토(壁上土)	경술(庚戌) 신해(辛亥) 차천금(釵釧金)	경신(庚申) 신유(辛酉) 석류목(石榴木)
임신(壬申) 계유(癸酉) 검봉금(劍鋒金)	임오(壬午) 계미(癸未) 양류목(楊柳木)	임진(壬辰) 계사(癸巳) 장류수(長流水)	임인(壬寅) 계묘(癸卯) 금박금(金箔金)	임자(壬子) 계축(癸丑) 상자목(桑柘木)	임술(壬戌) 계해(癸亥) 대해수(大海水)

3 유년기법(流年起法)

　유년(流年)의 배열은 비교적 간단하다. 운세수(運歲數)에 의거하여 매 일년 모두를 대운(大運) 중에 납입(納入)하면 된다.

　위에 예시한 3세 대운(大運)은 3세에 해당하는 일년으로 정해년(丁亥年)이니, 대운(大運)은 무(戊) 아래에 배열한다. 이와 같이 배열해 나가면, 13세에 이르러 정유년(丁酉年)을 납입한다. 이러한 방법으로 일생 모두를 배열하여 끝낼 수 있다.
　일반 산명시(算命時)는 일생(一生)을 배열할 필요는 없다. 다만, 가까운 기간의 유년을 배열하면 명을 판단할 때 아주 편리하고 좋다.

③ 사주궁위취상(四柱宮位取象)

맹파명리는 인생의 중요한 정보가 모두 사주팔자 안에 있는 것으로 인식한다. 그래서 특별히 중요시하는 것은 사주궁위(四柱宮位)의 유상(類象)과 응용(應用)이다.

1 궁위유상(宮位類象)

1 무엇보다 먼저 사주궁위는 자기와 육친의 소식을 함유하고 있다

일간은 자기를 대표하는 것 외에 자기와 가까운 사람의 위치를 대표한다.

- **년주(年柱)** ☞ 조상, 부모, 외척의 어른
- **월주(月柱)** ☞ 부모, 형제
- **일지(日支)** ☞ 배우자궁
- **시주(時柱)** ☞ 자녀궁, 자기의 후대
- **부모(父母)** ☞ 년상(年上) 및 월상(月上)에 나타나 있다.

② **사주궁위는 또한 한 사람의 일생 동안 시간의 흐름을 나타낸다**
- 년주(年柱) ☞ 아동과 소년(少年) 시기로 대략 1 ~ 18세
- 월주(月柱) ☞ 청년(靑年)기로 대략 18세 ~ 35세
- 일지(日支) ☞ 중년(中年) 시기로 대략 35 ~ 55세
- 시주(時柱) ☞ 만년 시기로 대략 55세 이후의 세월이다.

이 밖에 년(年)으로부터 시작하여 시(時)에 이르고, 어린 시절부터 시작하여 어른이 되는 순서이고, 이전부터 시작하여 이후까지의 순서이다. 또 년주(年柱)가 먼저이고 월주(月柱) ➡ 일주(日柱) ➡ 시주(時柱)의 순서로 시간의 흐름을 나타낸다. 비유해 보면 세 번의 결혼이 있으면 먼저 년(年)으로부터 시(時)에 이르는 순서에 의하여 찾으면 된다.

③ **사주궁위의 대표는 한 개인의 생활 공간 소재를 대표한다**
당신이 원문(遠門)으로 나가려면 명(命) 중에 대응하는 궁위는 년주(年柱) 혹은 시주(時柱)에 해당한다.
- 년주(年柱)의 대표 ☞ 먼 방향
- 월주(月柱)의 대표 ☞ 조적(祖籍)
- 일지(日支)의 대표 ☞ 현재의 거소(居所)
- 시주(時柱)의 대표 ☞ 문호(門戶)에 해당한다.

④ **사주궁위는 또한 연령이 다르고 관계된 사람이 다르다**
- 년주(年柱)의 대표 ☞ 제 3자, 집안어른(연장자), 노인
- 월주(月柱)의 대표 ☞ 학교 친구, 동료, 간부, 지도자
- 일지(日支)의 대표 ☞ 자기와 아주 친근한 사람
- 시주(時柱)의 대표 ☞ 후배, 학생, 친구, 부하, 하급직원

5 사주궁위는 또한 신체 부위를 나타내는데 위치에 따라 다르다
- 년주(年柱) ☞ 일주(日柱)에서 멀리 있는 것으로 넓적다리, 발, 사지(팔다리)
- 월주(月柱) ☞ 신체의 몸통 부분으로 척추, 어깨, 배
- 일지(日支) ☞ 신체의 가장 중요한 부분으로 오장육부, 심장, 뇌, 골수
- 시주(時柱) ☞ 외부와 통하는 신체기관으로 머리, 얼굴, 손, 눈, 입, 귀, 코, 생식기, 배설기

6 사주궁위는 또한 사람이 사용하는 물건을 대표한다

예를 들어 차를 찾는다면 곧바로 시주(時柱)상에서 찾으면 된다. 왜냐하면 시주(時柱)는 문호를 대표하므로 문밖을 나갈 때 타는 도구는 차(車)이니 시주상에서 찾는다.

- 년주(年柱)의 대표 ☞ 신발, 지팡이 혹은 다른 사람의 물건
- 월주(月柱)의 대표 ☞ 선조의 유산, 가업, 직장, 회사, 부처, 학업
- 일지(日支)의 대표 ☞ 집, 침실, 사유재산
- 시주(時柱)의 대표 ☞ 차(車), 문(門), 의복, 모자, 안경, 화장품, 진출(進出)의 재물(지참한 현금)

7 사주궁위는 또한 사람의 심지心志☞의지와 정상情商☞적응능력을 대표한다

어떤 사람은 외부 환경의 영향을 쉽게 받아들이고, 어떤 사람은 오히려 타인에게 영향을 미친다. 이와 같이 사주궁위로부터 이러한 특징을 볼 수 있다.

8 사주팔자 중 천간(天干)의 대표는 사람의 겉으로 나타나는 상(象)이다

겉모습 특징과 밖으로 나타나는 성격은 다른 사람이 쉽게 볼 수 있는 뚜렷한 특징이 있다. 그러나 지지(地支)는 사람에게 내적(內的)인 것을 대표하는 것으로, 마음속의 세계와 집안사람의 관계 등 이는 비교적 드러나지 않은 사상(思想)과 심지(心志)에 해당한다.

【사주궁위 분류표】

	時柱	日支	日干	月柱	年柱
육친 (六親)	자식	처 남편	자기	부모 형제	조상, 부모 외척의 어른
시간 범위	만년	중년		청년	아동 소년
공간 소재	문호(門戶), 출 문(出門) 먼 곳	거주하는 장소 일하는 장소		본적 고향, 뿌리	먼 곳, 해외 가장자리
인물	후배, 어린이 학생, 친구 부하직원	자기와 아주 친하고 가까운 사람		학우, 동료 고향사람 지도자	외척 외인(外人) 연장자, 노인
신체	머리, 얼굴, 손 눈, 입, 귀, 코 생식기, 배설기	흉부 오장육부 심장, 뇌, 골수		몸통, 등뼈 어깨, 등	다리 발 팔다리
물건	차(車), 문(門) 의복, 모자 안경, 화장품 진출(進出)의 재물	집(건물) 침실 사유재산		선조의 유산 가업 직장 학업	신발 지팡이 조상 다른 사람의 물건
적응 능력	교재능력 및 영향력	내심 세계		부모의 영향	외부의 환경

2 궁위길흉(宮位吉凶)

 일반적으로, '년주(年柱)에 길신(吉神)의 힘을 얻으면 출생 집안이 좋다', '조상의 덕으로 일찍 영화가 있다', '월주(月柱)의 충극이 있으면 조상이 파산·패락(敗落), 옮겨 변하는 타격이 있다'. 이것은 대부분 출생 전의 정보이다.

1 길신(吉神)이 월주(月柱)에 힘을 얻는 경우
- 자기가 윗사람〔조상〕의 도움〔음덕〕을 받는다.
- 아버지의 가업을 계승한다.
- 만약 일주(日柱)의 충극(沖克)을 받으면 고향을 떠나서 살거나, 육친의 인연이 없고, 형제와의 불화(不和) 등이 있다.

2 길신(吉神)이 일지(日支)에 있는 경우
- 처(妻)는 현숙하고, 부(夫)는 귀하다.
- 중년에 가업이 일어난다.
- 만약 극파(克破)당하거나 혹은 합화(合化)가 꺼리는 것이 되면 좋음이 오래가지 못함을 나타내고, 이혼하고 재혼한다.

3 길신(吉神)이 시주(時柱)에 있는 경우
- 자식과 자손의 재주가 출중하다.
- 효도한다.
- 만약 충극(沖克)이 있으면 좋음은 오래 가지 못하거나 자기를 멀리 떠난다.

● 만약 시주(時柱)가 기신(忌神)이면 자식이 불효하고, 흉하고 존중하지 않는다. 늙어서 처량하다.

길신(吉神)을 보는 방법은 이후에서 상세하게 기술하려고 한다.

④ 일주(日主)와 십신(十神)

① 십신(十神) 개념

비견(比肩)·겁재(劫財), 식신(食神)·상관(傷官), 편재(偏財)·정재(正財), 편관(偏官)·정관(正官), 편인(偏印)·정인(正印)의 일간으로 십신(十神)을 정한다. 일간(日干)은 나로 주인이 되며, 나의 몸이다. 일주(日主) 오행(五行)의 성(性)과 사주(四柱) 중 기타 간지(干支) 오행(五行)의 성(性)의 관계는 음양(陰陽)과 생극(生克)을 벗어나지 않는다.

사주간지(四柱干支)와 일주(日主)의 간(干)에는 나를 생하고【생아☞生我】, 내가 생하고【아생☞我生】, 나를 극하고【극아☞克我】, 내가 극하고【아극☞我克】, 나와 동등한【동아☞同我】 오종(五種)의 관계와 다시 음양(陰陽)을 더하고 정·편(正·偏)을 나누어 십신(十神)이 결정된다.

1 나를 생하는【生我】는 것은 부모의 의미로, 인수(印綬)의 이름이 된다

- 인(印)은 음(蔭)이고, 수(綬)는 수(受)다. 비유하면 부모의 은덕으로 자손을 음으로 보호하고, 자손이 그 복을 받는다.

- 국가가 설립한 관(官)을 나누어 직(職)을 가지고, 인(印)의 권력을 받고, 나아가 장악하여 관리를 하게 한다.
- 음양(陰陽)이 다르면 정인(正印), 음양이 같으면 편인(偏印)이라 하며 효신(梟神)이라고도 한다.

⑩ 甲木 일간이 癸水를 보면, 癸水는 陰水이고 甲木은 陽木이다. 음양이 다른 성이 生하니 癸水를 甲木의 정인(正印)이라 한다. 마찬가지로 甲木이 壬水를 만나면 이는 편인(偏印)이 된다.

② 내가 극하는(我克) 것은 사람이 나의 뜻에 제(制)를 받는 것으로, 처재(妻財)의 이름이 된다

- 음양(陰陽)이 다르면 정재(正財), 음양이 같으면 편재(偏財)라 한다.

⑩ 甲木 일주가 己土를 보면 정재(正財)이고 戊土를 보면 편재(偏財)가 된다.

③ 나를 극하는(克我) 것은 내가 사람의 뜻에 제(制)를 받는 것으로, 관살(官殺)이란 이름이 된다

- 국가에서 봉해진 관(官)의 사람으로, 인품이 공직에 해당하며, 일생동안 사람을 부리고 나이가 들어서 퇴직한다.
- 관(官)은 사람을 관리(管理)하는 것이고 또한 지위가 된다. 능히 내가 사용하는 곳이다. 이처럼 관(官)은 부담스럽다는 뜻뿐만 아니라 사회적 지위의 의미가 있다
- 음양(陰陽)이 다르면 정관(正官), 음양이 같으면 편관(偏官) 또는 칠살(七殺)이라고 한다.

⑩ 甲木 일주가 辛金을 보면 정관(正官)이고 庚金을 보면 칠살(七殺)이 된다.

3️⃣ 내가 생하는(我生) 것은 자식이다. 자식이 어릴 때는 내가 식(食)을 수행하고, 내가 늙으면 자식이 식(食)을 수행한다. 그래서 이름이 식신(食神)이다. 내가 생(生)하는 신(神)이 나를 극(克)하는 관성(官星)을 극제(克制)한다. 그래서 상관(傷官)이라 한다.

● 음양이 같으면 식신(食神), 음양이 다르면 상관(傷官)이라 한다.

㉠ 甲木 일주가 丙火를 보면 식신(食神)이고 丁火를 보면 상관(傷官)이 된다.

4️⃣ 나와 같은 것(同我)은 형제로서 비견(比肩)이란 이름이 된다. 나와 같고 음양이 다른 것은 정재(正財)를 극제(克制)한다. 그래서 겁재(劫財)라 한다. 또는 패재(敗財)라고도 한다.

● 음양(陰陽)이 같으면 비견(比肩), 음양이 다르면 겁재(劫財)라 한다.

㉠ 甲木 일주가 다시 甲木을 보면 비견(比肩)이고 乙木을 보면 겁재(劫財)이다.

	日主를 生하는 것	日主가 克하는 것	日主를 克하는 것	日主가 生하는 것	日主와 동일한 것
陽이 陰을 보고 陰이 陽을 보는 것	정인	정재	정관	상관	겁재
陽이 陽을 보고 陰이 陰을 보는 것	편인 혹은 효신	편재	편관 혹은 칠살	식신	비견

2 십신(十神) 생극(生克)

1 십신(十神)의 상생(相生)
- 정·편재(正·偏財)는 관살(官殺)을 생(生)한다.
- 관살(官殺)은 인효(印梟)를 생(生)한다.
- 인효(印梟)는 비겁(比劫)을 생(生)한다.
- 비겁(比劫)은 식상(食傷)을 생(生)한다.
- 식상(食傷)은 정·편재(正·偏財)를 생(生)한다.

2 십신(十神)의 상극(相克)
- 정·편재(正·偏財)는 인효(印梟)를 극(克)한다.
- 인효(印梟)는 식상(食傷)을 극(克)한다.
- 식상(食傷)은 관살(官殺)을 극(克)한다.
- 관살(官殺)은 일주(日主)와 비겁(比劫)을 극(克)한다.
- 비겁(比劫)은 정·편재(正·偏財)를 극(克)한다.

주의

십신은 천간에 투출된 재·관·인성뿐만 아니라 지지 지장간까지 포괄한다. 초학자는 매 지지의 지장간을 써놓은 후 그들 각자의 십신의 뜻을 칭한후 분석을 해야 한다.

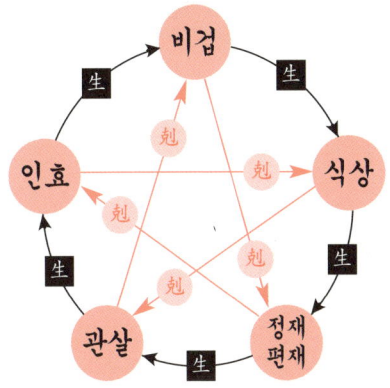

예 건조

比	殺	日	傷
癸丑	己未	癸亥	甲寅

지장간				
	癸 비견	丁 편재	甲 상관	戊 정관
	辛 편인	乙 식신	壬 겁재	丙 정재
	己 편관	己 편관		甲 상관

⑤ 십신유상(十神類象)

① 정인(正印)·편인(偏印)의 유상(類象)

① 정인(正印)의 유상(類象)

정인은 음양(陰陽)이 다르면서 일주(日主)를 생(生)하는 것이다.

❶ 함의(含義)
- 나를 자라게 만들고 성장시킨다. 또 나와의 관계는 양호하다.

❷ 심성(心性)
- 보수적 사상, 정통, 내향, 크게 떠벌리지 않음, 온중(穩重), 일정함.
- 고요한 것을 좋아하고 움직이는 것을 싫어함.
- 인자, 사랑하는 마음, 명리(名利)에 담백. 인내, 관용, 존엄, 이름과 지조를 중요시함, 중후함, 봉헌, 종교심, 자상함.
- 완충, 조절, 치욕을 참아가며 중책을 맡음, 주관이 없음, 평안함과 유복함.

❸ 정인(正印)이 과중하면 부정적 심성이 나타남
- 의뢰성이 강함, 타성에 젖음, 대세를 따름.
- 주견(主見)이 없고, 정서가 메마르고, 감각이 무디고, 유동성이 결여되고, 아둔하고, 만족한다. 지키기만 한다. 우유부단하다.
- 이해력이 부족하고, 독립 진취적이지 못하고, 관살의 압력이 없는 상황에서는 쉽게 나태한 쪽으로 흐르기 쉽다.

❹ 정인(正印)이 유용한 경우 종사하는 직업
- 공무원, 교사, 문화인, 종교인, 자선사업, 간호사 등이다.

② 편인(偏印)의 유상(類象)

편인은 음양(陰陽)이 같으면서 일주(日主)를 생(生)하는 것이다.

❶ 함의(含義)
- 원하지 않는데 생(生)해 주는 것으로, 나를 생(生)하면서 동시에 배척 하기도 함으로 계모와의 생활에서 일어나는 상황과 같은 것이다. 또한 일주(日主)의 심성이 아주 민감하게 변한다.

❷ 심성(心性)
- 사고력과 이해력이 있다. 민감, 영활(靈活), 기지(機智), 뛰어남, 영리함.
- 모략(謀略)이 있다. 머리가 좋다. 창의, 발명, 교과서를 배우는 것을 좋아하지 않는다.

- 대세를 따르지 않는다. 엄숙, 고독, 종교심이 있다.

❸ 편인(偏印)이 과중하면 부정적 심성이 나타남
- 개인주의, 게으름, 냉담, 박복, 트집, 책망, 멍청함, 인정이 없음, 복을 누리지 못함.

❹ 편인(偏印)이 유용한 경우 종사하는 직업
- 기술직, 의사, 예술인, 오술업(五術業), 종교, 자문사(諮問士), 법률사, 기자, 편집, 정보원, 정찰원, 설계사 등이다.

③ 정인(正印)과 편인(偏印)의 공통 유상(類象)
- 직업, 직무, 직칭(職稱), 권력, 인장(印章), 증거, 계약, 지력(智力), 지혜(智慧), 지식(智職), 영예(榮譽), 장려(奬勵), 배후세력(무대 뒤), 학술〔정인(正印)은 정통학술, 편인(偏印)은 비정통학술〕, 학위, 사업, 단위(單位), 일하는 장소, 주택, 의복, 차(車), 후원자, 자아 보호(自我保護), 의약 등이다.
- 사람으로는 스승, 부모, 연장자 등이다.

④ 사람의 신체
- 머리〔頭〕, 두발, 피부, 사지(四肢) 등이다.

2 정관(正官)·칠살(七殺)의 유상(類象)

1 정관(正官)의 유상(類象)

정관은 음양이 다르면서 일주(日主)를 극(克)하는 것이다. 유정(有情)의 극(克)이다.

❶ 함의(含義)
- 약속력(約束力), 규권력(規勸力)과 압제력(壓制力)이다.
- 그 성질(性)이 순정(純正)하니, 자신을 묶어 선(善)을 이끄는 능력이 있다. 이러한 사람은 입신(立身)의 근본이다.

❷ 심성(心性)
- 정통, 법을 지킴, 정도(正道), 규율, 법칙, 전통, 고귀, 문아(文雅), 충효, 자제(自制), 순종, 책임감, 정의감, 양심, 객관적, 이성(理性), 융통성이 없음, 엄숙, 정규교육, 학업, 가정교육, 덕성, 책임.

❸ 정관(正官)이 태과한 심성
- 담이 약해서 일을 두려워함, 비밀리에 법을 지킴, 무조건 승낙함, 자기 비하감.

❹ 정관(正官)이 유용한 경우 종사하는 직업
- 공무원, 문관, 교사, 법관, 공직 등이다.

2 칠살(七殺)의 유상(類象)

칠살은 음양이 같으면서 일주(日主)를 극(克)하는 것으로, 무정(無情)한 극(克)이다.

❶ 함의(含義)

- 타격(打擊), 압제(壓制), 폭력, 권위, 강력한 힘, 반역의 우두머리.
- 반드시 제화(制化)해야 비로소 통제·관리할 수 있다[須制化方可駕馭].

❷ 심성(心性)

- 야심, 심지(心智), 총혜(聰慧), 욕망, 권위, 지기(志氣), 노력, 추진력, 기백, 혼자서 일을 결행함, 폭력, 독단, 패도(霸道), 도둑, 압박, 타격(打擊), 호강(好强), 충동(沖動), 자격(刺激), 원한, 구한(仇恨), 악독, 절제, 규율.
- 매서움, 의기(義氣), 동찰력(洞察力), 감동력, 감소력(感召力), 민첩, 의심이 많음, 경계驚悸☞잘 놀라는 증세, 놀란 것처럼 가슴이 두근거리는 증세, 성격이 침착하고 신중함, 성질이 포악함, 원수처럼 증오함.

❸ 칠살(七殺)이 과중된 경우

- 명중(命中)의 칠살은 흉신이 된다. 제화(制化)가 있으면 길(吉)한 일면이 나타나고, 제화(制化)함이 없으면 흉한 일면이 나타난다.

❹ 칠살(七殺)이 유용한 경우 종사하는 직업

- 경찰, 법관, 기검(紀檢), 감찰, 군직(軍職), 집법부(執法部)의 관원, 정치가, 모략가, 율사(律師), 교사, 의사 등이다.
- 명중(命中)의 칠살(七殺)은 제화(制化)가 없으면 공직이 가능하지 않고, 가능한 괴(壞)하는 일면으로 향한다. 예를 들면 도적, 나약자, 병인(病人) 등이다.

③ 정관(正官)과 칠살(七殺)의 공통 유상(類象)

- 직무, 관직, 권력, 명망, 관리, 법규, 관사, 법원, 감옥, 시기하여 미워함, 관해(官害), 자산 등이다.
- 사람으로는 상사, 스승, 연장자, 부친, 남편 혹은 애인〔情人〕〔女命〕, 자녀〔男命〕, 적인(敵人), 소인(小人), 악인, 도적 등이다.

④ 사람의 신체

- 신경(神經), 외상(外傷), 질병 등이다.

③ 정재(正財)·편재(偏財)의 유상(類象)

① 정재(正財)의 유상(類象)

정재는 일주(日主)가 음양이 다르면서 극(克)하는 관계이다.

❶ 함의(含義)

- 나의 육신이 통제 혹은 속박하는 것, 나와의 관계가 친밀한 것, 내

가 능히 향유할 수 있는 물건과 사람 또는 내가 아끼고 사랑하는 것, 정당하고 사리에 맞게 내가 지배하는 금전과 재물 혹은 사람 모두를 정재(正財)로 한다.
- 정재(正財)는 한결같은 마음을 갖추고 있고, 남명(男命)은 혼인한 처(妻)가 정재가 된다.

❷ 심성(心性)
- 정상적이며 분수에 넘친 몫을 생각하지 않음, 자족(自足), 정당(正當), 절검(節儉), 보수(保守), 정감(情感)을 중시, 진애(珍愛), 전일(專一), 집착(執着), 재기(才氣), 구통능력(溝通能力).

❸ 정재(正財)가 태중(太重)한 경우
- 부정적인 마음이 나타난다. 예를 들면 얻거나 잃는 근심, 인색, 진취적이지 못하고, 일하기를 싫어한다. 피하는 것을 좋아하고, 힘든 것은 싫어한다. 학습을 싫어한다.

❹ 정재(正財)가 유용한 경우 종사하는 직업
- 직장인, 교사 등이다.

2 편재(偏財)의 유상(類象)
편재는 일주(日主)가 음양이 같으면서 극(克)하는 것이다.

❶ 함의(含義)

- 내가 지배하는 어떤 구체적인 물건이나 사람, 그러나 이러한 것에 집착하지 않음.
- 편재는 일체 월급이 아닌 소득이다. 가령 증권, 금전 대여, 부조 돈, 증여(贈予), 뇌물, 복권, 경품추첨, 투기, 빌린 돈, 중개, 장사, 모영(謨營), 탈법적인 재물, 불의(不義)의 재물.

❷ 심성(心性)
- 분수를 넘는 생각, 의외, 투기, 다정, 낭만, 욕망, 색(色), 풍류, 도화(桃花), 강개(慷慨), 대방(大方), 재물 경시, 교제, 수단(手段), 기예(技藝), 위장(僞裝).

❸ 명중(命中)에 편재(偏財)가 유용한 경우 종사하는 직업
- 장사, 기업가, 서비스업, 증권업, 자문업, 율사(律師), 연설가 등이다.

3 정재(正財)와 편재(偏財)의 공통 유상(類象)
- 금전, 재물, 방산(房産), 가업(家業), 가치가 있는 모든 물건, 욕망, 정욕(情欲), 향수(享受), 능력, 재능 등이다.
- 사람으로는 부하, 하인, 부친, 자식〔兒子〕, 처(妻)와 애인〔情人〕 등이다.

4 사람의 신체
- 분비물과 배설물의 일체, 음식, 혈액, 호흡 등이다.

4 비견(比肩)·겁재(劫財)의 유상(類象)

1 비견(比肩)의 유상(類象)

비견은 일주(日主)와 음양이 서로 같은 것이다.

❶ 함의(含義)
- 내가 행사하는 권력이다. 또한 나와 합작(合作)하는 것을 표시한다.

❷ 심성(心性)
- 자존(自尊), 자신감, 자아 의식, 자주 능력, 주관성, 주동성, 독립성, 개성, 과단(果斷), 냉정, 대단히 바쁨, 견지(堅持), 사심(私心), 협동, 합작.

❸ 비견(比肩)이 지나치게 왕(旺)한 경우
- 쉽게 부정적인 면으로 향한다. 예를 들면 개성과 고집이 세고, 독단적이고, 제멋대로이고, 괴팍하고, 교만하고, 자기가 옳다고 고집하는 면이 있다.

❹ 비견(比肩)이 유용한 경우 종사하는 직업
- 운동선수, 교련원(教鍊員), 체력 노동자, 중개업, 장사업, 운전사, 강호인(江湖人) 등이다.

2 겁재(劫財)의 유상(類象)

겁재는 일주(日主)와 음양이 다르나 오행은 서로 같은 것이다.

❶ 함의(含義)

- 나를 돕지만 대가가 있다. 왜냐하면 겁재(劫財)는 나의 재산을 분탈(分奪)하기 때문이고, 쟁탈을 그 목표로 한다.

❷ 심성(心性)

- 담력(膽量), 사나움, 공격성, 융통성이 없음, 투기, 가격 조작, 투기 세력, 모험, 허풍, 싸움에 강하고 이기기를 좋아한다.
- 절박, 충동, 합작하지 않음, 질투, 침해, 빼앗음, 점유(佔有).

❸ 명중(命中)의 겁재(劫財)는 흉신이 된다

- 공용(功用)이 있으면 나를 도와 재(財)를 얻게 하지만, 공용(功用)이 없다면 도리어 나의 재산을 깨고 재앙을 만나게 한다.

❹ 겁재(劫財)가 유용한 경우 종사하는 직업

- 운동원, 무인, 군인, 경찰, 증권전문가, 주식투자가, 자본운영상, 도박꾼, 사기꾼, 도적 등이다.

3 비견(比肩)과 겁재(劫財)의 공통 유상(類象)

- 합작, 경쟁, 작위(作爲), 기계, 지팡이, 경기, 운동 등이다.
- 사람으로는 형제, 자매, 친구, 패거리, 동업자, 적수(경쟁자) 등이다.

4 **사람의 신체**
- 수족, 사지 등이다.

5 식신(食神)·상관(傷官)의 유상(類象)

1 식신(食神)의 유상(類象)
식신은 일주(日主)와 음양이 같으면서 생(生)하는 것으로 일주(日主)와 유정하다.

❶ 함의(含義)
- 나의 부출付出☞내주다이나 혹은 나의 정신 세계로, 무릇 나의 정신과 정감(情感)에 서로 연관된 것들은 모두 식신(食神)의 범주가 된다.
- 식신(食神)의 표현은 온화와 평범이다.

❷ 심성(心性)
- 선량, 온화, 관대, 내향(內向), 문아(文雅), 함양(涵養), 지족(知足), 포용력, 정의, 자상하게 돌봄, 재화(才華), 학습, 감오(感悟), 말재주, 사상, 경계(境界), 정취(情趣), 흔상(欣賞), 낭만.
- 감염력(感染力), 설복력(說服力), 명성(名聲), 봉헌(奉獻), 애심(愛心), 향수(享受), 쾌락, 낙관, 자유, 즐거움, 먹고 마심, 복무(服務).

❸ 식신(食神)이 길신(吉神)이고 명국(命局) 중에서 일반적으로 모

두 유용(有用)한 경우
- 지나치게 왕(旺)한 것은 두렵지 않으나, 다만 극(克)을 받는 것이 두렵다.

❹ 식신(食神)이 유용한 경우 종사하는 직업
- 학자, 스승, 의사, 자문, 종교가, 사상가, 변호사, 기자, 관원, 작가, 미식가(美食家), 연설가, 사회자, 음악가, 연예인 등이다.

2 상관(傷官)의 유상(類象)

상관은 일주(日主)와 음양이 다르면서 생(生)하며 일주와는 무정한 것이다.

❶ 함의(含義)
- 상관(傷官)은 자아(自我)의 방임(放任)과 교종(嬌縱)이고, 마찬가지로 정신적 산물이나 오히려 자아 표현에 과분하게 집착하여 실제적이지 않게 변하여 상규를 위반하는 점이 있다.

❷ 심성(心性)
- 상상력, 표현력, 반골 기질, 전통적인 사상을 위배, 수예(手藝), 예술(藝術), 절묘한 재주, 총영(聰穎), 창의, 개척, 신선미.
- 교과서 학습을 좋아하지 않음, 트집·소란·억지를 부림, 구속을 좋아하지 않음, 관속(管束)에 복종하지 않음, 이기기를 좋아함, 생동감, 풍부한 변화, 담이 작음, 현상(現狀)을 불안해함.

- 과대, 주관, 성질이 호탕하고 인품이 뛰어남, 격정(激情), 풍류, 호색, 다언(多言), 거만, 자아 표방, 주제넘게 나섬.

❸ 상관(傷官)이 태왕(太旺)한 경우
- 파괴 작용이 일어나 쉽게 극단으로 달리기 쉽고, 개성이 방탕하다.
- 외관을 꾸미지 않고, 첨예(尖銳)하게 각박하며, 자기보다 현명하고 능력 있는 사람을 시기하고 질투한다.
- 오만하고 예의가 없으며, 대단히 꾀가 많고, 투기를 취함이 교묘하며, 법을 지키지 않고 심지어 법률과 윤리를 파괴한다. 범죄의식이 있다.

❹ 상관(傷官)이 유용한 경우 종사하는 직업
- 예술가, 대사(大師), 설계사, 연원(演員), 율사(律師), 기검인원(紀檢人員), 반탐관원(反貪官員), 권력 있는 관리, 수예인(手藝人), 장사, 관광안내원, 작가 등이다.

3 식신(食神)과 상관(傷官)의 공통 유상(類象)
- 정신생활, 욕망, 완락(玩樂), 사상(思想), 문장(文章), 언어, 작품, 예술품, 재물(財富), 화훼, 경치 등이다.
- 사람으로는 여성의 조상, 모친(식신), 장모, 자녀, 어린아이, 학생, 후배 등이다.

4 사람의 신체
- 입, 혀, 생식기, 여성의 유방, 정자(精子), 월경(經血) 등이다.

십신유상간표(十神類象簡表)

	정인	편인	정재	편재	정관	칠살	비견	겁재	상관	식신
직능	일주를 돕고, 관살을 설하고, 상관을 지배하고, 식신을 괴(壞)하게 함		관살을 생하고, 식상을 설하고, 편인을 통제하고, 정인을 괴(壞)하게 함		재를 소모하고, 인성을 생하고, 일주를 통제하고, 겁재를 괴(壞)하게 함		일주를 돕고, 관살을 감당하고, 재를 빼앗고, 식상을 도움		일주를 설하고, 재를 생하고, 살과 대적하고, 관을 훼손함	
작용	나의 기의 근원이고 게다가 나를 비호하는 것		나의 생명의 근원과 점유의 물건		나의 신분과 지위, 또한 관의 해로움		내가 하는 것을 도우거나 협조함. 나의 재물을 빼앗아 해롭게 함		나의 정신을 추구하고, 때에 따라 명예와 이익을 획득함	
육친	모친 부친	계모 조부 외척	처 부친	부친 처	부친 딸	부친 아들	형제 자매	형제 자매	아들 조모 시부모	딸 모친 외조모
인물	연장자 (집안어른) 사단장(군대) 선생(학교)		부하직원 고용인		지도자 (책임자) 스승		친구 패거리(일당)		학생 후배	
사물	문화 지위 권리(권력)		금전 여인 재물		관직 관비(官匪) 질병		합작 경쟁 도움		정신 향락 작품	
신체	모발 피부		정혈(精血) 호흡		외상 질병		수족 사지(팔다리)		입 혀 구멍 (입, 코, 귀 등)	
장소	학교 의원 학술기구		경영장소 은행 교역소(交易所)		정부기구 법원 감옥		경기장 체육장		오락장소 여가장소 화장실	

⑥ 신살유상(神煞類象)

　기존 전통명리(傳統命理)의 책에서 논하는 신살(神煞)에 천을귀인, 천덕, 월덕, 음양차착, 망신 같은 것들이 있다. 하지만 이러한 것들은 실제로 명(命)을 예측하는 데 있어 응험하는 비율이 높지 않다.

　『맹파명리(盲派命理)』의 신살은 록신(祿神), 양인(羊刃), 묘고(墓庫), 역마(驛馬), 공망(空亡) 등 다섯 가지뿐이다.
　엄밀히 말하면 록신과 양인과 묘고는 신살의 범주에 속하는 것이 아니고 십간(十干)의 본기(本氣)와 묘기(墓氣)이다.
　그들 중에는 풍부한 상(象)이 있기 때문에 선별하여 논의해 보겠다.

1 록신(祿神) 유상(類象)

　록신의 개념은 앞에서 이미 다룬 바 있지만 다시 한 번 기술하도록 하겠다〈제3장 8 십간본기(十干本氣) 71페이지 참조〉.
　록(祿)은 일주의 연신(延伸)으로 일주가 지지(地支)에 이르러 권력을

행사하는 것을 대표한다.

- 갑록(甲祿) ☞ 인(寅)
- 을록(乙祿) ☞ 묘(卯)
- 병록(丙祿)·무록(戊祿) ☞ 사(巳)
- 정록(丁祿)·기록(己祿) ☞ 오(午)
- 경록(庚祿) ☞ 신(申)
- 신록(辛祿) ☞ 유(酉)
- 임록(壬祿) ☞ 해(亥)
- 계록(癸祿) ☞ 자(子)

● 심성(心性)의 함의(含義)

친위(親爲), 독립, 주장, 자아 의식, 존귀, 독점, 주재, 형수(亨受)의 뜻이다.

● 록(祿)의 물상(物象)

권력, 봉토(封地), 재부(財富), 공양(供養).

● 인체

신체, 지체(肢體), 여인의 육체, 수명(壽命).

2 양인(羊刃) 유상(類象)

- 갑인(甲刃)은 묘(卯)나 을(乙)에 있고,
- 병인(丙刃)은 오(午)나 정(丁)에 있고,
- 무인(戊刃)은 미(未)나 기(己)에 있고,
- 경인(庚刃)은 유(酉)나 신(辛)에 있고,
- 임인(壬刃)은 자(子)나 계(癸)에 있다.

- 다만 양간(陽干)에만 양인(羊刃)이 있으며 음간(陰干)에는 양인(羊刃)이 없다.

양인(羊刃)이 비록 겁재(劫財)의 하나이지만 겁재보다도 심성이 더욱 흉악하다.

- **심성(心性)의 함의(含義)**

  담대, 용감, 흉악, 뒤를 생각하지 않고, 안면 무시하고, 점유욕, 침해. 아버지나 부인에게 불리하다.

- **양인(羊刃)의 물상(物象)**

  칼, 총, 검, 수술, 병기, 무장, 정법(政法), 집법(執法)이다.

- **인체**

  사지(四肢)나 신체로 표시한다.

양인(羊刃)은 제복(制服)하는 것이 필요하고, 그것을 제(制)하면 올바르게 쓸 수 있다.

- **가능한 직업**

  군인, 경찰, 법집행원, 외과의사, 운동선수, 무인, 초작자炒作者☞투기·작전·선전 등이다.

양인(羊刃)을 제복하지 못하면 치우쳐(偏) 사용하게 된다.

- **가능한 직업**

  악당, 도박꾼, 싸움꾼, 살인청부업자, 범법행위자 등이다.

3 묘고(墓庫)의 상(象)

묘고의 용법도 이미 앞에서 다루었는데, 이 역시 다시 한 번 기술하도록 하겠다〈제3장 4 오행묘고(五行墓庫) 68페이지 참조〉.

묘고는 거두어 저장하거나 통제(控制)의 작용이 있다. 묘고의 상(象)은 반드시 간(干)·지(支)·십신(十神) 의 상(象)과 배합되어야 비로소 의의가 있다.

- 양인고(羊刃庫)는 군대, 영지(營地)로 이해할 수 있다.
- 상관(傷官)·식신(食神)의 고(庫)는 사원(寺廟), 학교로 이해할 수 있다.
- 재고(財庫)는 은행으로 이해할 수 있다.
- 관살고(官殺庫)는 권력 중심, 조직부문으로 이해할 수 있다.

무릇 한데 모아 중다 衆多☞아주 많음 한 의사는 모두 고(庫)의 뜻이 있다. 여러분은 하나의 예를 보고 셋을 알아야 한다.

4 역마(驛馬)의 상(象)

역마(驛馬)가 명중(命中)에 있으면 움직임, 외출, 원행(遠行), 이동, 이사, 분주 등의 뜻이 있다. 맹파에서 정한 역마(驛馬)와 전통적인 역마(驛馬)와는 약간의 차이점이 있다.

- 신자진(申子辰) 역마는 인오술(寅午戌)에 있고, 인오술(寅午戌)의

역마는 신자진(申子辰)에 있다.

申子辰 ⇄ 驛馬 寅午戌

- 사유축(巳酉丑) 역마는 해묘미(亥卯未)에 있고 해묘미(亥卯未)의 역마는 사유축(巳酉丑)에 있다.

巳酉丑 ⇄ 驛馬 亥卯未

즉, 신자진(申子辰)이 일(日)이나 년(年)에 인(寅)을 보거나 오(午)를 보거나 술(戌)을 보면 모두 역마가 된다.

역마를 보는 법은 년지와 일지를 위주로 하며, 그 밖의 지(支)나 혹은 대운과 유년에서 보면 역마가 된다.

- **역마(驛馬)의 물상(物象)**
    차, 배, 말.

예를 들면, 역마가 합(合)을 만나면 멈춤이나 부동(不動)의 뜻을 표시한다.

5 공망(空亡)의 상(象)

● 육갑공망(六甲空亡)

- 갑자순(甲子旬) 중에는 술해(戌亥)가 공망
- 갑술순(甲戌旬) 중에는 신유(申酉)가 공망
- 갑신순(甲申旬) 중에는 오미(午未)가 공망
- 갑오순(甲午旬) 중에는 진사(辰巳)가 공망
- 갑진순(甲辰旬) 중에는 인묘(寅卯)가 공망
- 갑인순(甲寅旬) 중에는 자축(子丑)이 공망

갑자순 중에는 甲子, 乙丑, 丙寅, 丁卯, 戊辰, 己巳, 庚午, 辛未, 壬申, 癸酉 십일(十日)이고, 戌과 亥는 공(空)을 만난다. 말하자면 甲子日에서 癸酉日까지 10일 중 술해(戌亥) 두 자는 없다. 나머지도 이러한 방법으로 유추하면 된다.

공망을 보는 법은 일주나 혹은 년주를 위주로 하며, 다른 지(支)에서 보이면 공망이 된다.

지(支)가 공망을 만나면 그 기(氣)는 있지만 형(形)이 없음을 상징하고, 이름만 있고 실속이 없다.

- 년지(年支) 공망은 조상의 덕이 없다.
- 월지(月支) 공망은 형제에 기댈 것이 없고, 혹은 손해(傷損)를 본다.
- 일지(日支) 공망은 하는 일이 용두사미로 이룬 것은 적고 잃은 것은 많으며, 돌아갈 곳이 없거나 혹은 부부의 인연이 박하다.
- 시지(時支) 공망은 자녀가 늦거나, 자녀에게 손상(損傷)이 있다.

- 흉성(凶星)이 공망이면 흉이 반으로 줄어든다.
- 길신(吉神)이 공망이면 완전한 복(福)을 누리지 못한다.
- 명중(命中)에 필요한 신(神)이 왕상(旺相)하면서 공망이면 주로 성격이 관대하고 도량이 넓고 개성이 속세를 초월하며, 능히 신비한 영역에서 성공한다. 예를 들면 불도(佛道), 현학(玄學), 오술(五術), 기공, 예술 등의 영역이다.

● 공망(空亡) 유상(類象)

이론, 토론, 현학(玄學), 공물(空物), 반감, 손실, 불전(不全), 괘명卦名☞이름만 걸다, 명의名義☞명분·형식, 유명무실, 형식, 기(氣), 상(象), 그림자 등이다.

- 금(金)이 공(空)하면 울린다〔鳴〕.
- 화(火)가 공(空)하면 발한다〔發〕.
- 수(水)가 공(空)하면 흐른다〔流〕.
- 목(木)이 공(空)하면 썩는다〔朽〕.
- 토(土)가 공(空)하면 빠진다〔陷〕.

맹파명리
盲派命理

제5장
맹파명리 체계

맹파명리
盲派命理

1 맹파명리(盲派命理)와 전통명리(傳統命理)의 구별

중국에 전래되어 내려오는 명리는 〈맹파명리〉와 〈전통명리〉 두 가지의 이론 체계가 있다.

전통명리는 주로 용신(用神)과 격국(格局)을 말하는데 그 기본사상은 일주(日主)의 평형을 파악하여 용신(用神)과 기신(忌神)을 찾는 것으로, 쇠왕(衰旺)을 파악하는 문제가 가장 중요한 위치를 점하고 있다.

하지만 이것은 명리(命理)에 있는 많은 것들을 잃어버리게 된다. 예를 들면 '상(象)'과 같은 것으로, 전통명리 체계로는 세밀하고 구체적인 사건의 정황을 판단하기가 어렵다.

그렇다고 전통명리의 체계가 맞지 않는다는 것이 아니라 부분적으로 명리의 실상을 설명할 뿐 오히려 명리의 가장 정확하고 완전한 이해에는 미치지 못한다는 것이다.

단건업 선생 또한 아주 오랜시간 전통명리를 배웠고, 소지하고 있는 고전명리 서적을 거의 보았지만 실제로 명(命)을 판단할 때에는 단선생의 사부이신 학금양 선생과 같을 수는 없었다.

학금양 선생은 명(命)을 판단할 때 매우 세밀하면서도 정확했고, 특히 단칼에 찍어내는 판단은 그 이치가 어떤 것인지 도무지 알 수가 없었다.

예를 들어 다른 사람이 판단하여 밝혀놓은 것은 어떻게 해도 알 수가 없는 것처럼 그 이치를 단출해내는 것은 불가능할 것이다. 마침내 단선생은 그 원인을 찾아냈는데, 원래 단선생이 다년간 배운 명리는 일종의 아주 천박(淺薄)한 것으로 체계가 맞지 않고 사용한 방법도 이치에 맞지 않는다는 것이었다.

맹파명리의 체계는 이러한 전통적인 방법을 사용하지 않으며, 일주(日主)의 쇠왕(衰旺)과 용신(用神) 그리고 격국(格局) 또한 기본적으로 사용하지 않는다. 물론 확실하게 폐기한다고 말할 수는 없지만, 맹파명리 체계에서는 근본적으로 일주(日主)의 쇠왕(衰旺)과 용신(用神)이라는 개념이 없는데, 이것이 바로 맹파명리의 가장 큰 특징이다.

■ **그렇다면 맹사(盲師)들은 무엇에 의지해 간명(看命)하는가?**

먼저 이해해야 할 것은 맹사들에게는 구결(口訣)이 있다는 것이다. 하지만 이러한 구결이 만능열쇠는 아니라는 것이다.

학선생의 많은 사형과 사제들이 모두 똑같이 배웠는데, 그 사형제들이 간명한 것은 모두 학선생처럼 정확히 맞추지 못했다는 것이다. 학선생에게서 학습한 이후에야 비로소 그 이유를 알게 되었다.

명리 중에 아주 많은 것들을 학선생 자신이 분석하고 깨달은 것으로, '구결(口訣)'은 단지 기본적인 개념일 뿐 많은 것은 자신의 오성(悟性)에 의지해야 한다는 것이다. 여기서 말하고자 하는 것이 바로 '오성(悟性)'

이다.

여기에서는 다만 기본적인 이론과 방법을 말할 뿐, 깊은 차원의 것들은 여러분의 오성(悟性)에 의지하여 천천히 이해하기를 바란다.

어떻게 용신을 찾지 않고 일주의 쇠왕(衰旺)도 보지 않으면서 단명(斷命)할 수 있을까? 이것은 바로 명리의 본질적인 문제인 것이다.

■ 명리의 본질은 어떤 것일까?

명리의 본질은 인생을 설명하는 것이다. 명리와 우리들 인생의 도리(道理)는 한 가지로, 명리는 우리들 인생의 축영(縮影)과 재현(再現)인 것이다.

일주(日主)의 쇠왕(衰旺)으로는 이미 어떠한 것도 설명할 수 없을 뿐 아니라 또한 명주(命主)의 능력의 대소(大小)나 신체의 좋고 나쁨을 표현할 수 없다는 것이다. 더 나아가 운명적인 궤적(軌迹)을 해석하기 어려우며 어떤 실제적인 뜻도 없는 것이다.

단순하게 용신(用神)이나 기신(忌神)을 찾는 것으로는 우리들이 명리에 대한 이해를 단편적이거나 굳어지게 할 뿐이며, 명운(命運)의 풍부하고 다채로운 면을 파악해야 하는 것을 놓치게 될 것이다.

왜냐하면 인생이란 복잡하고 변화하는 것이어서 영원한 친구도 영원한 적도 없는데, 어떻게 한두 개의 용신으로 우리들의 일생을 알 수 있겠는가?

다음 장에서 맹파명리에서 쓰는 논명(論命)의 도구와 방법을 소개하기로 하겠다.

2 맹파명리의 체계적 특징

명리(命理)는 바로 인생에 대한 표현이라고 맹파 체계(體系)는 인식한다. 그렇다면 명리는 무엇을 통하여 인생을 표현할 수 있는가? 또 이것은 어떤 모양으로 인생을 표현하는가?

우리는 맹사(盲師)들이 인생을 표현하는 데 쓰는 개념을 알 필요가 있다. 왜냐하면 맹사들은 대부분 구전심수하여 체계적으로 문자로 남긴 것이 없기 때문에, 이전에 없었던 개념을 창출하여 이러한 체계를 이해할 필요가 있다.

1 빈주(賓主)의 개념

맹파명리에서 빈주의 개념은 아주 특별한 의의가 있다. 빈주는 곧 우리들에게 어떤 물건이 자기 것이며, 어떤 물건이 다른 사람의 것인지를 알려준다.

중국의 많은 예측술은 모두 빈주를 말하고 있는데, 육효괘(六爻卦) 중에서 말하는 세효(世爻)는 주(主)가 되고, 응효(應爻)는 빈(賓)이 된다. 괘

중(卦中)의 효(爻)는 주(主)가 되고, 일월(日月) 및 변효(變爻)는 빈(賓)이 된다.

〈풍수〉, 〈기문〉, 〈육임〉, 〈매화역수〉 등도 모두 빈주를 말한다. 다만 그들은 주객·체용·천지인 등 다른 개념의 이름을 사용했을 뿐이다. 그러나 그것들이 표현하는 것은 자아주체(自我主體)와 외물객체(外物客體)의 관계다. 실제로 우리들의 인생도 또한 이것과 같다. 나와 외부 세계에서 발생하는 모든 것은 관계와 관련을 통하여 우리들 인생의 명운(命運)이 구성된다.

빈주(賓主)는 단계적으로 나눈 개념으로 일주(日主)가 나(我)라면 다른 간지는 다른 사람이므로 나와 마주한 것이 빈(賓)이 된다. 기타 간지의 각 글자 또한 모두 자신의 특정적 함의(含義)가 있다.

일지(日支)는 배우자, 월주(月柱)는 부모와 형제, 년주(年柱)는 조상과 부모, 시주(時柱)는 자식 등이며 이러한 것들이 모두 나와 직접 상대하는 것이다.

이러한 것을 인지하고 다시 단계를 나누면, 일주(日柱)는 나와 나의 배우자로 나의 가정을 대표하고, 나의 가정 또한 외부 세계와 상대하니 부모의 가정이 있고, 자식의 가정이 있고, 형제·자매의 가정 등등으로 일주(日柱)는 바로 주(主)이고 다른 주는 바로 빈(賓)이 된다.

그런 후에 나와 나의 자식이 하나의 자기 가정을 구성하여 외부 세계에 대면하면 일시(日時)는 주(主)를 구성하고, 년월(年月)은 빈(賓)을 구성한다. 전체 팔자가 나의 대가족이 되면 대운과 유년은 외래(外來)하는 것이니 외면에서 나의 팔자로 와서 작용하면 나의 팔자에 영향을 미치게 되니 팔자(八字)는 주(主)가 되고 대운과 유년은 빈(賓)이 된다. 이러한 것이 바로 빈주(賓主)의 개념인 것이다.

예를 들어 관(官)이 필요하거나 발재(發財)하고자 하면 곧 재(財)나 관(官)이 팔자(八字) 중에서 어떤 위치에 있는지를 보아야 한다. 만약 재(財)와 관(官)이 주위(主位)에 있으면 이것은 곧 나의 재(財)나 관(官)이다. 요컨대 재(財)나 관(官)이 빈위(賓位)에 있으면 곧 다른 사람의 재(財)와 관(官)이다

이렇게 정위(定位)한 후에 다시 주(主)와 빈(賓)의 작용관계를 살핀다. 이런 작용관계를 통하여 재관(財官)이 나와 관련이 있는지 없는지와 내가 능히 재관(財官)을 나의 것으로 할 수 있는지를 분명하게 알 수 있다.

이와 같이 팔자는 실제로 일주의 쇠왕(衰旺)과는 크게 관계가 없음을 분명하게 알 것이다. 오로지 빈(賓)과 주(主)의 관계 중에서만 한 사람의 사회생활 중에 발휘되는 그의 능력의 대소와 부귀빈천이 구체적으로 나타날 뿐이다.

주(主)	빈(賓)
일주(日主)	타간지(他干支)
일주(日柱)	년주(年柱) 월주(月柱)
일주(日柱), 시주(時柱)	년주(年柱) 월주(月柱)
사주팔자(四柱八字)	대운(大運)과 유년(流年)

2 체용(體用)의 개념

빈주(賓主)의 개념은 궁위(宮位)의 각도에서 자아주체(自我主體)와 외물객체(外物客體)로 나눈 것이고, 체용(體用)의 개념은 십신(十神)의 각도에서 자아주체와 외물객체로 나눈 것이다. 이처럼 우리는 팔자 중 십신(十神)이 체(體)와 용(用)으로 나누어짐을 알아야 한다.

■ 체(體)는 무엇인가?

'체'는 나 자신과 내가 사용하는 공구(工具)이거나, 혹은 내가 조종하는 공구이다. 이는 곧 일을 할 때 내가 손으로 공구를 잡아야 비로소 일을 하는 것과 같다.

예를 들어 일주(日主), 인(印), 록(祿) 등이 체(體)가 된다.

■ 용(用)은 무엇인가?

'용'은 나의 목적이며 내가 추구하는 것으로 내가 필요로 하여 얻으려는 것이다.

예로, 재(財)와 관(官)은 용(用)으로 이는 내가 추구하고자 하는 것이다. 그다음 어떤 방법으로 우리들이 추구하는 것과 목적을 이룰 수 있는지 알아야 한다.

■ 어떠한 방법으로 관(官)을 차지하는가? 어떠한 방법으로 재(財)를 얻게 되는가?

가령 관(官)이 어떤 곳에 배치되면 어떻게 해야 관을 얻을 수 있는가? 방법이 있으면 당연히 관(官)을 차지하고, 방법이 없으면 오히려 관(官)

을 차지할 수 없는 것이니 이것이 바로 인생을 표현하는 것이다.

　관(官)으로 예를 삼으면, 관(官)이 합당하지 않은 사람이라고 반드시 명국(命局) 중에 관(官)이 없는 것은 아니다. 반대로 그의 명국 중에 관(官)이 매우 왕(旺)해도 오히려 관(官)이 이르게 할 방법이 없다면 자연히 관(官)을 담당할 수 없는 것이다. 관(官)이 해(害)가 되면, 이러한 관은 오히려 관재(官災)를 표시한다.
　같은 이치로 재(財) 또한 마찬가지이다. 팔자 안에 재(財)가 배치되어 있어도 어떤 방법을 이용하여 그것을 주위(主位)에 이르게 할 수 있는지 보아야 한다. 이것이 바로 체용의 개념이다.

　일주(日主)·인성(印星)·록신(祿神)·비겁(比劫)은 체(體)에 해당하고, 재성(財星)과 관살성(官殺星)은 용(用)이 되고, 식신(食神)과 상관(傷官)은 체(體)와 용(用)으로 함께 사용할 수 있다. 왜냐하면 식신과 상관은 사람의 정신으로 체험하는 범주에 있기 때문이다. 지력(智力)·사상·쾌락·향수(享受)·재부(財富) 등의 뜻이며, 이미 우리들의 본신(本身)에도 속하고 또 우리들이 추구하는 것이 되기도 하기 때문이다. 명국(命局)의 다른 상황에 근거하여 그것들은 체(體)가 되기도 하고 용(用)이 되기도 한다.
　만약 반드시 그것들을 구분한다면, 식신은 체(體)에 가깝고 상관은 용(用)에 가깝다고 하겠다.

■ 체(體)·용(用)

체(體)		용(用)
비견(比肩), 인성(印星) 겁재(劫財), 록(祿), 인(刃)	식신(食神) 상관(傷官)	재성(財星) 관살성(官殺星)

③ 공신(功神)과 폐신(廢神)의 개념

팔자는 체용(體用)과 빈주(賓主)를 활용하여 인생의 과정을 표술(表述)하는 것이다. 우리들이 하나의 명조(命造)를 볼 때 요컨대 이 명(命)이 무엇을 하려고 생각하는지를 알려면 먼저 주위(主位)를 쫓아서 입수(入手)하여야 한다.

즉, 먼저 일간(日干)과 일지(日支)를 보고, 이 주(柱)가 점유한 것이 체(體)인지 용(用)인지를 보고, 점유한 것이 어떠한 작용관계가 있는지를 보아야 한다. 만일 체(體)를 점하였다면 사람의 손과 같은 종류로 그것들은 반드시 일하는 것이 있다.

체(體)는 팔자 중에서 다른 신(神)에게 작용하러 가야지 그냥 한가로이 있어서는 안 된다. 만일 한가로이 있다면 반드시 일이 없어 공연히 말썽거리를 만드는 나쁜 명(命)이 된다.

■ 재성(財星)과 관살성(官殺星)을 용(用)

● 재성과 관살은 나의 몸 밖의 것이어서 반드시 체(體)와의 관계를 발생시켜야 한다. 즉, 체(體)의 제(制)를 당하거나 체(體)에 화(化)를 당

하거나 혹은 체(體)와 합을 당해야 비로소 행위〔作爲〕가 있게 된다. 만일 한가로워 일이 없다면 명주(命主)는 관직을 맡거나 발부(發富)하지 못한다.

■ 상관(傷官)과 식신(食神)은 중성(中性)
● 식신(食神)은 대략 체(體)로 기울고 상관(傷官)은 대략 용(用)으로 기우는데, 명중(命中)에서 이미 제(制)를 당하거나 또 다른 것을 제(制)하거나 생재(生財)하는 작용을 하거나 관살(官殺)을 제(制)하거나 설수(泄秀)하는 작용을 한다.

체(體)·용(用) 혹은 빈(賓)·주(主) 사이의 작용관계를 주공(做功)이라고 한다. 또한 팔자 중에 주공에 참여하는 신(神)을 공신(功神)이라 하고, 주공에 참여하지 않은 신(神)을 폐신(廢神)이라고 한다.

예를 들면 나의 주위(主位)의 체(體)가 다른 사람의 빈위(賓位)인 용(用)으로 가서 추구하는 것을 얻는다면 이러한 종류의 작용과정을 정향주공(正向做功)이라 하고, 주위(主位)의 용(用)이 빈위(賓位)의 체(體)에게 작용하는 것을 반향주공(反向做功)이라고 한다.

■ 체용(體用)과 빈주(賓主)가 어떤 작용을 하는 것을 주공(做功)이라 하는가?
● 일반적으로 말하면 체용(體用)과 빈주(賓主)의 글자가 형(刑)·충(沖)·극(克)·천(穿)·합(合)·묘(墓)로 진행하는 모든 것은 주공(做功)방식이 된다.

4 능량(能量)과 효율(效率)의 개념

앞에서 이미 논술한 것으로, 맹파명리는 일주의 쇠왕(衰旺)을 보지 않고 다만 주공(做功)이 있느냐 없느냐와 주공(做功)이 어떠한 것인지의 중요성을 알았다.

주공(做功)이란 말은 물리학적 개념이다. 능량(能量)과 효율(效率)이라는 개념은 물리학에 포함되는 것으로, 팔자명리(八字命理)의 본질에 한층 더 깊이 포함되어 있다는 것을 이해하여야 한다. 물리학에서는 능량(能量)을 소모하여 효율(效率)을 생산하는 것을 일컬어 "에너지 소모로 물건이 생산되어 나타난 효과가 효율이 된다"라고 인식한다. 팔자도 이와 같이 주공(做功)은 반드시 능량(能量)의 소모를 필요로 한다.

■ 그렇다면 능량(能量)이란 무엇인가?

팔자 중에 매 글자는 모두 능량(能量)이 있다. 천간(天干)의 능량(能量)은 낮고, 지지(地支)의 능량(能量)은 높다. 10천간과 12지지의 속성과 방향성의 능량체(能量體)가 다름을 이해하여야 한다.

그들 사이에는 형(刑)·충(沖)·극(克)·천(穿)·합(合)·묘(墓)의 관계가 발생하는데, 팔자 중의 글자 사이에는 곧 능량(能量)의 부딪침과 모산耗散☞소모, 흩어짐과 인멸(湮滅)이 있다.

이른 바 공신(功神)은 능량을 소모[耗散]한 후 효율을 발생하여 공(功)이 있다. 폐신(廢神)은 오히려 능량을 소모한 후에 효율을 생산하지 못하여 공(功)이 없다. 폐신(廢神)의 또 다른 상황은 능량도 소모하지 않고 주공(做功)도 하지 않는다.

성공하는 사람의 팔자 구조는 이러한 능량(能量)을 효율 있게 이용하

며, 평범한 사람은 효율이 없고 능량(能量)만 낭비할 뿐이다. 성공하는 사람은 공신(功神)이 많고 폐신(廢神)이 적고 혹은 공신(功神)이 비록 적어도 오히려 효율은 특별히 높으며, 평범한 사람은 폐신(廢神)이 많고 공신(功神)이 적고 혹은 공신(功神)의 효율이 오히려 낮다.

이러한 것들을 통하여 사람의 부귀나 빈천을 3, 6, 9등으로 나누어 분별할 수 있다.

5 적신(賊神)과 포신(捕神)의 개념

이것은 맹파명리에서 늘 사용하는 것으로, 그 원리는 바로 빈주(賓主)와 체용(體用)이 더욱 진화, 발전되어 도출된 개념이다. 간단하게 설명하면 나의 주(主)의 어떤 것이 혹은 나의 체(體)인 어떤 것이 외면(外面)의 빈(賓)을 제압(制)하러 가거나, 혹은 용(用)을 취하는 것이 곧 내가 희망하는 무엇을 얻는 것이라고 한다.

주(主)나 체(體)가 비교적 왕(旺)하고, 빈(賓)이나 용(用)이 상대적으로 약한 상황이라면 그것들을 적신(賊神)과 포신(捕神)의 주공(做功)이라고 부른다. 경찰이 도둑을 잡는 것과 같은데, 경찰이 특별히 강한 때에 만일 도둑이 아주 적거나 혹은 도둑이 없으면 경찰은 힘을 사용할 곳이 없으니 경찰은 도둑이 출현하기를 바라는 것이니 도둑이 한번 출현하면 도둑을 체포하여 그들의 가치를 체현하는 것과 같은 것이다. 이러한 것이 추포(追捕)하는 원리이며 또한 명리(命理) 중에 늘상 쓰는 하나의 개념인 것이다.

③ 간지배치(干支配置)의 원리

간지배치 원리는 간지 사이의 각종 관계를 말한다. 즉 간지생극(干支生克)의 원리, 간지호통(干支互通)의 원리, 간지허실(干支虛實)의 원리 등이 있고, 이들은 팔자(八字)를 분석하는 데 중요한 근거가 된다.

1 간지생극(干支生克)의 원리

천간(天干)은 지지(地支)를 극(克)하지만 지지는 천간을 극(克)하지 못한다. 간지(干支) 관계는 군신의 관계로 천간은 군(君)이 되고 지지는 신(臣)이 된다. 지지와 천간은 서로 생(生)해 주고 서로 합(合)하지만 다만 지지와 천간이 극합(克合)할 때 지지도 천간을 극제(克制)할 수 있다.

> 예 정해주(丁亥柱)에서 해(亥) 중의 임수(壬水)가 천간(天干)의 정화(丁火)를 극합(克合)할 수 있다는 것이다.

■ 천간(天干)과 지지(地支)가 상합(相合)하는 간지(干支)배치
　● 정해(丁亥), 기해(己亥), 신사(辛巳), 계사(癸巳), 임오(壬午), 갑오(甲

午), 무자(戊子), 병술(丙戌)[술미(戌未)가 형(刑)할 때 병(丙)은 술(戌)중의 신(辛)과 합(合)이 가능], 임술(壬戌)[술미(戌未)가 형(刑)할 때 임(壬)은 술(戌) 중의 정화(丁火)와 합(合)이 가능] 중에서 앞의 4개의 주(柱)는 지지가 능히 천간을 합극(合克)할 수 있다.

● 건조(乾造)

時	日	月	年
辛	庚	壬	壬
巳	辰	寅	子

- 이 명조(命造)는 칠살(七殺) 사화(巳火)인 용(用)이 주위(主位)인 일지(日支)의 진토(辰土) 인성(印星)을 생(生)하는데 이는 공신(功神)이 된다.
- 살(殺)은 주로 권력인데, 다시 사화(巳火)가 위의 천간(天干) 신(辛)을 보니 간지(干支)가 자합(自合)하므로 지지(地支)가 천간(天干)을 합제(合制)하니 이것은 칠살(七殺)이 인(刃)을 제(制)한 것이다. 칠살(七殺)은 권력을 표시하고 인(刃)은 여기에서는 주로 무(武)에 해당한다. 그러므로 그가 일하는 직업은 당연히 법을 집행하는 기관이다. 실제 그러하였다.

2 간지호통(干支互通)의 원리

이것은 맹파이론 중에 명(命)을 논하는 데 있어 가장 중요한 요점 중의 하나이다. 간지(干支)는 록(祿)과 원신(原身)의 형태로 서로 통하는데, 다만 우리들이 대하는 원국 중에 하나의 신(神)의 작용뿐만 아니라 연신(延伸)작용도 이해해야 한다. 또한 응기(應期)를 사용하는 것 중에서 이것이 최고로 중요한 것이다.

원신(原身)	甲	乙	丙	丁	戊	己	庚	辛	壬	癸
록(祿)	寅	卯	巳	午	巳	午	申	酉	亥	子

핵심 ☞ 원신(原神)과 록(祿)은 맹파명리 이론 중에서 가장 중요한 요점 중의 하나이다

록(祿)은 바로 천간(天干)의 연신(延伸)으로, 이것은 천간이 지지(地支)로 들어가 권력을 행사하는 것을 나타낸다.

원신(原身)은 지지에 있는 것이 천간으로 연신하는 것으로, 이것은 지지에 있던 것이 천간에서 일을 행하는 것을 나타낸다.

주의 오(午)와 사(巳)는 두 개의 원신(原身)이 존재한다. 그러므로 천간(天干)의 병(丙)과 무(戊), 정(丁)과 기(己)는 반(半) 통록(通祿)하는 상(象)을 가지고 있으며 또한 병(丙)과 무(戊), 기(己)와 정(丁)은 일종의 형제 같은 친연관계가 있다.

미토(未土) 중에는 정화(丁火)가 있기 때문에 정화(丁火)가 미토(未土)를 보면 반록(半祿)이 된다. 같은 이치로 계수(癸水)가 축토(丑土)를 보

면 반록(半祿)이 된다.

　진술축미(辰戌丑未) 4묘신(墓神)은 천간(天干)에 원신(原身)이 없는 것을 발견하게 되는데, 실제로 그들에게는 원신(原身)이 없는데 주관적으로 진술(辰戌)의 원신(原身)은 무(戊), 축미(丑未)의 원신(原身)은 기(己)라고 할 수 없다.

● 곤조(坤造)

時	日	月	年
庚	丁	戊	乙
戌	巳	子	巳

● 이 명조는 화토(火土)가 세력을 이루어, 수(水)를 제거(制去)하는 뜻이 있다. 두 개의 사화(巳火) 사이에 자수(子水)가 끼어 있다. 자수(子水)를 제(制)하려는 뜻이 있지만 그러나 사화(巳火)는 아주 좋은 방법으로 자수(子水)를 제(制)하는 것이 아니다. 다시 천간(天干)에 투출한 무토(戊土)를 보면 무(戊)가 능히 자(子)를 합거(合去)한다. 왜냐하면 무(戊)는 사(巳)의 록(祿)에 통근하기 때문에 실제로는 사(巳)가 자수(子水) 관(官)을 제거한 것과 같은 것이다.

● 사(巳)는 부궁(夫宮)이니 무릇 부궁이 부성(夫星)을 제거하는 것은 능히 제(制)하여 머물게 하는 것이니 모두 좋은 혼인이며 남편이 그녀의 말을 들음을 표시한다. 그러므로 이조는 아주 좋은 남편을 찾을 것이라고 본다.

● 부궁(夫宮)의 원신(原身)인 무(戊)가 자(子)를 제거(制去)하는데 자

(子)는 무(戊)의 재(財)가 된다. 그러므로 남편이 큰 돈을 벌어 수백 억의 자산이 있다.
- 임진운(壬辰運)에서 대발했다. 만약 무(戊)가 없었다면 부궁(夫宮)의 사(巳)가 자(子)를 제거하기에는 아주 어렵다.

● 건조(乾造)

時	日	月	年
乙	己	丙	甲
亥	丑	寅	寅

- 기사(己巳) 대운(大運)의 기운(己運)으로 행할 때, 신사년(辛巳年)과 임오년(壬午年)에 어떤 일이 생기겠는가?
- 사(巳)년에 병(丙)이 록(祿)을 보고 공축(拱丑)과 인(寅)을 천(穿)하는데 축(丑) 중에 금(金)은 당연히 암재(暗財)로 보며, 사(巳)와 공(拱)하니 이 해에 암재(暗財)를 얻는다고 판단한다.
- 관(官)을 천(穿)하는 뜻은 바로 국가나 공공단체에서 하는 일을 등지는 것으로 어떻게 보면 위법이다. 임오년(壬午年)에 기(己)가 록(祿)을 얻고 인오(寅午)로 오(午)가 왕(旺)해져 축오(丑午)로 천(穿)하니 이 일이 윗사람에게 발견되어 처벌을 받는 것으로 판단하였다.
- 실제로 그는 한 신문사에서 일하고 있었는데 신사년(辛巳年)에 한 건을 신문에 실어주면서 암재(暗財)를 얻었는데, 임오(壬午)년에 윗사람이 알게 되어 처벌을 받았다.

주 기축(己丑)의 축토(丑土)는 고(庫)가 열리지 않았고, 고(庫) 중의 신금(辛金)은 식신이고, 식신은 재의 원신(原神)이다. 그래서 신금(辛金)도 재(財)로 본다. 고(庫)가 열리지 않아 안에 암장되어 있다. 그래서 암재(暗財)로 본다.

● 건조(乾造)

時	日	月	年
戊	癸	庚	癸
午	丑	申	巳

- 이 명조는 부모의 정황을 질문한 것이다.
- 사화(巳火) 재성(財星)이 부친이 되고, 사(巳)의 원신(原身)은 무(戊)가 되니, 무(戊)는 또한 부친이 된다. 신사합(申巳合)으로 신(申)은 모친이 되고, 무계합(戊癸合)도 같은 상(象)이니, 계(癸)도 또한 모친이 된다. 두 개의 계(癸)와 한 개의 신(申), 축(丑) 중에 또 한 개의 계(癸)가 있으니 하나의 부친에 4명의 모(母)가 배합한다.
- 그는 부(父)의 두 번째 처에게서 태어났다. 년(年)의 계수(癸水)가 제1처가 된다. 월의 인(印)이 그의 생모이다.

● 곤조(坤造)

時	日	月	年
癸	丁	丙	己
卯	卯	寅	酉

- 사주 중에 유금(酉金)이 재(財)인데 빈위(賓位)로 들어갔으니 다른 사람의 재(財)인데, 주위(主位)의 묘(卯)가 충(沖)하니 공(功)이 있다. 이것은 다른 사람이 일을 하는 뜻이다. 다만, 기(己)와 정(丁)은 비록 (半祿)의 관계이다. 그러므로 이 재(財)는 그녀에게도 몫이 있다.
- 그녀는 주점의 사장이며 40퍼센트의 권한을 갖고 있다.

● 건조(乾造)

時	日	月	年
庚	己	庚	丁
午	巳	戌	亥

- 장개석의 명조이다.
- 이조는 화토(火土)가 세(勢)를 이루어 해수(亥水)를 제(制)한다. 해수(亥水)는 본래 재성(財星)이지만 관(官)이 포함되어 있으며, 또한 관(官)의 장생(長生)에 해당한다.
- 그런 까닭에 명조는 관(官)과 관(官)의 원신(原神)을 제거하려는 뜻이 있으며, 이러한 모양의 공(功)은 아주 크다.
- 이 팔자(八字)의 요점은 년주(年柱)인 정해(丁亥)로 정(丁)은 시지(時支)인 오(午) 록(祿)에서 파견되어 나간 것이며, 정해(丁亥)가 자합(自合)하니 이 뜻은 제(制)를 당한 관(官)이 다시 그에게로 귀순하여 얻는다는 뜻이니, 능히 영수領袖☞국가의 지도자의 인물이 된다.

3 간지허실(干支虛實)의 원리

간지의 허실(虛實)은 우리들이 통상 말하는 쇠왕(衰旺)과 같은 것이 아닙니다. 전통명리에서 말하는 쇠왕은 월령을 참조하여 결정하지만, 맹파에서 말하는 허실(虛實)은 단지 한 기둥의 간지(干支)로만 말하는 것으로 주위(周圍)의 생극 관계와는 관계가 없다.

허(虛)와 실(實)은 그 자체로 상(象)이 있는데 사주 중에서 일정한 뜻을 표시한다. 중요한 응용은 바로 팔자의 응기(應期)로 이 후의 장에서 논하게 될 것이다.

천간(天干)의 기는 약하고 지지(地支)의 기는 강하니 천간은 지지에 의지해야 비로소 왕(旺)해지며, 지지가 천간을 생부(生扶)해 주지 않으면 허(虛)가 된다.

허실(虛實)의 기본원칙은 천간(天干)이 근(根)이 없고 생(生)이 없으면 허(虛)이고, 천간이 근(根)이 있고 생(生)이 있으면 실(實)이 된다.

實	甲甲甲乙乙乙丙丙丙丁丁丁戊戊戊己己己 寅辰子亥卯未寅午戌巳卯未戌午辰巳未丑
	庚庚辛辛壬壬壬癸癸癸 申辰丑酉申子辰亥丑酉
虛	甲甲甲乙乙乙丙丙丙丁丁丁戊戊戊己己己 申戌午巳酉丑子申辰亥丑酉子申寅亥酉卯
	庚庚庚庚辛辛辛辛壬壬壬癸癸癸 子午寅戌巳亥未卯戌午寅巳未卯

盲派命理

허(虛)란 일종의 존재 상태로 약화(弱化)·경화(輕化)·기화(氣化)이다. 팔자(八字)의 어떤 글자가 허(虛)를 기뻐할 때 대운(大運)에서 일단 통근되어 실(實)을 보면 이것은 일종의 반상(反常)이다. 반대로 팔자 중에 어떤 글자가 지지에서 본래 실(實)로서 길(吉)한데 대운(大運)에서 천간(天干)에 허투(虛透)하면 이것도 또한 반상(反常)이다. 이러한 반상(反常)현상은 특별히 주의하여 길흉을 분별하여야 한다.

맹파명리
盲派命理

제6장

맹파명리 논명방법

맹파명리
盲派命理

맹파명리(盲派命理)에 의한 논명(論命)에는 삼대법칙이 있는데, 첫 번째 이법(理法), 두 번째 상법(象法), 세 번째가 기법(技法)이다.

이법(理法)은 명리를 이해하고 아는 것을 말하는데, 각 개인의 팔자는 곧 한 편의 문장과 같아서 이를 어떻게 읽고 이해할 것인가 하는 점은 이법(理法)으로 해결해야 할 문제이다.

명리의 이법(理法)은 다음과 같은 것을 말한다.

❶ 팔자(八字)의 이치가 무엇인가?
❷ 팔자(八字)를 보고서 어떻게 분석을 시작할 것인가?
❸ 어떻게 팔자(八字)에서 부귀와 빈천을 볼 수 있는가?

바로 이러한 이법(理法)을 배운 다음에야 비로소 팔자에서 부귀의 등급과 직업의 특징을 알아낼 수 있고, 대운의 길흉도 판단하게 된다. 그래서 이법(理法)을 한마디로 말한다면, 여러분들이 능히 팔자를 읽고 이해할 수 있도록 한다는 것이다.

상법(象法)은 맹파명리에서 가장 중요한 것으로 명리의 상세화에 관한 사항을 말하는 것이다. 간지상(干支象), 궁위상(宮位象), 십신상(十神象), 신살상(神殺象) 등이 있다.

상(象)을 통하여 아주 구체적인 사정을 판단할 수 있다. 예를 들면 이법(理法)으로 '어떤 사람이 어느 해에 좋지 않다' 라고 판단할 수 있는 것이라면, 좋지 않은 것이 어디에 있는지? 즉 병(病)이 나는지, 파재(破財)인지, 송사로 감옥에 가는 것인지에 대해서는 상법(象法)으로 해결할 문제이다. 상법(象法)을 잘 배운다면 팔자를 추리하는 데 있어 출신입화(出神入化)의 경지에 도달할 것이다.

기법(技法)은 맹파명리에서 가장 어려운 부분이다. 그렇다면 기법(技法)이란 무엇인가? 예를 들면 당신이 한 사람의 부모가 생존해 있는지 아니면 이별했는지 본다고 하면 이는 이법(理法)의 범주가 아니라 상(象)을 보고 난 다음 마지막으로 기법(技法)으로 가부를 정해야 한다. 한 사람의 혼인의 상황에 대해서도 또한 기법(技法)을 통해서 판단할 수 있다.

본서는 주로 맹파의 이법(理法) 부분을 소개하고자 한다

① 팔자입수(八字入手) 방법

1 팔자의 공을 봄〔看八字的功〕

맹파에서는 명(命)을 볼 때 먼저 팔자의 공(功)이 어디에 있는지를 본다. 구체적으로 하나의 팔자(八字)가 있으면 먼저 일간(日干)을 보고, 그 다음 일지(日支)를 본다.

일간(日干)을 볼 때 주의해서 보아야 할 두 가지 중요한 것이 있다.

1 일간(日干)에 합(合)이 있는지 없는지를 보는 것이다

합(合)에는 두 가지가 있다. 하나는 정관의 합(合)이고 또 다른 하나는 정재의 합(合)이다. 일간(日干)이 합(合)이 되면 곧 본인이 생각하고 추구하는 것이다. 이러한 생각과 추구를 능히 얻을 수 있을지 없을지는 곧 합(合)하는 것의 공(功)을 보아야 한다.

2 일간(日干)에 합(合)이 없으면 다시 일간(日干)이 생(生)하는 것이 있는지 없는지를 보는 것이다

이것은 바로 상관(傷官)과 식신(食神)이 일간(日干)에 가까이 붙어 있

는지를 보는 것이다. 만약 붙어 있으면 이것이 바로 일간(日干)이 추구하는 것이 되며, 곧 상관(傷官)과 식신(食神)이 팔자(八字) 중에서 공(功)하여 쓸모가 있는지를 본다.

일간(日干)이 합(合)도 없고 생(生)도 없으면 일간을 버리고 일지(日支)를 본다. 일지와 다른 지(支)가 당(黨)과 세(勢)를 이루었는지를 보거나, 혹은 타지(他支)와 발생하는 형(刑)·충(沖)·극(克)·천(穿)·묘(墓)·삼합(三合)·육합(六合)·암합(暗合) 등이 되는지를 본다. 이러한 모든 것이 일지(日支)의 주공(做功) 방식이 된다.

일반적으로 팔자를 볼 때 이상의 두 가지 방법을 취해서 시작[入手]한다. 그런데 어떤 팔자는 일간(日干)과 일지(日支)가 모두 주공(做功)하지 않는 것이 있다. 이럴 경우 록신(祿神)과 비겁(比劫)의 유무를 보고, 그들의 위치가 어디에 있는지와 주공(做功) 여부를 살핀다.

다만 록(祿)의 주공에만 의지한다면 이 팔자는 층차가 높지 않은 것이다. 왜냐하면 록(祿)이란 주로 신체이니 일반적으로 신고(辛苦)로 노동하는 사람이므로 특별히 큰 성취는 없기 때문이다.

만약 일간(日干)이 주공(做功)에 참여하면 일간을 위주로 하고, 일간이 주공하지 않고 일지(日支)가 주공에 참여하면 일지를 위주로 한다.

일주(日柱)의 간지가 모두 주공에 참여하면 일주(日柱)가 주(主)가 된다[이는 일간(日干)과 일지(日支)가 뜻하는 의사가 일치할 때를 말한다]. 그러므로 공신(功神)을 잡아내는 것이 팔자(八字)의 핵심이다.

결론적으로 반드시 팔자(八字)의 주공(做功)이 어느 곳에 있는지를 찾은 연후에야 비로소 팔자를 읽고 이해할 수 있는 것이다.

2 팔자의 부귀와 빈천을 봄〔看八字富貴貧賤〕

주공(做功)의 대소(大小)에 근거하여 부귀한 팔자, 보통 팔자, 나쁜 팔자 등 팔자 몇 개의 유형으로 나눈다.

1 부귀(富貴)한 팔자(八字)

맹파명리의 팔자에 대한 인식은 전통명리와는 달라서 팔자의 평형(平衡)으로 팔자의 좋고 나쁨을 판단하는 기준으로 삼지 않는다. 반대로 무릇 대부귀(大富貴)한 사람의 팔자는 반드시 평형적이지 않고 일방적인 세력으로 편중되고 또 주위(主位)〔일주(日柱)〕와 기세(氣勢)가 일치하며, 그런 연후에 이러한 세력을 통하여 주공(做功)하는 것이다.

세(勢)라는 것은 당(黨)으로 성공한 사람은 반드시 한 사람 개인만으로 되는 것이 아니고, 자기의 당(黨)이나 혹은 자기의 단체가 있어 공동으로 하나의 일을 완성하여 대공(大功)을 이루는 것이다.

주공(做功)에 참여하는 글자 또한 주요공신(主要功神)과 보조공신(輔助功神)으로 나눈다.

> **예** 사화(巳火)가 신금(申金)을 제(制)하고 있는데, 묘목(卯木)을 만나면 묘목(卯木)이 사화(巳火)를 생(生)하니 묘목(卯木)은 보조공신(輔助功神)이 되고, 사화(巳火)는 주요공신(主要功神)이 된다.

이와 같이 부귀한 팔자는 반드시 두 가지 특징을 구비하고 있다.

첫 번째는 세(勢)가 있고
두 번째는 공(功)이 있다.

다만 세(勢)는 있으나 공(功)이 없으면 행할 수 없고, 공(功)은 있으나 세(勢)가 없으면 또한 큰 일을 할 수 없다.

팔자의 세(勢)에는 다음과 같은 여러 상황이 있다. 목세(木勢)·화세(火勢)·금세(金勢)·수세(水勢)·조토세(燥土勢)·습토세(濕土勢)가 바로 그것이다. 대다수의 팔자는 늘 두 가지의 세(勢)가 합쳐져 같은 당(黨)을 이루고 있는 것이지 한 종류의 세(勢)만 있는 것이 아니다.

- 목화(木火)가 일당(一黨)이 되고,
- 금수(金水)가 일당(一黨)이 되고,
- 수목(水木)이 일당(一黨)이 되고,
- 화(火)와 조토(燥土)가 일당(一黨)이고,
- 금(金)과 습토(濕土)가 일당(一黨)이며,
- 수(水)와 습토(濕土)도 또한 일당(一黨)이 된다.

당(黨)을 이룬 후에는 다시 공(功)이 있는지 없는지를 보아야 하는데, 반드시 제(制)할 신(神)이 있어야 한다.

- 목세(木勢)는 토(土)를 제(制)하고 또한 금(金)을 괴(壞)한다.
- 화세(火勢)는 금(金)을 제(制)하고 또한 수(水)를 괴(壞)한다.
- 금세(金勢)는 목(木)을 제(制)하고 또한 화(火)를 괴(壞)한다.
- 수세(水勢)는 화(火)를 제(制)하고 또한 조토(燥土)를 괴(壞)한다.
- 조토세(燥土勢)는 수(水)를 괴(壞)하고, 금(金)을 괴(壞)하고, 또한

습토(濕土)를 괴(壞)한다.
- 습토세(濕土勢)는 화(火)를 괴(壞)하고 또한 조토(燥土)를 괴(壞)한다.
- 목화세(木火勢)는 금(金)을 제(制)한다〔만약 금(金) 중에 수(水)가 있으면 함께 제(制)한다〕.
- 화(火)와 조토(燥土)의 세(勢)는 수(水)를 제(制)하거나, 또 금수(金水)를 제(制)하거나〔수(水) 중에 목(木)이 있으면 함께 제(制)한다〕, 혹은 습토(濕土)를 제(制)한다〔습토(濕土) 중에 포함되어 있는 것도 또한 함께 제(制)한다〕.
- 금수세(金水勢)는 화(火)를 제(制)한다〔화(火) 중에 있는 토(土)도 함께 제(制)한다〕. 혹은 조토(操土)를 제(制)한다〔조토(操土) 중에 포함되어 있는 것도 함께 제(制)한다〕.
- 금(金)과 습토(濕土)의 세(勢)는 목화(木火)를 제(制)한다.
- 수(水)와 습토(濕土)의 세(勢)가 있으면 조토(操土) 혹은 화(火)를 제(制)한다.
- 수목(水木)의 세(勢)는 토(土)를 제(制)한다〔토(土) 중에 있는 것도 함께 제(制)한다〕.

건조(乾造)

時	日	月	年
癸	辛	甲	戊
巳	卯	寅	申

- 이 조는 목화(木火)에 세(勢)가 있다. 즉, 월령의 갑인(甲寅)과 좌지

(坐支) 묘(卯)와 시지(時支)의 사화(巳火)가 목화(木火)의 당(黨)을 구성하여 함께 년지의 신금(申金)과 신중(申中)의 임수(壬水)를 제거하는데, 이렇게 제거하는 법은 공(功)이 아주 크며 본인의 능력도 또한 뛰어나니, 대귀(大貴)한 팔자로 후에 국가의 재정부장을 맡았다.

● 건조(乾造)

時	日	月	年
己	癸	己	戊
未	巳	未	申

● 화(火)와 조토(燥土)의 세력이다. 즉, 월령의 기미(己未)와 좌지(坐支)인 사화(巳火)와 시지(時支)의 기미(己未)가 함께 화토(火土) 조세(燥勢)를 구성하여 사신합(巳申合)의 관계를 통하여 신금(申金)과 신중(申中)의 임수(壬水)를 제거하니, 이러한 모양의 제법(制法)은 공(功)이 아주 크며 하나의 대부명(大富命)이다. 자산이 일찍이 1,500억원이나 있었다.

● 건조(乾造)

時	日	月	年
戊	辛	丙	乙
戌	亥	戌	巳

● 화(火)와 조토(燥土)가 세(勢)를 이루었다. 주위(主位)에 있는 해수

(亥水)와 수(水) 중의 목(木)을 제(制)하니, 이것은 또한 재(財)와 재(財)의 원신(原神)을 같이 제(制)한다. 그러므로 대부옹(大富翁)의 명(命)이다. 임오운(壬午運)으로 향하니 수(水)가 출현하여 제(制)를 당하니 수백 억을 발재(發財)했다.

● 건조(乾造)

時	日	月	年
辛	癸	己	壬
酉	巳	酉	申

● 금수(金水)의 세(勢)이다. 년지와 월지, 그리고 시주(時柱)가 금수(金水)의 세력을 구성하여 좌지(坐支)인 재성(財星) 사화(巳火)를 제(制)하는데, 사신합(巳申合)의 관계를 통하여 사화(巳火)를 제거하니 이러한 모양의 공(功)은 또한 아주 크다. 거대한 부명(富命)이며 일찍이 계축운(癸丑運)에 거재(巨財)를 발했다. 비록 이 명조의 일지가 세력 중에 있지 않으나 일간이 오히려 세력 중에 있으니 같은 것이다.

● 건조(乾造)

時	日	月	年
辛	壬	己	乙
丑	辰	丑	巳

● 이 조는 습토(濕土)가 세(勢)를 이루는데, 월과 일과 시가 모두 습토

(濕土)이다. 사화(巳火)인 재성(財星)은 설(泄)을 말끔하게 당했다. 술운(戌運) 중 사화(巳火)와 조토(燥土)가 결당하여 진토(辰土)를 충제(沖制)하니 습토(濕土)의 세력이 화와 조토(燥土)를 제거하여 수백억원을 발재(發財)하였다.

● 건조(乾造)

時	日	月	年
壬	庚	壬	丁
午	辰	子	亥

● 수(水)와 습토(濕土)의 세(勢)이다. 년지와 월주 그리고 좌지(坐支)가 수(水)와 습토(濕土)의 세(勢)를 구성하여 시지(時支)의 오화(午火)를 제(制)하고, 시간(時干)의 임(壬)도 또한 합(合)하여 오화(午火)를 제거하니 비교적 철저하게 제(制)를 하였기에 관(官)을 하는 명(命)이다.

● 건조(乾造)

時	日	月	年
丙	癸	壬	丁
辰	卯	寅	卯

● 이 명조(命造)는 수목(水木)이 세(勢)를 얻었다. 년지와 월주 그리고 일지가 수목(水木)의 세력을 구성하여 시지(時支)의 진토(辰土) 관성

(官星)을 제(制)한다. 묘진천(卯辰穿)으로 제(制)하는 주공(做功)방식이 된다. 일찍 관직에 올랐으며 한림원에 등용되었고 벼슬이 봉강(封疆)에 올랐다(적천수예문).

● 건조(乾造)

時	日	月	年
丙	癸	癸	丁
辰	卯	卯	巳

● 이 조의 세력은 앞의 명조와 다르게 목화(木火)의 세(勢)가 된다. 년주와 월지 그리고 일지가 목화(木火)의 세력을 구성하였다. 다만 우리들이 알고 있듯이 목화(木火)가 세(勢)를 이루면 금(金)을 제(制)하는데, 팔자에 금(金)이 없고 국(局) 중에 묘진(卯辰) 천(穿)으로 진토(辰土)를 제(制)하려고 한다. 그러나 진토(辰土)가 사화(巳火)의 생(生)을 얻어 제(制)할 방법이 없다. 그러므로 명(命)이 귀(貴)하지 못하다. 책에서 말하기를, 이 명조는 다만 중향방(시골의 면서기)일 뿐으로 벼슬에 나가지 못하고 보통인이라고 했다(적천수예문).

● 건조(乾造)

時	日	月	年
甲	丁	甲	戊
辰	卯	寅	戌

- 위 명조의 세(勢)는 비교적 특수하다. 불완전한 목화(木火)의 세력(勢力)이다. 또 불완전한 화(火)와 조토(燥土)의 세력이다. 그러나 그것들의 공(功)이 오히려 명확한 것을 보게 되는데, 곧 습토(濕土)인 진(辰)이 제(制)를 당하는 것이다. 중요한 것은 진토(辰土)가 강대한 목(木)의 제(制)를 당하고 명화(明火)가 나타나지 않아 진토(辰土)를 생하는 것이 없다는 것이다.
- 술토(戌土)는 여기에서 진(辰)을 충(沖)하고 또한 진(辰)을 괴(壞)하려는 뜻이 있으니 이러한 조토(燥土)와 목(木)은 또한 일당을 구성한다. 진(辰)은 관살의 고(庫)가 되고 제(制)하는 것이 철저한 까닭에 대관(大官)으로 국무원 총리를 맡았다(주은래).

● 건조(乾造)

時	日	月	年
壬	丙	癸	丁
辰	子	丑	未

- 이 명조(命造)는 수(水)와 습토(濕土)가 세(勢)를 얻었다. 월주, 일지, 시지가 수(水)와 습토(濕土)의 당(黨)을 구성하여 년주(年柱)의 화(火)와 조토(燥土)를 제(制)하니 아주 큰 공(功)이 있다. 현재 유운(酉運)으로 가고 있고, 수백 억의 거부가 되었다.

2 보통(普通) 팔자(八字)

맹파명리는 주공(做功)과 공(功)의 대소(大小)로 팔자의 귀천을 구분하는데, 보통 팔자도 반드시 공(功)이 있지만 공(功)이 크지 않다.

일반적으로 다음과 같이 두 가지 종류가 있다.

첫 번째는 팔자가 기세(氣勢)를 형성하지 않고 다만 주위(主位)에 공(功)이 있을 뿐이다. 이러한 종류의 공(功)은 모두 크지 않기 때문에 명국의 층차 수준도 낮게 된다.

두 번째는 팔자(八字)에 비록 기세(氣勢)가 있다 하더라도 기세(氣勢)를 낭비하는 까닭에 주공(做功)이 매우 적다.

보통인의 팔자는 보통 사람으로 사회의 대다수가 보통인이다. 그들은 일이 있고, 직업도 있고, 수입도 있지만 대관(大官)을 할 수 없고 대재(大財)도 발할 수 없다.

● 건조(乾造)

時	日	月	年
癸	辛	戊	丙
巳	巳	戌	戌

● 이 명조(命造)는 화(火)와 조토(燥土)의 세(勢)으로, 세(勢)가 실제로 매우 크다. 그러나 주공(做功)이 다만 시간의 계수(癸水)만을 제압(制)할 뿐이다. 그러므로 대귀(大貴)를 이루기가 어렵다. 비록 풍아(風雅)스럽게 말한다 해도 다만 보통인일 뿐이다.

● 건조(乾造)

時	日	月	年
丁	乙	己	壬
丑	丑	酉	子

● 이 명조(命造)는 금수(金水)의 세(勢)다. 정임합(丁壬合)으로 시간의 정화(丁火)를 제거한다. 다만 정(丁)의 능량이 아주 적다. 이러한 모양의 제법(制法)은 효율이 높지 않다. 다시 보면 주위(主位)의 축토(丑土)와 칠살(七殺) 유금(酉金)이 상공(相拱)하여 3합국(合局)의 반국(半局)을 이루었으니, 그것이 나타내는 뜻은 자기가 관장(官場)으로 들어가 다른 사람을 보좌하는 직책이다. 이러한 주공(做功)은 공이 크지 않은 까닭에 직권이 작다.

● 건조(乾造)

時	日	月	年
丁	癸	庚	庚
巳	未	辰	戌

● 이 조는 나타난 세력이 세(勢)가 없다. 금수(金水)의 세(勢)와 화토(火土)의 세(勢)의 역량이 비슷하여 형성된 한 일방이 다른 한 일방을 제거하지 못하니 세력으로 볼 수 없다.

● 다른 공(功)이 어디에 있는지 다시 한 번 살펴보기로 하자. 일간(日干)에 공(功)이 없으면 버리고 오직 일지(日支)의 미토(未土)를 본다.

미토(未土)가 시주(時柱)의 재성(財星) 사화(巳火)에 생(生)을 받으니 뜻은 외부의 재(財)가 그의 집을 생(生)하여 도달하는 것이다. 그러므로 이것은 돈이 있는 명이다. 다만 이러한 종류의 상생(相生)은 효율이 모두 비교적 낮으므로 보통인에 해당하나 수입은 비교적 높은 편이다.

보통 팔자의 주공(做功)방식은 너무 많아서 한두 개의 예로는 설명이 불가능하다. 뒷부분에서 보통 팔자를 다시 언급하겠다.

③ 나쁜 팔자〔差八字〕

나쁜 팔자는 일반적으로 공신(功神)을 찾을 수 없고, 주위(主位)의 것들이 주공(做功)하지 않으며, 팔자에 폐신(廢神)이 아주 많다. 혹은 주공(做功)이 있어도 효율이 아주 낮다. 즉, 나쁜 팔자일수록 폐신(廢神)이 더욱 많고 좋은 팔자일수록 폐신(廢神)이 매우 적다.

● 건조(乾造)

時	日	月	年
甲	丙	己	癸
午	辰	未	丑

● 이 명조를 보면 월주(月柱)와 시주(時柱)에 화(火)와 조토(燥土)의 당(黨)이 이루어졌고 년주(年柱)와 일지(日支)는 습토(濕土)의 무리이다. 양 당의 세력이 비슷하여 서로를 제압하지 못하여 공(功)이 없다.

전체 팔자 중의 글자가 전부 폐신(廢神)이니 이것은 궁핍한 명조가 된다. 일생 어떤 일도 못하며 처나 자식도 없고 일에 종사하지 못한다(주 일지 辰土는 관살고인데 刑沖이 없고, 피제되지 않아 功이 없다. 년과 월은 丑未충으로 印庫와 財庫가 相沖하는데 역량이 서로 비슷하여 공이 없다).

2 주공(做功)의 방식

맹파명리(盲派命理)는 왜 전통명리(傳統命理)의 용신(用神) 이론을 폐기하는 것일까? 이것은 맹파명리의 체계 중에 있어서 용신이란 일종의 불확실한 것이기 때문이다. 정확히 말하면, 근본적으로 용신이란 불확실하여 특별한 개념이 없으므로 용신을 정의할 필요가 없다는 것이다.

맹파체계(盲派體系)에는 체용(體用)과 빈주(賓主)의 개념이 있다. 하나의 팔자에서 우리들은 그것이 나타내려는 의사(意思)를 이해할 필요가 있는데, 바로 주공(做功)인 것이다.

예를 들어, 내가 물을 먹고 싶다면 손으로 컵을 잡아서 마시는 것과 같이 먹게 되면 나는 곧 성공한 것이다. 그렇다면 손〔手〕이 용신(用神)인가, 수(水)가 용신인가? 여기서 손〔手〕과 물〔水〕은 서로 극(克)하는 두 개의 사물인데, 손〔手〕과 물〔水〕 중에 어느 것이 용신(用神)이고 어느 것이 기신(忌神)인지를 정의할 수 있겠는가? 모두 불합리하다.

맹사들이 간명하는 기본방법이 이러하기 때문에 그들은 용신(用神)이나 기신(忌神)이라는 개념을 말하지 않는다. 만일 우리들이 용신(用神)이나 기신(忌神)이라는 개념을 버리게 되면 명리(命理)에 대한 인식이 오히려 간단하게 되어 얻을 것도 많아지게 된다. 우리들이 손[手]으로 컵을 잡고 물[水]을 마시는 과정을 전부 합해서 '팔자의 주공(做功)' 이라고 한다.

무릇 주공(做功)에 참여하는 신(神)을 모두 공신(功神)이라 하고 손[手]에 잡은 물[水]을 칭하여 제신(制神)이라고 하는 것이 적합하다.

다음에서 전체를 총괄하여 맹파체계 중에 있는 주공(做功)에 대한 몇 가지 유형을 말하고자 한다.

1 제용구조주공(制用構造做功)

팔자는 체용(體用)과 빈주(賓主) 사이에서 '제(制)' 의 관계를 통하여 명주가 필요로 하는 어떠한 것을 얻는 것이다. 이러한 종류의 구조는 늘상 보이고 또 팔자의 대다수를 점하고 있기 때문에 구체적인 용법에 관해서는 면수반에서 상세하게 논하고자 하며, 여기에서는 다만 몇 가지를 대략 말하고자 한다.

● 건조(乾造)

時	日	月	年
庚	己	己	乙
午	未	丑	巳

● 이 조는 지구에서 제일 가는 부자인 선박왕 오나시스의 명조이다. 국(局) 중에 지지(地支)에 사오미(巳午未)가 있어 화(火)와 조토(燥土)

가 세력을 이루어 축미충(丑未沖)으로 주위(主位)의 미(未)가 월령의 축중(丑中) 계수(癸水)를 제(制)하고 있으니 월령의 재(財)와 재(財) 원신(原神)이 제(制)를 당하고 있는 까닭에 거부(巨富)가 되었다.

● 건조(乾造)

時	日	月	年
壬	戊	辛	丙
戌	寅	丑	午

● 이 조는 지지가 인오술(寅午戌)로 합(合)하여 화국(火局)을 이루고 월령의 신축(辛丑)을 제(制)하고 있는데, 또 병신(丙辛)으로 합(合)하여 제(制)하고 있다. 삼합국 중에 중신(中神)인 오(午)가 빈위(賓位)에 있으면서 상관(傷官)의 힘을 제(制)하고 있어 중요한 것은 빈위(賓位)에서 온다. 비록 부명(富命)이나 중신(中神)이 멀리 년지에 있어 앞의 것만 못하다. 국제무역으로 크게 흥하였으며 수십 억의 재산이 있다.

● 곤조(坤造)

時	日	月	年
辛	壬	癸	壬
亥	寅	丑	子

● 이 조는 수(水)와 습토(濕土)의 세력이 있는데, 국(局) 중에 유일한

화(火)가 좌지(坐支)인 인(寅) 중에 있고 해(亥)와 인(寅)이 합(合)하고 있으니 뜻이 화(火)를 제(制)하는 데 있다. 그러나 이러한 종류의 합(合)은 단지 인(寅) 중의 병화(丙火)를 제(制)할 뿐 인목(寅木)은 제(制)하지 않기 때문에 효율이 비교적 낮다. 그러므로 이조는 비록 세(勢)가 있어도 주공(做功)이 크지 않으며 발재(發財)도 또한 크지 않아 월급을 받는 계층이다.

② 화용구조주공(化用構造做功)

팔자 중에 관살(官煞)이 비교적 중(重)한데 또 인성(印星)이 있어 관살(官殺)을 화(化)하는 것으로, 살(殺)이 인(印)을 생(生)하고 인(印)이 신(身)을 생(生)하는 구조로 형성된 것이다. 관살(官煞)의 흉한 역량을 전화(轉化)하여 자신이 사용하는 것이 된다. 이러한 구조는 비교적 적으며, 살인격(殺印格)이나 관인격(官印格)이 모두 이러한 예이다.

● 건조(乾造)

時	日	月	年
乙	戊	丙	壬
卯	寅	午	寅

● 대운

辛	庚	己	戊	丁
亥	戌	酉	申	未

● 관살(官殺)이 비교적 중(重)하여 인성(印星)을 사용한다. 즉 병오(丙午) 일주(一柱)로 화(化)해서 오며 인(印)이 다시 신(身)을 생한다. 관살(官殺)을 설(泄)하여 자기를 생하는 것으로 칠살(七殺)을 화(化)하여

내가 쓰는 것이 되니 당관(當官)하는 명(命)이다. 그러나 시상(時上)의 관(官)은 화(化)하지 못하는데, 일간에 가까이 붙어서 일주를 극하니 이것이 병(病)이 된다.

● 기유운(己酉運)에 묘(卯)를 충(沖)하니 유운(酉運)을 시작으로 승관(升官)하였고, 경술운(庚戌運)에는 을경합(乙庚合)과 묘술합(卯戌合)으로 관(官)을 반주(絆住)하니 이러한 병(病)이 해결되어 또 승관(升官)하였다. 신해운(辛亥運)에 병신합(丙辛合)으로 괴인(壞印)되고 해묘(亥卯)로 회왕(會旺)해져 신(身)을 극(克)하니 이 운에는 관(官)을 할 수 없었다.

3 생용설용구조주공(生用泄用構造做功)

여기에는 두 가지 종류가 있다. 하나는 식상생재(食傷生財)이고 다른 하나는 식상설수(食傷泄秀)이다. 하지만 이러한 구조는 비교적 예가 많지 않다.

● 건조(乾造)

時	日	月	年
壬	壬	癸	壬
寅	子	卯	寅

◉ 대운

己	戊	丁	丙	乙	甲
酉	申	未	午	巳	辰

● 이 조는 수목(水木)의 세(勢)가 있지만, 이러한 종류의 세(勢)는 어떠한 공(功)도 만들지 못한다. 그렇다면 이 명조의 공(功)은 무엇인

가? 일주(日柱)인 임자(壬子)가 상관과 식신을 생(生)해 주고 있는데 식신 안에 재성을 암장하고 있어 또 전화(轉化)하여 재(財)가 되는데, 나타내려는 뜻은 자신이 생각한 것을 재부(財富)로 변성(變成)하려는 것이다. 맹파에서는 그것을 내식신격을 이루었다고 칭한다. 내식신은 일반적으로 대개 기업을 하는 기업가인데, 실제로 이 사람은 큰 기업의 이사장이다.

● 곤조(坤造)

時	日	月	年
乙	甲	丙	乙
亥	子	戌	未

● 이 조는 지지(地支)의 년월(年月)이 조토(燥土)이고, 일시(日時)는 수(水)이니 수토(水土)가 서로 대등하여 누가 누구를 극(克)하지 못하니 지지에는 공(功)이 없다. 천간(天干)을 보면 갑목(甲木)이 병화(丙火)를 생(生)하는데, 갑목(甲木)은 활목(活木)이고 화(火)를 생하니 꽃이 피게 된다.

● 이러한 사람은 키가 크고 매력이 있다. 그래서 배우이다.

● 병화(丙火)가 술토(戌土)를 생(生)하니 이것은 식신생재(食神生財)가 되어 능히 부자가 될 수 있고, 후에 상업을 하여 일찍이 수백 억의 부(富)가 있었다.

4 합용구조주공(合用構造做功)

　일주(日主) 혹은 일지(日支)의 체(體)가 빈위(賓位)의 용(用)을 합(合)하는 것을 합용구조(合用構造)라고 한다. 일주(日主)가 합(合)하는 것은 합재(合財)하거나 합관(合官)하는 것이다.

　일지(日支)가 육합(六合)을 만나거나 재(財)나 관(官)이나 식상(食傷)을 합(合)하는데, 이렇게 합(合)하는 것은 모두 일주가 추구하는 것이다. 일주(日主)가 생각하는 것을 순리적으로 얻을 수 있는지는 곧 팔자(八字)의 전체 배합을 보아야 한다. 만일 합(合)하는 것이 깨진 것이라면 이러한 팔자(八字)는 곧 깨진 것이다.

> **주의** 맹파명리가 비록 일주의 쇠왕(衰旺)을 보지 않는다고 하더라도 일주(日主)가 재(財)와 합(合)한 상황에는 신강(身强)과 신약(身弱)을 보아야 한다는 것이다.
> 이러한 이치는 무엇인가?
> 일주가 재(財)와 합(合)한다는 것은 곧 사람이 등에 하나의 큰 보따리를 지는 것과 같아서 신강(身强)하면 짐을 질 수 있지만 신약(身弱)하면 등의 무게를 감당하지 못하기 때문이다.

구체적으로 몇 가지 종류를 살펴보기로 하자.

　❶ 신왕재왕(身旺財旺)일 경우 재(財)와 합(合)하면 대재(大財)를 발할 수 있다.

　❷ 신약재왕(身弱財旺)일 경우 재(財)가 공(功)이 없는데 재(財)와 합(合)하면 궁색한 사람이다.

❸ 신왕재허(身旺財虛)일 경우 재(財)와 합(合)하면 궁하지 않고 돈이 있지만 일반인에 그친다.

❹ 신약재허(身弱財虛)일 경우 합재(合財)는 재(財)가 있다. 그러나 큰 재(財)는 되지 않고 먹고 마시는 데 모자라지 않을 정도이다.

◉ 건조(乾造)

時	日	月	年
丁	壬	丙	庚
未	申	戌	子

● 이 조는 신왕(身旺)하고 재(財)도 또한 왕(旺)하다. 정임합(丁壬合)으로 재성(財星)이 신(身)과 합(合)하니 부명(富命)이다. 부동산업으로 수십 억을 벌었다.

◉ 건조(乾造)

時	日	月	年
丙	戊	癸	壬
辰	辰	卯	辰

● 일주(日主)가 재(財)와 합한다. 습토(濕土)는 재(財)를 도울 방법이 없으니 진(辰)이 많아도 쓸 데가 없다. 그러므로 신약(身弱)인데 재(財)와 합(合)한 것이다. 재(財)도 허투(虛透)했으니 반드시 돈이 있다. 다만 큰 재산은 없다. 왜냐하면 그가 합(合)한 재(財)가 허(虛)하

기 때문인데 허(虛)란 곧 많지 않다는 것이다. 단, 자신이 능히 잡을 수 있는 것이다.

● 무신운(戊申運)의 무(戊)가 도달하니 신진(申辰)이 공(拱)하여 재(財)가 나오는데, 재(財)는 근원인 진고(辰庫)에서 오는데 원국에 진토(辰土) 고(庫)를 열지 못하여 어떻게 할 방법이 없다. 그러나 대운(大運)에서 공(拱)하여 재(財)가 나오는 까닭에 자신의 노력을(戊土는 자기)통하여, 신운(申運)이 이르자 발재(發財)하였다. 이 사람이 발(發)한 재(財)는 많은 뜻이 있다. 그의 주변 사람들은 전부 대기업 사장들로서 전부 억만 부옹의 사람들이다.〔(辰)은 재고(財庫)로 명국(命局)에 많이 나타나 있다〕. 실제로 이 사람은 많은 대기업 사장들에게 기업정책 등을 제공하고 그들로부터 재물〔財〕을 받았다.

● 건조(乾造)

時	日	月	年
癸	戊	戊	甲
丑	子	辰	寅

● 이 명조도 또한 신약(身弱)인데, 재(財)와 합(合)했고 계수(癸水)가 축토(丑土)에 앉아서 득근(得根)하니 왕(旺)으로 논한다. 일주(日主)가 역량이 부족하여 이 같은 중재(重財)를 잡을 수 없으므로 반드시 궁한 명(命)이 된다. 실제로 그와 같고 일찍이 감옥에 간 적이 있었으며 또한 일생이 궁색하다.

● 건조(乾造)

時	日	月	年
乙	庚	庚	庚
酉	午	辰	子

● 이 조는 신왕(身旺)하고 재(財)와 합(合)했는데, 그러나 재(財)가 허투(虛透)했다. 이러한 종류의 합(合)은 부(富)를 표시하지 않고 또한 궁한 것을 표시하지도 않는다. 다만 돈이 있는 것을 표시하니 돈이 떨어지지는 않는다. 팔자의 공(功)이 여기에서는 없고, 년에 있는 자(子)가 좌지(坐支)인 오(午)를 충하니 상관(傷官)에 공(功)이 있고 상관은 주로 기능에 해당한다. 실제 이 사람은 서예가이다. 팔자가 재(財)와 합(合)하면 다만 한 방면만 표시한다. 다시 다른 방면에서 팔자의 공용(功用)을 찾아야 비로소 한쪽으로 치우침을 잃지 않는다.

● 건조(乾造)

時	日	月	年
己	庚	丁	己
卯	戌	卯	酉

● 일지(日支)가 재(財)와 합(合)했는데 두 개의 재(財)가 합(合)하였으니 부(富)한 뜻이 있다. 이 명은 다시 특별한 점이 있다. 두 명의 부인과 두 개의 재(財)가 모두 처궁(妻宮)에 합(合)했다는 것인데, 두 명

의 부인이 동시에 존재한다. 그중 한 부인은 월령(月令)의 묘(卯)이니 그와 동학(同學)인데 또한 이혼하게 된다. 왜냐하면 묘유(卯酉)가 충(沖)하기 때문이며, 이혼 후에 다시 그는 결혼한다.

● 건조(乾造)

時	日	月	年
乙	庚	壬	癸
酉	申	戌	巳

● 이 조는 일지(日支)가 살(殺)과 합(合)하고 일간(日干)은 재(財)와 합(合)한다. 그러나 명국의 전체 기세(氣勢)를 보면 금수(金水)의 기세(氣勢)이다. 그러므로 여기의 칠살(七殺)은 제복된 상태이다. 책에 말하기를, "칠살(七殺)이 제화(制化)되면 권력이 된다"라고 했다. 제압된 칠살(七殺)이 또 나의 주위(主位)로 합(合)하여 이르니 곧 나에게 권력이 있음을 표시한다. 실제로 이 사람은 기검(紀檢)의 간부이다. 시상(時上)의 을(乙)이 일주인 경금(庚金)과 합(合)한 것은 이 명에서 주요한 공(功)이 아니다.

5 묘용구조주공(墓用構造做功)

입묘(入墓)도 일종의 주공(做功)방식 중의 하나이다. 묘(墓)는 도달, 얼음, 통제, 관리, 보유, 소유, 점거 등의 뜻이 있다. 묘(墓)의 용법〈제3장 4 오행묘고(五行墓庫) 68페이지 참조〉은 이전의 장절에서 이미 논술하였다.

● 건조(乾造)

時	日	月	年
庚	壬	癸	己
子	寅	酉	未

● 인목(寅木) 식신(食神)의 묘(墓)는 미(未)이고 인(寅)은 바로 그의 주위(主位)에 있는 식신(食神)으로 그 본인의 재화(才華)에 속하는데, 관묘(官墓)로 들어가니 그의 재능이 관방(官方)에 쓰임을 당한다. 인(寅)은 내식신(內食神)이 되므로 주로 기업이 되니 그는 기업의 경영관리 책임자가 된다.

● 미(未)는 인(寅)의 묘(墓)로 이것이 바로 이 명조의 주공(做功)의 방식이 된다. 만약 인목(寅木)이 없으면 관성이 신(身)을 극(克)하여 관성(官星)이 나에게 해로운 물건이 되고, 공(功)이 없으니 관(官)을 내가 쓸 수가 없다.

● 건조(乾造)

時	日	月	年
戊	己	壬	壬
辰	丑	寅	辰

● 이 명조(命造)는 일지(日支)의 축토(丑土)가 두 개의 공(功)이 있다. 인축(寅丑)으로 관성을 암합(暗合)하고 있으며 관성(官星)은 재(財)를 차고 있으니 국유기업인 관(官)이다. 만년에 이르러 또 식상고(食

傷庫)인 축(丑)이 재고(財庫)인 진묘(辰墓)에 들어가고 무(戊)는 겁재이니 다른 사람의 기업인데, 다른 사람의 일을 하거나 합작으로 경영한다. 겁재의 묘(墓)는 자기의 축(丑)에 비해 다른 사람이 크고 자기는 적은 까닭에 현재 사기업의 경영 관리인이며 아울러 합병으로 주식이 있다.

● 건조(乾造)

時	日	月	年
己	丁	己	壬
酉	丑	酉	寅

- 축(丑)은 재고(財庫)이다. 두 개의 유(酉)가 입고(入庫)한다. 공국(拱局)이 되지 않고 이것은 묘(墓)를 이용하는 구조가 된다. 즉, 자신이 아주 큰 재산을 통제·관리하려는 것이다.
- 정임합(丁壬合)으로 일주(日主)가 관(官)과 합(合)하니 이것은 자신이 정부의 기관을 관리하는 것을 받아들인다. 인축(寅丑)이 암합(暗合)하는 것은 축(丑)인 재고(財庫)도 또한 자기의 것이 아님을 설명하는 것이며, 축(丑)은 관인(官印)의 재고(財庫)로 국유기업의 것이다. 실제로 이 사람은 공무원이고 아주 큰 전산망을 관리한다.

6 복합구조주공(復合構造做功)

우리는 앞에서 많은 주공(做功)방식을 논의했지만, 실제 우리가 만나는 팔자는 다만 한 종류의 주공(做功)방식만이 아니라 여러 주공(做功)방식이 있는데, 이는 실제적으로 삶의 과정에서 나타나는 것으로서 그가 일생 중에 여러 직업에 종사할 가능성이 있다는 것이다.

 사주를 분석할 때 우리들은 마땅히 명국(命局) 중에 가진 주공(做功)방식을 모두 찾아내어 하나 하나 분석할 수 있어야 비로소 하나의 명국(命局)을 파악할 수 있다.

 또한 어떤 팔자에는 단지 하나의 주공(做功)방식이 있을 뿐이지만, 그러나 대운의 행운이 다른 까닭에 여러 종류의 주공(做功)방식이 출현하게 된다.

● 건조(乾造)

時	日	月	年
丁	庚	辛	壬
亥	辰	亥	午

- 이 조는 금수(金水)가 세(勢)를 이루어 년지(年支)의 오화(午火)를 제압하니, 이것은 바로 제용주공(制用做功)이 된다. 다시 보면 두 개의 해수(亥水)가 진(辰)에 입묘(入墓)하고 제화(制火)하는 식신(食神)이 최후에는 주위(主位)에 있는 진토(辰土)에 공제(控制)를 당하니 묘용구조(墓用構造)의 주공(做功)인 것이다.
- 이 명조는 곧 두 가지 주공(做功)방식이 있어 서로 돕고 서로 이룬다. 그렇다면 이는 무슨 뜻을 나타내는가? 식신(食神)은 사상(思想)의 뜻이 있고, 관성(官星)은 태약하니 여기서는 영예(榮譽)의 뜻을 가리킨

다. 진토(辰土)는 사상을 끌어 모으는 하나의 덩어리가 된다. 그러므로 반드시 학자나 혹은 과학자가 된다. 실제 이 사람은 수학자이다.

● 건조(乾造)

時	日	月	年
庚	丁	癸	甲
子	丑	酉	寅

- 이 조는 일주인 정화(丁火)가 공(功)이 없으니 보지 않고 축토(丑土)를 본다. 축인(丑寅)이 암합(暗合)하고 유축(酉丑)이 반합(半合)하고 또 자축(子丑)이 합(合)하니 축(丑)에는 세 종류의 합(合)이 있으니 이것은 세 가지 종류의 같지 않은 공(功)으로 그가 일생에 종사하는 직업이 여러 가지임을 나타낸다.

- 축유(丑酉) 공국(拱局)은 빈위(賓位)의 재(財)를 생조하니 자신의 머리를 써서 다른 사람에게 복무하는 것이다. 자축합(子丑合)은 자수(子水) 관성(官星)을 반주(絆住)하니 이것은 살(殺)이 재성(財星)을 끼고 있으니 뜻은 돈을 관리하는 것이다.

- 또 인축(寅丑) 암합은 밖의 단체(기관)와 관계하는 것이거나 혹은 외부 단체와 편안한 모임 관계가 있다는 것이다. 이러한 합(合)으로 이 사람의 정황을 판단할 수 있다. 먼저는 업무(業務)를 하고 뒤에는 관리를 하고 다시 외부에 있는 단체와 연합한다. 실제로 그는 현재 업무를 관리하는 부지배인이며 또한 많은 단체와 연합하여 일을 진행하고 있다.

● 건조(乾造)

時	日	月	年
丙	甲	甲	戊
寅	寅	子	申

● 대운

己 戊 丁 丙 乙
巳 辰 卯 寅 丑

● 이 조의 원국을 보면 년지(年支)의 살(殺)이 월지(月支) 인(印)을 생(生)한다. 월지(月支)인 인(印)은 다시 일주에 이르러 생(生)하니 이것은 화용구조(化用構造)의 주공(做功)이다.

● 그러나 정묘운(丁卯運)에 이르자 묘(卯)가 자(子)를 파(破)하니 자(子)가 작용을 발휘하지 못하여 화용(化用)을 이루지 못하고 다만 묘신(卯申)이 암합(暗合)할 뿐이다. 활목(活木)은 음양(陰陽)을 차용할 수 있기 때문에 여기서 묘(卯)는 곧 자신으로 볼 수 있으니 묘신(卯申)의 암합은 곧 자기가 합(合)하여 살(殺)에 도달하는 뜻이니 이 운(運)에 관(官)을 담당할 수 있다. 이것은 합용구조(合用構造)의 주공(做功)에 해당한다.

● 무진운(戊辰運)에 이르니 신자진(申子辰) 삼합(三合)으로 인국(印局)이 되니 본래의 국(局)으로 돌아오는 화용주공(化用做功)이 된다. 기사운(己巳運)은 수(水)가 절지(絶地)에 이르니 인(印)이 살(殺)을 화(化)하지 못하는데 그러나 사(巳)는 병(丙)의 록(祿)이 되고, 사(巳)와 신(申)이 합(合)하니 이같은 운(運)에서는 신금(申金)을 제주(制住)하니 이것은 제용구조(制用構造)의 주공(做功)을 이룬다.

● 건조(乾造)

時	日	月	年
戊	乙	丙	丙
寅	丑	申	戌

● 대운

辛	庚	己	戊	丁
丑	子	亥	戌	酉

● 이 조는 화(火)와 조토(燥土)의 세(勢)가 있는데 월령인 신금(申金)이 포위를 당해 극제(克制)를 받으니 도망갈 곳이 없고 단지 축고(丑庫)로 들어갈 뿐이다. 월령(月令)의 신관(申官)이 인성(印星)을 끼고 전부 주위(主位)의 축(丑)으로 거두어진다. 그러므로 최대의 관(官)을 이룰 수 있다. 신축운(辛丑運)으로 행하니 축(丑)이 도위(到位)하여 미국의 대통령을 8년 간 맡았다.

③ 대운(大運)·유년(流年)과 응기(應期)

일반적으로 팔자(八字)는 귀천(貴賤)을 말하고, 대운에서는 길흉(吉凶)을 논하고, 유년(流年)에서는 응기(應期)를 본다. 유년의 응기(應期)를 보는 법은 다음과 같이 몇 종류가 있다.

1 팔자 중에 어떤 글자가 유년 혹은 대운에서 출현하거나 혹은 원신(原身)이나 록신(祿神)을 보면, 즉 그 해와 운에 해당하는 글자와 관계되는 일들이 발생한다. 유년(대운) 중에 이 자(字)가 어떤 작용을 일으키는지는 곧 원국 중에 이 자(字)가 발생하는 작용과 같다. 이것은 곧 이 자(字)가 '유년(대운)의 응기(應期)에 있다'라고 부른다.

● 곤조(坤造)

時	日	月	年
丙	甲	壬	戊
寅	子	戌	申

- 이 명조는 자(子)가 부궁(夫宮)에 있고 신(申)이 부성(夫星)이며 신자(申子)가 합국(合局)하니 남편이 남편궁에 이른다는 뜻이다. 결혼은 임신년(壬申年)에 응(應)하는데, 이 해가 바로 부성(夫星)이 출현하여 부궁(夫宮)에 공입(拱入)하는 응기(應期)이기 때문이다.
- 대운이 기미운(己未運)의 미운(未運)일 때 미(未)가 자(子)를 천(穿)하여 혼인에 문제가 출현하니 응기(應期)는 당연히 병자(丙子)년에 있는데, 즉 자년(子年)은 부궁(夫宮)인 자수(子水)가 유년에 출현하여 천(穿)을 보았기 때문이다.

● 곤조(坤造)

時	日	月	年
癸	辛	辛	庚
巳	酉	巳	寅

- 이 조는 록신(祿神)인 유(酉)가 두 개의 사(巳)에 극괴(克壞)되니 식신(食神)인 계수(癸水)가 국중(局中)에서 매우 중요하다.
- 병자(丙子) 대운의 자운(子運)으로 가니 계(癸)가 지지(地支)에 이르면 생(生)을 받을 방법이 없고〔유금(酉金) 자신이 극(克)을 받으니 자수(子水)를 생(生)할 방법이 없다〕도리어 사(巳)의 절(絶)을 당하고 인(寅)에 설(泄)되니, 임오년(壬午年)에 이르자 한번 자수(子水)를 충(沖)하자 식신(食神)이 부서짐을 당해 명주가 괴한에게 살해당했다.

● 곤조(坤造)

```
時  日  月  年
戊  癸  乙  辛
午  亥  未  亥
```

● 기해운(己亥運)으로 가니, 기(己)는 오(午)의 원신(原身)으로 오중(午中)의 기(己)가 부궁(夫宮) 해중(亥中)의 갑(甲)과 합(合)하니 당연히 남편으로 본다. 현재 대운 중에 허투(虛透)하니 곧 혼인에 불리하며 부(夫)의 이름만 있지 실제로는 없는 것과 같아 남편이 집을 돌보지 않아 싸우고 이혼했다.

● 건조(乾造)

```
時  日  月  年
甲  戊  甲  丁
寅  辰  辰  酉
```

● 이 조는 무토(戊土)의 장생(長生)이 인(寅)에 있는데, 살(殺)은 마땅히 재(財)로 보아야 한다〔殺을 財로 보는 법의 용법은 면수반중에서 논할 것이다〕. 자운(子運)으로 행하니 인목(寅木)이 생조를 받아 큰 돈을 벌었다.

● 기운(己運)에 이르니 갑목(甲木)과 합반(合絆)하여 불리하니 파재(破財)의 형상이다. 기운(己運) 중에 가장 나쁜 연도는 갑신년(甲申年)으로 이 유년에 갑(甲)이 허투하니 인목(寅木)이 허(虛)한 것과 같

고 기(己)에 합반(合絆)을 당하니 이것은 다른 사람이 그의 재(財)를 빼앗아가는 것을 가리키며, 인신충(寅申沖)으로 목(木)의 근(根)이 부서지니 장차 팔자에서 필요한 것이 모두 깨진다. 투자의 잘못으로 재산의 손해가 매우 많았다.

● 건조(乾造)

時	日	月	年
庚	甲	己	乙
午	戌	卯	巳

- 이 조의 원국은 화(火)와 조토(燥土)의 세력이다. 시상(時上)의 경금(庚金)은 대기(大忌)한데 원국(原局)에서 제(制)함이 없다. 자운(子運)으로 행(行)하니 화토(火土)에 공(功)이 있어서 수십 억을 넘게 벌었다.
- 을해운(乙亥運)은 을경합(乙庚合)으로 비겁(比劫)이 관(官)과 합(合)하니 탈재(奪財)의 의미가 있어 어떤 사람이 반드시 재산에 욕심을 내어서 빼앗으려 한다. 과연 이 단계의 운(運)의 갑신년(甲申年)과 을유년(乙酉年)에 재산에 대한 관사(官司)가 일어났다. 신년(申年)에 경금(庚金)이 도위(到位)하고 을년(乙年)에 을경합(乙庚合)으로 도위(到位)하니 이것이 응기(應氣)가 된다.

2 팔자 지지(地支) 중에 어떤 글자가 둔장(遁藏)되어 있는데 대운 혹은 유년(流年)에 천간(天干)에 출현함이 있으면, 또한 지지(地支)에 있는 이 글자가 응기(應氣)하는데 이 글자가 대표하는 정보에 변화가 발생하는 것을 나타낸다.

예를 들면, 원국에 술(戌)이 있는데 유년이나 혹은 대운에서 정(丁)이 출현하면 이 정(丁)은 술(戌)의 정보를 대표하고 그 정(丁)의 작용은 곧 술(戌)의 작용에 해당한다.

● 건조(乾造)

時	日	月	年
庚	己	庚	丁
午	巳	戌	亥

● 이것은 장개석의 명조이다. 국(局) 중에 화(火)와 조토(燥土)가 세(勢)를 이루어 해수(亥水)를 제(制)하는데, 해(亥) 중에는 갑목(甲木) 관성(官星)을 머금고 있어 관(官)과 관(官)의 원신(原神)을 제(制)하니 대귀(大貴)한 명조이다.

● 갑진운(甲辰運)의 갑운(甲運)으로 갈 때에 해(亥) 중의 갑목(甲木)이 왕투(旺透)하니 제(制)할 방법이 없고, 또 일주에 이르러 합(合)하니 이것은 다만 상대방을 제주(制住)하지 못할 뿐 아니라 상대방에 제(制)를 당하는 까닭에 전쟁에 패하고 대만으로 피신했다.

● 건조(乾造)

時	日	月	年
辛	丁	壬	丁
亥	巳	子	未

● 일지(日支)가 왕(旺)에 앉았고 년주(年柱)의 비겁(比劫)이 도우니 이것은 화토(火土)가 금수(金水)를 제어하는 뜻이다. 다만 화토(火土)가 강한 세력이 없으니 쓰려고 해도 힘이 부족하니 사업은 험난하다.

● 무신운(戊申運)의 을유년(乙酉年)으로 행(行)하니 을목(乙木)은 팔자(八字) 중에 미토(未土)를 대표하니〔未 중에 乙을 머금었기 때문이다〕 을(乙)은 천간(天干)에 있으면서 임수(壬水)의 생(生)을 받고 또한 일주인 정화(丁火)를 생(生)한다. 그러므로 이 해에 득재(得財)하였고, 이 재(財)는 반드시 미토(未土)인 식신(食神)으로부터 온 것이다. 과연 식품장사로 돈을 벌었다. 그런데 을목(乙木)이 유(酉)에 앉아 아주 약하기 때문에 돈을 번 것이 크지는 않다.

● 건조(乾造)

時	日	月	年
壬	辛	庚	甲
辰	亥	午	辰

● 갑술운(甲戌運)의 갑신년(甲申年)으로 가니 처궁(妻宮)의 재성(財星)인 갑목(甲木)이 허투(虛透)하고 유년(流年)의 신(申)이 처궁(妻

宮)의 해(亥)를 천(穿)하니 처(妻)는 이 해에 떠나가 버렸다. 실제로 갑신년(甲申年)에 이혼하고 재산을 나누어 가졌다.

● 건조(乾造)

時	日	月	年
辛	壬	己	乙
丑	辰	丑	巳

● 대운

丙 乙
戌 酉

- 이 조는 주위(主位)의 진묘(辰墓)가 쌍축(雙丑)을 사용하여 묘용주공(墓用做功)하고, 축토(丑土)가 또 재성(財星)을 공(拱)하므로 대재(大財)가 있다. 병술운(丙戌運)의 술운(戌運)으로 가니 재고(財庫)가 충입(沖入)하여 수백 억을 벌었다.
- 을유운(乙酉運)의 을운(乙運)일 때 을(乙)은 여기서 진(辰)을 대표한다. 을(乙)이 투(透)하여 원국(原局) 중의 신금(辛金)에 극괴(克壞)를 당하니 진(辰)이 부서지는 것과 같다. 그러므로 이 운은 흉(凶)한데 이 때문에 경제 사건으로 감옥에 갔다.

3 유년 혹은 대운과 팔자 사이에서 충(沖)·합(合)·형(刑)·천(穿)·묘(墓)가 발생하면 모두 응기(應期)가 되고, 또한 유년과 대운 사이에서 이러한 작용이 발생해도 응기(應期)가 된다. 작용이 어떤 글자에 이르렀는지, 즉 이 글자가 대운이나 유년에 있으면 곧 이 글자가 응(應)해 발생하게 된다.
일반적으로 말하면 합(合)은 주로 도(到)이고, 충(沖)은 주로 동(動)

이고, 묘(墓)는 주로 수(收)이고, 천(穿)은 주로 상(傷)이다. 원국에 합(合)이 있으면 충(沖)이 응(應)이 되고, 원국에 충(沖)이 있으면 합(合)이 응(應)이 된다.

유년과 대운이 합(合)하면 합동(合動)이 되고, 유년과 대운이 충(沖)하면 당운(當運)인지 불당운(不當運)인지를 보고, 당운(當運)이라면 충거(沖去)이고, 불당운(不當運)이면 충기(沖起)가 된다.

> 핵심 ☞ 합(合)은 주로 도(到)이고, 충(沖)은 주로 동(動)이고,
> 묘(墓)는 주로 수(收)이고, 천(穿)은 주로 상(傷)이다

● 건조(乾造)

時	日	月	年
乙	辛	庚	壬
未	丑	戌	子

- 이 조는 금수국(金水局)으로 원국의 뜻은 술(戌) 중의 화(火)를 제(制)하려고 한다. 목(木)도 또한 일주(日主)에게 제(制)를 당한다.
- 대운이 자운(子運)으로 가면 축(丑)을 도와 술(戌)을 제(制)하니 길운(吉運)이다. 경진(庚辰) 유년에 진(辰)은 금수(金水)의 무리로 술토(戌土)를 충제(沖制)하니, 경진년(庚辰年)에 재운(財運)이 아주 좋았다.

● 건조(乾造)

時	日	月	年
辛	甲	戊	壬
未	申	申	寅

● 갑목(甲木)이 년지(年支)에 통근했다. 인신충(寅申沖)으로 활목(活木)은 뿌리에 묶여 있는 금(金)을 두려워한다. 해운(亥運)은 인해합(寅亥合)으로 신충(申沖)을 두려워하지 않는다. 신체에 아무런 해가 없다. 임자(壬子)의 자운(子運)으로 가니, 자미(子未) 천(穿)으로 뿌리를 괴(壞)한다. 자수(子水)가 인목(寅木)을 부패시킨다. 그래서 요독의 병을 치료하지 못했다.

● 갑신년(甲申年) 해월(亥月)에 병으로 사망했다. 갑신년(甲申年)은 일주(日主)가 출현한 년(年)이다. 신(申)이 록(祿)을 충파(沖破)하여 신(身)을 깨는 응기(應期)이다.

● 건조(乾造)

時	日	月	年
壬	辛	庚	乙
辰	卯	辰	巳

● 을(乙)이 부(父)인데 기(氣)는 있으나 약하다. 을경합(乙庚合)으로 원국에 합(合)으로 부성(父星)이 상(傷)했으니 때가 되면 부(父)에게 재(災)가 응(應)한다.

● 정축운(丁丑運)에 겁재 경(庚)이 왕지(旺地)에 임하니 당연히 이 운에 부(父)가 죽는다. 갑술년(甲戌年)에 아버지가 돌아가셨다. 갑술년(甲戌年)에 응(應)한 것은 원국에서 합(合)하고 있는데 갑(甲)이 와서 경(庚)을 충(冲)하여 응(應)한 것이다.

● 갑(甲)이 경(庚)을 충(冲)하니 약신(弱神)이 왕신(旺神)을 충(冲)한 것으로 충(冲)이 아니면 합(合)하지 않는 것이니 충(冲)으로 합(合)에 응한 것이다. 충(冲)이 능히 경(庚)을 동(動)하게 하니 경(庚)이 동(動)하면 반드시 을목(乙木)을 극상(克傷)한다.

● 곤조(坤造)

時	日	月	年
癸	癸	甲	癸
亥	卯	子	巳

● 이 명은 식상(食傷)을 이용하여 빈위(賓位)의 재(財)를 생(生)하는 것인데, 재(財)가 자기의 아래에 떨어져 있으니 이것은 다른 사람의 재(財)를 관리하는 뜻이다. 그러므로 기업가〔만약 재(財)가 다른 간(干)에 떨어졌으면 이것은 노동자이다〕이며 사재(巳財) 중에 관(官)을 머금고 있고 계(癸)와 합(合)하니 직권이 있다.

● 무운(戊運)은 바로 사(巳)의 원신(原身)이 간(干)에 이르러 합신(合身)하여 장권(掌權)하여 길(吉)하다. 진운(辰運)에 이르자 사(巳)를 설하고 천묘(穿卯)하니 직업이 없어 한가하다.

● 기운(己運)에는 갑(甲)과 합(合)하여 상관(傷官)이 살(殺)과 합(合)하

여 또 장권(掌權)이 응(應)하였다. 단, 무인년(戊寅年)과 기묘년(己卯年)은 오히려 권력을 잡지 못하고, 경진년(庚辰年)에 장권(掌權)한 것은 합(合)한 것에 충(沖)이 응(應)한 때문이다. 충(沖)은 동(動)하는 뜻이 있고 충(沖)은 능히 동(動)하게 하여 합(合)을 재촉하는 응(應)이 된다.

● 건조(乾造)

時	日	月	年
乙	甲	乙	癸
亥	子	丑	丑

● 이 명조는 자축합(子丑合)으로 축재(丑財)를 합용(合用)한다. 계미년(癸未年)에 좌하(坐下) 일지 인(印)이 허(虛)하고 또 천괴(穿壞)를 당했으니 일이 없다. 그러나 미(未)가 능히 축(丑)을 충(沖)하니, 축(丑)인 재(財)가 동(動)하여 바로 합(合)을 재촉하니 재(財)가 있는 상(象)이다. 결과는 신월(申月)에 자수(子水)가 생(生)을 얻을 때 200만원 가외의 수입이 있었다.

● 건조(乾造)

時	日	月	年
丙	辛	丙	辛
申	巳	申	卯

- 이 조는 관성(官星)을 합용(合用)하는 것인데 그러나 관성(官星)이 무력하고 다른 것과 합(合)하므로 명(命)이 평범하고 귀하지 않다. 묘목(卯木) 재성(財星)이 관(官)을 생(生)하는 것이 기쁘니 직장에서 월급을 수령한다.
- 계유년(癸酉年)에 이르러 유(酉)는 묘(卯)를 충(沖)하니 재(財)와 일이 모두 없어졌다. 그런 까닭에 이 해에 일을 그만두고 집에 있었다. 이것은 국중에서 묘(卯)가 본래 약한데 왕신(旺神)이 와서 충(沖)하니, 즉 충(沖)하여 파(破)한 것이지 동(動)한 것은 아니다. 만약에 국중에서 왕(旺)하다면 유년에 충(沖)을 만나면, 즉 동(動)의 응기(應氣)이다. 무인년(戊寅年)에 직장을 얻어 다시 일을 할 수 있었다. 왜냐하면 인사천(寅巳穿)은 사(巳)를 동(動)하게 하기 때문이다〔천(穿)하면서 생(生)하는 것은 유동(有動)의 뜻이 있다〕. 또한 사(巳)의 원신(原身)이 투간하여 생신(生身)하니 더욱더 일이 있다는 표시이다.

● 건조(乾造)

時	日	月	年
丙	丁	丁	癸
午	巳	巳	卯

- 이 조는 인성을 설(泄)하여 용(用)으로 하고 또 귀록(歸祿)을 용(用)으로 하는데, 행운이 축운(丑運)으로 갈 때 오(午)를 천(穿)하니 반드시 순탄하지 않다. 그렇다면 왜 순탄하지 않을까? 관성이 와서 충(沖)하니 상사와의 사이가 좋지 않음을 뜻한다. 단, 오(午)는 왕(旺)하고

축(丑)은 약하니 관(官)은 어떻게 그를 능가할 수가 없다. 단지 그로 하여금 어려움을 감수하도록 한다.

● 계미년(癸未年)에 이르러서 축(丑)을 충(沖)하고 오(午)와 합(合)하니 축오(丑午)의 천(穿)을 해소하여 상대를 이기니 길(吉)이 응(應)한다.

● 건조(乾造)

時	日	月	年
壬	壬	癸	壬
寅	子	卯	寅

● 이 조는 바로 내식신(內食神)의 설용(泄用)으로 주공(做功)하는 것인데, 내식신은 주(主)로 기업이다. 그러므로 기업을 하는 기업가다.

● 정미운(丁未運)의 미운(未運)으로 가니 지지(地支)의 인묘(寅卯)가 모두 미고(未庫)로 들어간다. 미(未)는 기업을 관리하는 부문을 표시한다. 미중(未中)의 정화(丁火)가 투간(透干)하여 합신(合身)하니 이것은 미(未)가 일주(日主)의 지도를 받는 까닭에 미운(未運)으로 들어가니 기업을 관리하는 부서로 들어갔다.

● 그러나 미(未)는 또 주위(主位)의 자수(子水)를 천(穿)하니 이것은 자기가 원한 것이 아닌 것으로 말할 수 있거나 혹은 실제적인 권력이 없다는 것으로 설명할 수 있다. 병술년(丙戌年)은 술(戌)이 미(未)를 형(刑)하니 이것은 이 부서를 떠나 다른 직업으로 바꾸는 것을 표시한다.

④ 제국통변(制局通辯)

　제용구조(制用構造)의 주공방식은 팔자에서 절대 다수를 차지하고 있고 또 매우 번잡하다. 그런 연유로 좀 더 많은 예를 활용해 상세하게 논하고자 한다.

1 비겁(比劫)과 재(財)의 배치

　비견(比肩)이 재(財)를 제(制)하는 국(局)과 혹은 재왕(財旺)이 비겁(比劫)을 제(制)하는 국(局)이 있다.

1 비겁(比劫)이 재(財)를 제(制)하는 구조

● 건조(乾造)

時	日	月	年
壬	丁	辛	丙
子	卯	卯	午

● 대운

丁	丙	乙	甲	癸	壬
酉	申	未	午	巳	辰

● 위의 팔자는 목화(木火)가 특별히 왕(旺)하고, 병신합(丙辛合)의 뜻은 금재(金財)를 취하는 데 있다. 병(丙)의 아래에 오(午)가 있으니, 오(午)는 정화(丁火)의 록(祿)이다. 정화(丁火)는 록(祿)을 통하여 금(金)을 제압하여 금(金)을 얻으니 이것은 발재(發財)의 명(命)이다. 단, 시상(時上)의 수(水)가 하나의 병(病)이다. 오운(午運)이 오니 충(沖)하여 자수(子水)를 제압한다. 하나의 병(病)이 제압되어 발재(發財)한다.

● 건조(乾造)

時	日	月	年
丙	丁	辛	丙
午	卯	卯	午

● 대운

丁	丙	乙	甲	癸	壬
酉	申	未	午	巳	辰

● 이 팔자는 위 명조와 비교하면 단지 시주만 다를 뿐이고, 금(金)을 제압하는 것은 같다. 그러나 오운(午運)에 오히려 위 조와 다르게 큰 재(財)를 발하지 못했다.

● 왜 그런가? 이것은 명국의 본신(本身) 화(火)가 너무 태왕하기 때문에 대운에서 다시 오(午)가 오면 효율성에 결함이 있다. 즉, 아주 큰 작용에 이르지 못한다는 것이다. 그는 오운(午運) 중의 2년에 걸쳐 발재했는데, 경진년(庚辰年)에 1천만원을 벌었고, 신사년(辛巳年)에 4천만원을 벌었다.

● 여기에는 적신·포신 원리가 적용된다. 즉 목화(木火)가 포신이 되고, 금수(金水)가 적신이 된다. 원국에 포신이 왕하니 대운·유년에

적신이 출현하기를 좋아한다. 이러한 이치를 자세히 살펴보면 그가 갑신년(甲申年)에 응한 것은 착오가 없다.

- 국(局) 중에서 신금(辛金)을 제압하는데 있어서 병화(丙火) 겁재에 의지한다. 그래서 합작하여 재(財)를 구하고, 더 나아가 그는 이러한 재(財)를 아주 용이하게 얻을 수 있다. 곧 하늘에서 과자가 떨어지는 것과 같은 상(象)이다. 겁재가 그를 대신하여 돈을 벌어오기 때문에 자기는 애를 쓰지 않아도 된다.

- 건조(乾造)

時	日	月	年
丁	丙	乙	丁
酉	戌	巳	酉

- 대운

庚	辛	壬	癸	甲
子	丑	寅	卯	辰

- 비겁이 세(勢)를 이루어 있고, 유술(酉戌)이 천(穿)하고, 시상의 재(財)를 제압하고 있다. 사유합(巳酉合)은 화(火)가 왕(旺)할시 사(巳)는 화(火)의 성질을 나타내기 때문에 년지의 유재(酉財)를 제압한다.

- 신축운(辛丑運)에 재성이 도위하여 바로 제압을 당하니, 그에게는 최고의 휘황찬란한 대운이다. 경운(庚運)은 을경합(乙庚合)으로 인하여 금(金)을 제압을 못하니, 병술년(丙戌年) 비행기 사고로 재난을 당하였다.

● 건조(乾造)

時	日	月	年
己	己	癸	壬
巳	未	丑	寅

● 대운

己 戊 丁 丙 乙 甲
未 午 巳 辰 卯 寅

- 축미충(丑未沖)으로 축중(丑中)에 있는 재(財)와 재(財)의 원신(原神)을 충(沖)으로 제압하니 고(庫)가 열렸다. 또 인축(寅丑) 암합(暗合)으로 제압하니, 모든 것은 축중(丑中)의 금수(金水)를 제압하는 것이다. 수(水)는 재(財)이고, 금(金)은 수(水)의 원신(原神)이다. 그래서 재(財)와 재(財)의 원신(原神)을 제주(制住)하니 거대한 발재(發財)가 있었다.

- 단, 이 명은 재(財)를 제압하여 재(財)를 얻는 것이 깔끔하지 않다. 왜냐하면 수(水)가 천간에 투출했기 때문에 명국의 전체적인 재부(財富)의 등급에 영향을 받았다.

- 최고로 나쁜 운은 병진(丙辰) 대운(大運)이다. 원래 화(火)와 조토(燥土)를 사용하여 금수(金水)를 제압하는데, 병운(丙運)에 화(火)가 허투하니 제압하는 작용을 하지 못한다. 진(辰)은 또 습토(濕土)이니 화(火)를 설(洩)하고 금수(金水)를 생조한다.

- 축(丑)은 또 진(辰)에 입고(入庫)하여 보호를 받으니 제압할 수 없다. 그래서 이 대운에 파재(破財)뿐만 아니라 감옥에 간다. 결과적으로 그는 이 운(運)에 범죄를 저질러 돈을 배상한 것뿐만 아니라 6개월간 감옥에 갔다. 그래서 사람의 운(運)이라는 것은 날아오는 화살과 비슷하여 피할 수 없는 것과 같다.

- 진운(辰運)이 지난 후 정운(丁運)의 1년차 정축년(丁丑年)에 곧 발재(發財)하였고, 현재까지 아주 좋으며 수십 억의 재산이 있다. 기미운(己未運)에 도달하면 반드시 수백 억의 부옹이 될 것이다.

2 재(財)가 비겁(比劫)을 제압하는 구조

● 건조(乾造)

時	日	月	年
癸	辛	甲	戊
巳	卯	寅	申

- 이 조는 앞에서 논한 것으로, 목화(木火)가 세(勢)를 이루고 재(財)와 관성(官星)이 당(黨)을 이루고 있다. 그래서 국(局)의 뜻은 겁재 신금(申金)과 신중(申中)의 수(水)를 제압하고자 하는 것이다. 즉 재(財)가 겁재를 제압하고, 관성(官星)이 그것을 합(合)하여 자기에게로 돌아오게 하니 자기가 그것을 사용한다는 것이다. 그래서 이것은 아주 큰 관(官)의 재(財)를 관할한다는 것이다.

● 건조(乾造)

時	日	月	年
己	癸	己	戊
未	巳	未	申

● 위 명조도 앞에서 논한 것으로, 재(財)와 칠살이 세(勢)를 이루었고, 뜻은 신금(申金)을 제압하는 데 있다. 신(申)은 인성이다. 신(申) 인성은 무토(戊土)의 생(生)이 있으니 제압하기가 좋지 않다. 제압하기 제일 좋은 것은 신중(申中)의 수(水) 겁재이다. 즉 재(財)가 겁재를 제압한다는 것이다. 주식에 투자하여 임술(壬戌)의 술운(戌運)에 발재(發財)가 수백 억이 되었다.

2 비겁(比劫)과 관살(官殺)의 배치

관살이 비겁을 제(制)하는 국(局)과 비겁이 왕(旺)하여 관살을 제(制)하는 국(局)이 있다.

1 비겁이 관살을 제압하는 국

● 곤조(坤造)

時	日	月	年
甲	丙	戊	甲
午	午	辰	午

● 이 조는 목화(木火)가 세(勢)를 이루어 비겁이 당을 구성하여 진중(辰中)의 수(水)를 제압하고자 하는 뜻이다. 그러나 원국의 진고(辰庫)가 열리지 않으니 제압하기 어렵다. 즉, 대운이 해자(亥子) 수운(水運)에 이르러 진중(辰中)의 수(水)를 인출하니, 원국 중의 화(火)

에게 수(水)가 제압을 당하여, 이 20년 동안 발재(發財)하였다.

● 건조(乾造)

時	日	月	年
庚	己	庚	丁
午	巳	戌	亥

● 이 조는 장개석의 명조이다. 화(火)와 조토(燥土)가 세(勢)를 이루어 해수(亥水)를 제압한다. 해수(亥水)는 본래 재(財)이고, 실제 또 관(官)의 장생(長生)이다. 해중(亥中)에는 관성을 포함하고 있다. 비겁과 인성은 관(官)과 관(官)의 원신(原神)을 제압한다. 그래서 아주 큰 관을 이루어 국가 총통이 되었다.

● 곤조(坤造)

時	日	月	年
戊	丙	己	戊
戌	子	未	午

● 이 여명(女命)은 화(火)와 조토(燥土)가 기세(氣勢)를 이루어 자수(子水) 관성을 제압한다. 단, 관성이 정위(正位)에 위치하고 있기 때문에 여명(女命)의 입장에서 남편이 된다. 자수(子水)를 제압한다는 것은 길(吉)하지 않다. 그래서 아직까지 미혼이고, 직장도 없다. 제압을 할 때 또한 어디에 위치하고 있는가를 보아야 한다.

2 관살이 비겁을 제압하는 국

● 건조(乾造)

```
時  日  月  年
戊  癸  壬  戊
戌  巳  戌  辰
```

- 이 조는 화(火)와 조토(燥土)가 세(勢)를 이루고 있고, 주위(主位)는 재(財)와 관(官)이 세(勢)를 이루고 있다. 그래서 제압하고자 하는 것은 빈위의 진중(辰中)의 계수(癸水)이다. 재고(財庫)가 겁재의 고(庫)를 제압하고 있다. 그러나 명국이 무계합(戊癸合)으로 일주가 합관(合官)하니 이는 관리·통제하고자 하는 의사이다. 그래서 여기서 큰 관(官)의 재(財)를 관리한다는 것이다.
- 무진운(戊辰運)으로 행할 때 진토(辰土)가 출현하여 피제를 당하니 국무원 총리가 되었다.

3 식상(食傷)과 관살(官殺)의 배치

식상이 관살을 제압하는 국(局)과 관살이 왕(旺)하여 식상을 제압하는 국(局)이 있다.

1 식상이 관살을 제압하는 국

● 건조(乾造)

時	日	月	年
丁	丁	癸	己
未	巳	酉	未

● 중국 총통 원세개의 사주이다. 화(火)와 조토(燥土)가 기세(氣勢)를 이루고 있다. 비겁과 식신이 세(勢)를 이루고 있다. 그래서 원국의 뜻은 살(殺)과 살(殺)의 원신(原神)을 제압하고자 한다. 식신이 년에서 제살(制殺)하고 있고, 겁재가 일지에서 재(財)를 제압하고 있다. 그래서 살(殺)과 살(殺)의 원신(原神)이 완전히 피제되었다. 그래서 대관(大官)이라는 것이다.

● 행운이 진운(辰運)으로 행할 때 화(火)를 흐리게 하고 금(金)을 생(生)하니 제압이 이루어지지 못했다〔진유합(辰酉合)으로 유금(酉金)이 보호〕. 그래서 직위를 잃었고, 정묘운(丁卯運)에 총통에 올랐다.

● 건조(乾造)

時	日	月	年
壬	庚	乙	庚
午	子	酉	午

● 청조의 대탐관 화신의 명조이다. 금수(金水)가 세(勢)를 이루어 화(火)를 제압하니, 즉 상관·식신이 관(官)을 제압하고 있다. 그래서 관(官)이 아주 크다는 것이다. 행운이 해자축(亥子丑) 북방 수지(水

地)로 행할 때 대학사, 군기대신에 올랐다.

● 행운이 경인운(庚寅運)에 이르러 관성이 장생(長生)을 얻으나 일주가 절지에 임하니, 관(官)을 제압하여 붙잡아두지를 못하니 철저히 감사를 당하여 파면되었다.

2 관살이 식상을 제압하는 국

◉ 건조(乾造)

시	일	월	년
甲	辛	己	己
午	亥	巳	卯

● 이 명조는 화토(火土)로 기세(氣勢)를 이루고 있으니, 이 명조의 뜻은 해수(亥水) 상관을 제압하는 데 있다. 다시 말하면 관이 상관을 제압한다. 계해운(癸亥運)에 승진하여 성부급(省部級)의 직책에 이르렀다.

◉ 건조(乾造)

시	일	월	년
癸	辛	戊	丙
巳	巳	戌	戌

● 이 명조는 화(火)와 조토(燥土)로 기(氣)를 이루고 있고, 시간의 계수(癸水)는 제압당함이 아주 깔끔하다. 즉, 식신이 제압당함에 공(功)

이 있으니, 말솜씨가 아주 뛰어난 달변가이다.
- 단, 수(水)에 뿌리가 없기 때문에 능량(能量)이 크지 않고, 제압하는 효율의 능량(能量)도 아주 낮다. 그래서 귀한 팔자가 아니다.

4 인성(印星)과 식상(食傷)의 배치

인성이 식상을 제압하는 국(局)과 식상이 왕(旺)하여 인성을 제압하는 국(局)이 있다.

1 식상성이 인성을 제압하는 국

◉ 건조(乾造)

時	日	月	年
丙	甲	丁	乙
子	午	亥	未

- 이 명조는 목화(木火)에 세(勢)가 있다. 일시는 자오충(子午沖)이니 상관성이 인성을 제압한다. 팔자에 관이 없으니 인성은 주로 권력이 된다. 그래서 이 명조는 관원(官員)이다. 중년에 남방 화운(火運)으로 갈 때 능히 인성을 제압하니 승진하여 시장으로 임명되었다.

2 인성이 식상성을 제압하는 국

● 곤조(坤造)

時	日	月	年
癸	壬	戊	乙
卯	申	辰	酉

● 이 명조는 금(金)과 습토(濕土)가 세(勢)를 이루고 있으니, 뜻은 묘목(卯木)을 제압하는 것이다. 묘신합(卯申合)으로 그것을 제압하니, 인성이 상관을 제압하는 조합이다. 상관 묘목(卯木)은 여기서 재(財)로 본다. 그래서 발재(發財)의 명(命)이다. 수십 억의 재산이 있다.

● 건조(乾造)

時	日	月	年
庚	癸	乙	庚
申	卯	酉	辰

● 이 명조에 가득찬 것은 금(金)이다. 다시 보면 묘신합(卯申合)이 있는데, 이것은 금(金)이 묘목(卯木)을 제압하니, 인성이 식신을 제압하는 것이다. 팔자에 재(財)가 없고 묘(卯)는 식신이니, 식신이 재(財)의 원신(原神)이다. 그래서 식신을 재의 발원지로 보는 것이 마땅하다. 경신(庚申)은 인성이니, 권력의 의사이다. 그래서 그는 은행의 관원(官員)이다. 실제 이 사람은 중앙은행 은행장이다. 이 명조는 금(金)이 순수하고 제압하는 것이 깔끔하니, 그래서 대관(大官)이다.

5 재성(財星)과 인성(印星)의 배치

재성이 와서 인성을 제압하는 국(局)과 인성이 왕(旺)하여 재성을 제압하는 국(局)이 있다.

1 재성이 인(印)을 제압하는 국

● 건조(乾造)

時	日	月	年
甲	甲	丙	乙
戌	子	戌	未

● 이 명조는 갑목(甲木)이 무근(無根)하니, 자수(子水)는 제거가 가능하다. 국중에 화(火)와 조토(燥土)가 세(勢)를 이루어 미토(未土)는 자수(子水)를 천(穿)하니, 자수(子水)를 제압한다. 이는 곧 재성이 인성을 제압하는 조합이다. 인성을 제압하면 권력을 얻는 것이니 청급(廳級) 법원원장이 되었다.

● 건조(乾造)

時	日	月	年
己	甲	乙	癸
巳	子	卯	未

● 남송의 명장 악비(岳飛)의 명조이다. 국(局) 중에 주위(主位)의 자수

(子水)가 홀로 고독하고, 년상의 미토(未土) 재(財)에게 천(穿)으로 제압당하니 재성이 인성을 제압하는 것이다. 여기서의 재(財)는 또 양인(羊刃)의 고(庫)이다. 그래서 무직(武職)이고 능히 군권을 장악할 수 있다.

2 인성이 재(財)를 제압하는 국

● 곤조(坤造)

時	日	月	年
己	己	丙	壬
巳	巳	午	子

● 이 명조는 화토(火土)로 세(勢)를 이루고 있다. 그래서 임자(壬子) 수(水) 재성(財星)을 제압한다. 인왕(印旺)이 재(財)를 제압하니 공(功)이 아주 크다. 그래서 부명(富命)이다. 해외무역으로 15억여 원 이상을 벌었다.

6 제용구조(制用構造)에서의 유의점

제용구조 중 이론상 어떤 것도 모두 제거할 수 있다. 즉 재관·식상·인성·비견·겁재 등 모두를 제압할 수 있다. 단, 주의해야 할 요건 두 가지가 있다.

첫 번째, 주위(主位)에 위치하고 있는 성(星)을 만약 제거(去)한다면, 해당 육친이 능히 상(傷)할 수 있다.

두 번째, 일주(日主)가 연달아 이어지면서 일주의 근(根)이 될 경우 제거(去)가 불가하다. 만약 제거되면 곧 뿌리가 끊어지게 되니, 이 사람은 곧 사망하게 된다.

● 곤조(坤造)

時	日	月	年
辛	丁	辛	壬
亥	巳	亥	子

● 대운

戊	己	庚
申	酉	戌

● 수(水)가 화(火)를 제거하는데, 여기서 화(火)는 절대적으로 제거가 불가능하다. 정사(丁巳) 일주가 통근하니 제거하게 되면 사람이 단명(短命)하게 된다. 96년 병자년(丙子年) 백혈병을 얻어, 97년 정축년(丁丑年) 여름에 사망했다.

● 일주 정사(丁巳) 병오(丙午)는 모두 제거가 불능하고, 또한 을해(乙亥) 을묘(乙卯) 갑인(甲寅) 갑진(甲辰) 을미(乙未) 경신(庚申) 신유(辛酉) 일주는 연달아 이어진 뿌리가 목(木)이고 금(金)이니 제압당하면 신체와 수명이 상하기 쉽다.

제용구조(制用構造) 중 또 주의해야 할 것은 제압이 깔끔한 것인지 아닌지를 보아야한다. 지금까지 예를 든 것들은 모두 제압이 비교적 깔끔한 것들이고, 격국도 비교적 큰 것이었다. 일반적으로 많은 사람들의 팔자가 제용구조이지만 제압이 깔끔하지 않고, 효율이 낮고, 층차 계급도 대체적으로 낮다.

● 곤조(坤造)

時	日	月	年
癸	丁	辛	戊
卯	未	酉	申

● 이 명조는 주위는 체(體)가 있고 빈위에 재(財)가 있으니, 재(財)를 제압하는 구조이다. 그러나 원국의 제압함이 좋지 않으니 어떤 효율도 없다. 좋은 것은 팔자의 살성(殺星)이 허투한 결과로 살(殺)을 재(財)로 본다. 무오운(戊午運)에 중부(中富)의 가정을 이루었다.

● 건조(乾造)

時	日	月	年
戊	丙	辛	丁
子	戌	亥	酉

● 이 명조 또한 주위는 체(體)이고 빈위는 재관(財官)이다. 팔자의 체(體)는 제압할 수 없으니 반드시 재관(財官)을 제압하고자 하는 의사이다. 단, 국(局) 중에 금수(金水)에 세(勢)가 있는 관계로 제압을 할 수가 없으니 일생 부유하지 않았다.

⑤ 제법명석(制法明析)
－제압하는 법을 분석하여 밝힘

　제용구조(制用構造) 중에 효율의 높고 낮음은 부귀 등급의 팔자를 구별하는데 중요한 근거가 된다. 효율의 개념에 대해서는 전장에서 이미 논했으므로, 본절에서는 제국(制局) 중의 각종 제법(制法)을 상세하게 분석하기로 하겠다.

　제용구조 중 제용(制用) 효율이 비교적 높은 것은 다음의 몇 가지 종류이다.

1 합제(合制) ☞ 지지의 육합(六合)·암합(暗合)·반합국(半合局)의 제법(制法)을 가리킨다

　■사신합(巳申合)의 효율이 최고로 높다. 금수(金水)가 세(勢)를 이루고 있을때 신금(申金)이 사화(巳火)를 제압한다 또한 목화(木火)가 세(勢)를 이루고 있을때 사화(巳火)는 신금(申金)을 제압한다. 이와 같이 세(勢)를 이룬 사신합(巳申合)은 원신(原神)으로 사용하는 신

(神)을 완전히 제사(制死)할 수 있다.

- 묘술합(卯戌合)은 묘목(卯木)이 술토(戌土)를 제압한다. 묘신합(卯申合)은 신금(申金)이 묘목(卯木)을 제압한다. 오해합(午亥合)은 화(火)에 세(勢)가 있을 때 해수(亥水)를 제압하는 것이 가능하다. 금수(金水)에 세(勢)가 있을 때 오(午)를 제압하는 것이 가능하다. 이 세 가지 효율은 사신합(巳申合)보다는 못하지만 그래도 효율은 아주 높은 것이다.

- 사유(巳酉) 반합은 국(局) 중에 목화(木火)가 왕(旺)할시 유금(酉金)을 제압하고 효율이 아주 높다. 자축합(子丑合)은 축토(丑土)가 자수(子水)를 옭아매니, 자수(子水)를 고정시킨다. 인축합(寅丑合)은 인목(寅木)이 바로 축토(丑土)를 제압하여 머무르게 한다. 이 두 가지의 효율은 대략 좀 떨어진다.

- 인해합(寅亥合)은 해중(亥中)의 수(水)가 인중(寅中)의 화(火)를 제압한다. 진유합(辰酉合)은 유금(酉金)이 진중(辰中)의 을목(乙木)을 제압한다. 오술합(午戌合)은 오중(午中)의 화(火)가 술중(戌中)의 금(金)을 제압한다. 이 세 가지의 효율이 제일 떨어진다.

- 묘미(卯未)와 해미(亥未) 반합국은 미토(未土)를 제압하는 것과 같으나 그 효율은 상대적으로 낮다. 오미합(午未合)은 양자가 상생(相生)하니 제압이 없다.

합제(合制)와 관련된 예는 이미 앞에서 많이 기술했기 때문에 다시 중복하지 않겠다.

다음의 예들은 앞장에는 없는 것이므로 학습하기 바란다.

● 건조(乾造)

時	日	月	年
丁	戊	辛	丙
巳	寅	丑	午

● 이 조는 목화(木火)에 세(勢)가 있으니 그 뜻은 습토인 축(丑)과 축중(丑中)의 금(金)을 제압하고자 한다. 인축(寅丑) 암합(暗合)하고 칠살이 주공(做功)이므로 관(官)의 명이 된다. 을사운(乙巳運)으로 행할 때 현장(縣長)으로 승진했다.

● 곤조(坤造)

時	日	月	年
辛	壬	癸	壬
亥	寅	丑	子

● 이 조는 수(水)와 습토(濕土)의 세(勢)가 있고, 국중(局中)의 유일한 화(火)는 좌지 인중(寅中)에 있다. 해(亥)와 인(寅)이 합(合)하니, 원국의 뜻은 화(火)를 제압하는 것이다.
● 단, 이러한 합(合)은 효율이 비교적 낮다. 그래서 이 조는 비록 비겁이 재(財)를 제압하는 국(局)이지만, 발재(發財)가 크지 않으니 샐러리맨이다.

● 곤조(坤造)

時	日	月	年
丁	乙	己	壬
丑	丑	酉	子

● 이 조는 정임합(丁壬合)이 시상의 정화(丁火)를 제압하는 것 외에 또한 년지 자(子)는 주위(主位)의 축(丑)에게 합반(合絆)당하여 고정되어 있다. 이것 또한 공(功)이다.

● 단, 이러한 종류의 합(合) 효율은 상대적으로 높지 않다. 그래서 맡은 관직이 높지 않으니 일부분의 책임자이다.

● 곤조(坤造)

時	日	月	年
己	乙	辛	甲
卯	亥	未	寅

● 이 조는 수목(水木)에 세(勢)가 있고, 해묘미(亥卯未) 삼합국(三合局)으로 미토(未土) 재성을 제압한다.

● 단, 이러한 종류의 제법은 효율이 높지 않다. 그래서 이 명조는 큰 돈이 없고 단지 먹고 살만하다.

2 충제(沖制)·형제(刑制) ☞ 지지(地支) 육충(六沖)과 술미형(戌未刑) 축술형(丑戌刑)을 가리킨다

- 축미(丑未) 진술(辰戌)은 고(庫)를 충(沖)하고, 축술(丑戌)은 고(庫)를 형(刑)하니 효율이 최고로 높다. 금수(金水)와 습토(濕土)가 세(勢)를 이루면 축(丑)은 미(未)와 술(戌)의 고(庫)를 괴(壞)할 수 있고, 진(辰)은 술고(戌庫)를 괴(壞)할 수 있다.
- 목화(木火)와 조토(燥土)가 세(勢)를 이루면, 즉 미토(未土)가 축고(丑庫)를 괴(壞)하고, 술(戌)은 진고(辰庫)와 축고(丑庫)를 괴(壞)할 수 있다.
- 기타 충(沖)의 효율은 모두 고(庫)를 충(沖)하는 것에 미치지 못하지만, 반드시 강하고 힘 있는 세(勢)가 있어야 비로소 행한다.
- 인신사해충(寅申巳亥沖)의 효율도 또한 아주 높다. 자오묘유충(子午卯酉沖)의 효력은 전자에 비하여 좀 낮고, 그 주공(做功)의 조건은 한 일방의 당(黨)이 다른 일방의 당(黨)보다 반드시 커야 한다. 그렇지 않다면 이러한 충(沖)은 모두 주공(做功)이 될 수 없다.

● 곤조(坤造)

時	日	月	年
辛	庚	丙	乙
巳	午	戌	丑

- 이 조는 화(火)와 조토(燥土)가 세(勢)를 이루고 있고, 술(戌)이 축(丑)을 형(刑)하니 축중(丑中)의 금수(金水)를 괴(壞)한다. 즉, 관살이 비겁을 제(制)하는 국(局)이니 대귀명(大貴命)이다. 영국의 수상이었던 대처 부인의 명조이다.

● 건조(乾造)

時	日	月	年
庚	己	己	乙
午	未	丑	巳

● 이 조는 지구상에서 최고로 갑부인 선박왕 오나시스 사주이다. 화(火)와 조토(燥土)가 세(勢)를 이루어, 축미충(丑未沖)으로 축중(丑中)의 금수(金水)를 제압한다.

● 월령(月令)의 재(財)와 재(財)의 원신(原神)이 제압당하므로 거부가 되었다.

● 건조(乾造)

時	日	月	年
庚	丁	丙	乙
戌	未	戌	巳

● 이 조는 화(火)와 조토(燥土)가 세(勢)를 이루고, 미(未)가 술(戌)을 형(刑)하니 술중(戌中)의 신금(辛金)을 제압한다. 비겁이 재(財)를 제압하니 발재(發財)의 팔자이다.

● 단, 술중(戌中)의 신금(辛金)이 편약하니 재(財)가 크지 않다. 화운(火運)으로 행할 때 발재(發財)되어 수십 억을 벌었다.

◉ 건조(乾造)

時	日	月	年
庚	丙	辛	戊
寅	申	酉	申

- 이 조는 국중(局中)의 금(金)이 세(勢)를 이루고 있고, 신금(申金)이 인(寅)을 충(沖)하여 인목(寅木) 인성을 제압한다. 인(印)을 제압하여 권력을 얻는다.
- 효율이 아주 높다. 그래서 능히 큰 권력을 장악할 수 있다.
- 이 사주는 원조의 승상인 점목얼(帖木兒)의 명식이다.

◉ 건조(乾造)

時	日	月	年
丁	乙	辛	癸
丑	酉	酉	卯

- 이 명조는 금(金)이 세(勢)를 얻고 년상의 묘록(卯祿)을 제압한다. 즉, 충(沖)으로 제압한다. 년상은 원방(遠方)이고, 묘(卯)는 여기서 재(財)로 본다.
- 본인이 해외로 나가 음식점을 경영하면서 상당한 수입을 올린 사주이다.

● 건조(乾造)

時	日	月	年
壬	庚	壬	丁
午	辰	子	亥

● 이 조는 수(水)와 습토(濕土)가 세(勢)를 이루고 자오충(子午沖)과 천간 임(壬)이 오(午)를 제(制)하니, 식상이 관을 제압하는 조합이다. 즉, 관을 담당하는 명(命)이다. 애석하게 행운이 화지(火地)로 행하지 않고 수지(水地)로 행하니 관의 급이 중간 정도에 이르고 다시 승진하지 못했다.

3 극제(克制) ☞ 극제(克制)는 술(戌)이 해(亥)·자(子)를 극(克)하는 것과, 오(午)가 신(申)·유(酉)를 극(克)하는 것과 같다.

■ 극제(克制)의 효율은 비교적 낮다. 일반적으로 말해서 극제(克制)를 통하여 주공(做功)하는 것은 단지 보통인일 뿐이지 큰 성취는 없다.

■ 극제(克制) 중 효율이 최고로 높은 방식은 위극(圍克)으로, 즉 포위해서 제압한다는 것이다.

■ 이와 같이 위제(圍制)당한 신(神)은 도망갈 곳이 없다. 그래서 제압함이 매우 깨끗하니 주공(做功)이 아주 크다. 위제(圍制) 중 천간의 작용이 매우 크다.

● 건조(乾造)

時	日	月	年
戊	癸	丁	辛
午	酉	酉	丑

- 이 조는 금(金)과 습토(濕土)에 세(勢)가 있으나, 단 일시가 무계합(戊癸合)이니 일주가 시주를 합용(合用)하는 것은 관성과 재성이다. 그래서 이 조는 재(財)가 인(印)을 제압하는 국(局)이다.
- 오(午)가 유(酉)를 극(克)하니 극제(克制)하지만, 공(功)이 작다. 행운이 남방 화운(火運)으로 가자, 택시를 운전하여 가까스로 식구를 부양하는 형국이다.

● 곤조(坤造)

時	日	月	年
庚	丙	辛	丙
子	戌	卯	午

- 이 명조의 주위(主位) 술토(戌土)는 시지(時支)의 자수(子水)를 극(克)한다. 비록 화(火)와 조토(燥土)가 세(勢)를 이루나, 단 이러한 종류의 극(克)의 공(功)은 크지 않다.
- 행운이 북방 수지(水地)로 가니, 가정이 부유해지고 생활이 안정되었다.

● 건조(乾造)

時	日	月	年
丁	丙	辛	己
酉	午	未	巳

●대운

癸 甲 乙 丙 丁 戊 己 庚
亥 子 丑 寅 卯 辰 巳 午

● 이 명조는 화(火)와 조토(燥土)가 세(勢)를 이루고, 비겁이 재(財)를 제압하는 국(局)이다. 오(午)가 유(酉)를 첩(貼)하여 극하면서 제압하고, 또한 천간 정(丁)이 유(酉)를 제압하니, 이 팔자는 반위제(半圍制)에 해당한다. 그래서 이 명조는 위 사주에 비하여 비교적 부유하다.

● 아쉽게도 중년운 화목(火木) 대운(大運)으로 가자, 원국이 적신(賊神)은 적고 포신(捕神)이 많은데 또 운이 포신운(捕神運)으로 가니 발재할 수 없었다. 축운(丑運) 50대가 되자 발재가 시작되어 계해운(癸亥運)까지 이르고 90대까지 살았다.

● 건조(乾造)

時	日	月	年
戊	庚	甲	壬
寅	寅	辰	寅

● 이 명조는 갑목(甲木)과 인목(寅木)이 당을 이루고, 진토(辰土)를 위극(圍克)하고, 재성이 인(印)을 제압하는 국(局)이니 관(官)의 명(命)이다.

● 단, 이 명조의 진토(辰土)는 토성(土性)이 비교적 약하니 제압의 능

량이 크지 않다. 그래서 관직이 크지 않다. 명국이 재(財)를 관리하는 관(官)이기 때문에 신운(申運)으로 행할 때 재(財)를 충(沖)하니 발재가 개시되었다.

◉ 건조(乾造)

時	日	月	年
戊	乙	丙	丙
寅	丑	申	戌

◉ 대운

壬 辛 庚 己 戊 丁
寅 丑 子 亥 戌 酉

- 이 명조는 화(火)와 조토(燥土)로 세(勢)를 이루고 있고 월령 신금(申金)이 위제(圍制)를 당하지만, 다만 능히 축고(丑庫)로 들어갈 수 있다. 월령 신관(申官)은 인성을 차고 있는데 전부 주위(主位)의 축(丑) 속으로 들어가고 있다. 그래서 능히 아주 큰 관을 이룰 수 있다.
- 신축운(辛丑運)으로 행하자 축(丑)이 도달하니, 미국 대통령으로 8년을 역임했다.

4 천제(穿制) ☞ 육천(六穿) 중에 유술천(酉戌穿) 묘진천(卯辰穿) 자미천(子未穿) 축오천(丑午穿)은 서로 제압이 가능하고, 신해천(申亥穿) 인사천(寅巳穿)은 상생(相生)이니 제압이 불가능하다

- 축오(丑午) 사이는 상생(相生)이지만, 단 축(丑)은 능히 오화(午火)를 어둡게(晦) 할 수 있기 때문에 상극(相克)의 의사가 있다.
- 상천(相穿) 또 상극(相克)의 효율이 최고로 높지만, 천제주공(穿制做功)이 되려면 일방이 필수적으로 힘의 강대한 역량으로 다른 일방을

제압해야 한다.

● 건조(乾造)

時	日	月	年
甲	丁	甲	戊
辰	卯	寅	戌

● 대운

辛 庚 己 戊 丁 丙 乙
酉 申 未 午 巳 辰 卯

● 이 명조는 주위(主位)의 묘(卯)가 시지의 진(辰)을 천(穿)한다. 묘(卯)와 국(局) 중의 인(寅)·갑(甲)·술(戌)이 모여 일당(一黨)을 이루어 절대적인 우세를 점하며 진(辰)을 천(穿)하여 제압하고 있다. 진(辰)은 살고(殺庫)이니 그 의사는 관(官)의 집단으로, 능히 관(官)의 집단을 관리할 수 있다. 그래서 국무원 총리가 되었다(**주은래**).

● 건조(乾造)

時	日	月	年
己	戊	壬	甲
未	子	申	辰

● 대운

辛 庚 己 戊 丁 丙 乙 甲 癸
巳 辰 卯 寅 丑 子 亥 戌 酉

● 태어난 시간은 추론한 것이다.

● 이 조는 신자진(申子辰) 삼합(三合) 재국(財局)이다. 수(水)에 강세(强勢)가 있다. 일시가 자미천(子未穿)으로 서로 천(穿)하는데, 본래 미토(未土)는 자수(子水)를 극한다. 단, 자수(子水)가 국(局)을 이루었기 때문에 여기서는 자수(子水)가 미(未)를 천(穿)했다.

● 미토(未土)는 여기서 한편으로는 양인(羊刃)의 함의가 있고, 또 다른 한편으로 관살의 묘고(墓庫)이다. 미토(未土)를 제압하여 주공(做功)이 된다. 그래서 군사가일 뿐 아니라 정치가이다. 유일하게 좋지 않은 것은 처와 자식이다. 실제 큰아들이 불구가 되었고, 일찍이 극처(克妻)했다(등소평).

● 건조(乾造)

時	日	月	年
甲	甲	壬	乙
戌	子	午	未

● 이 조는 화(火)와 조토(燥土)가 세(勢)를 이루고 있고, 주위(主位)의 자수(子水) 인성을 사용할 수 없어 뿌리가 없는 목(木)이다. 그래서 수(水)의 생(生)이 필요치 않으니, 자수(子水)를 극(克)하는 것이 기쁘다.

● 년상의 미토(未土)는 자수(子水)를 천(穿)하여 제압하고, 미토(未土)는 양인고(羊刃庫)이니 군대가 된다. 그래서 그는 군관이 되었고, 중국인민무장 경찰부대원에서 요직을 담당했다.

● 건조(乾造)

時	日	月	年
丁	丙	辛	戊
酉	申	酉	戌

- 이 조의 지지(地支)는 금수(金水)의 당이고, 주위(主位)의 신금(申金)은 살(殺)의 장생지이다. 유(酉)가 왕(旺)하여 술(戌)을 천(穿)하며 제압한다. 살(殺)과 살(殺)의 원신(原神)이 겁재의 고(庫)를 제압하니 관원이다.
- 대운이 해자축(亥子丑) 북방(北方) 수지(水地)로 행할 때 현장(縣長)으로 승진하였다.

● 건조(乾造)

時	日	月	年
丙	甲	戊	庚
寅	寅	子	寅

- 이 조는 목(木)에 세(勢)가 있고, 인성 자수(子水)는 설(泄)을 당하고 있다. 천간 무(戊)는 합(合)하여 자수(子水)를 제압하고, 재성이 인성을 제압하는 국(局)이다. 인(印)은 주로 권력이니, 관을 맡는 것이 가능하다.
- 갑오운(甲午運) 을미운(乙未運)으로 행할 때 부서의 최고 장관까지 올랐다.

제7장 상담사례 분석

맥파맹리
盲派命理

1 제자 언명(言明)여사[1]의 상담사례 발췌

1 한 사업가의 번뇌

    2004년 여름, 평소 흠모했던 단건업 선생의 명리학습반에 참가해 선생의 특별한 보살핌 속에 영광스럽게도 제자가 되어 선생의 가르침과 맹파명리의 진수를 전수받았지만, 지금에 이르러서야 비로소 맹파명리의 깊이와 오묘함을 진정으로 느끼는 것 같다.

    내가 맹파명리에 입문한 것도 어느 새 4년이 넘었고, 2005년 9월 이후로 인터넷상에서 강의와 상담 업무를 책임졌다. 그동안의 많은 상담사례를 분석해 보면 기존 전통명리에 비하여 그 정확도가 훨씬 높았다고 생각된다.

    실제로 예측했던 상담사례의 일부분을 선택하여 독자들이 맹파명리를 이해하고 학습하는 데 있어 도움이 되고자 한다.

---

[1] 언명(言明)여사☞ 단건업 선생의 제자로, 맹파명리 초급·고급강의를 담당하고 있다.

내가 광저우에 온 지 얼마 되지 않은 2007년 어느 날, 한 사람이 전화를 걸어와 상담을 원한다며 방문을 해 상담을 해주었다.

그 사람의 사주는 다음과 같았다.

● 건조(乾造)

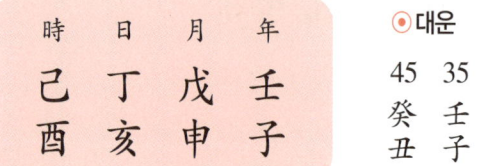

그는 북방사람이고, 당시 출생시간을 정확히 알고 있지 않아 시간을 대조 확인하기 위해 나는 먼저 유시(酉時)에 대해 몇 가지 과거의 일을 판단했다.

❶ 이 사람은 공부를 많이 하지 않아 틀림없이 학력은 높지 않고

❷ 결혼은 문제없고, 틀림없이 신운(辛運)에 결혼을 했고

❸ 유시(酉時)에 첫 아이를 낳았는데 틀림없이 딸이고

❹ 더욱 중요한 것은 나는 그가 장사를 할 것이라고 판단했다. 종사하는 업종은 틀림없이 토목에 관련된 일이거나 가정용구 또는 금속류와 관련된 일이다.

당시 나는 이렇게 몇 가지 일을 판단하고 나서 물었다
"지금 당신의 상황이 이렇습니까?"
"선생이 말한 것이 기본적으로는 맞습니다. 나는 중학교만 졸업하였

고, 98년에 결혼해서 첫아이는 딸을 낳았습니다. 하는 일은 토목에 관련된 것은 아니지만 불교용품 및 옥기(玉器) 사업을 합니다."

나는 그의 대답을 듣고 미소를 지었다.

직업 판단

직업 판단에 있어 맹파의 이론은 주로 상법(象法)를 취하고, 간지(干支)·궁위(宮位)·십신(十神) 등 모든 상(象)을 통해서 한 사람의 직업 특징과 업종 성격 등을 종합 판단한다.

내가 본 월주(月柱)와 시주(時柱)는 모두 토금(土金) 상(象)이었고 게다가 식상생재(食傷生財)의 구조이고, 일주(日主)가 식신(食神)과 상관(傷官)을 생(生)하니 틀림없이 유용(有用)하다. 팔자가 식상생재(食傷生財)이고 재(財)가 생(生)하여 주위(主位)와 빈위(賓位)의 관(官)에 도달하고, 그런 다음 합신(合身)했으니 이 구조는 틀림없이 장사를 하는 사람이다. 왜냐하면 몸에 꼭 붙은 식상생재(食傷生財)는 다른 업종에 종사할 수 없다.

그가 종사하는 업종을 판단한 것은 월령(月令)과 시주(時柱)의 무신(戊申)과 기유(己酉)를 본 것이고, 상관(傷官)·식상(食傷)은 자신의 생각과 목표를 추구함을 대표하고, 신금(申金)은 금속을 나타내고, 유금(酉金)은 옥기(玉器)일 수 있다.

내가 토목 관련 사업을 하는 것으로 판단한 것은 무신(戊申)과 기유(己酉)이다. 비록 불교 도구와 똑같은 사업은 아니지만 그러나 사업의 오행(五行)으로 분류할 때 틀림없이 팔자 특징에 부합된다.

내가 업종에 대한 이해를 설명했더니 그는 매우 기뻐하면서 말했다.

"그러고 보니 대체적으로 맞는 것 같습니다. 산명(算命)은 100퍼센트 완전히 똑같을 수 없으니까 선생님이 판단한 것도 맞는 것이지요."

다시 몇 가지 상황으로부터 그가 유시(酉時) 출생이라는 것을 확정할 수 있었다.

그 후 바로 나는 또 한 번 그의 사주를 보고 말했다.

"당신의 사주조합을 보고 판단하건대, 당신은 틀림없이 두 가지 사업을 했을 것이며, 그것은 음식에 관련된 일이었을 겁니다."

> 식신(食神)이 능히 재(財)를 생하며 문호(門戶)에 있고, 게다가 유금(酉金)이 해수(亥水)를 보았기 때문이다. 즉, 유금(酉金)의 상(象)은 술〔酒〕로 상(象)으로 분류할 수 있고, 특히 수(水)를 보았기 때문에 술〔酒〕의 의미가 더욱 강하다.

"늘선생님, '우리 사부님이 최고술사'라고 하는 학생들의 말이 사실인가 봅니다. 선생님이 말한 것이 맞습니다. 비록 식당은 하지 않았지만, 남방의 맵고 얼큰한 조미료를 만드는 사업을 했습니다."

그의 말을 듣고 나는 문득 모든 것을 깨닫게 되었다.

원래가 팔자는 그 상(象)을 취할 수 있다는 것이다. 매운 조미료는 유금(酉金)의 상이고 유(酉)가 간(干)에서 신(辛)이 되고 신(辛)은 매운 음식물이고 물을 봤기 때문에 조미료가 된다.

나는 또 그가 틀림없이 자신이 가공하고, 자신이 판매하고 게다가 사

업은 해운(亥運)에서 시작했을 것으로 판단했는데, 결과는 완벽하게 일치했다.

그는 다시 물었다.

"2006년(丙戌年)은 어떻겠습니까?"

> 정임합관(丁壬合官)으로 관(官)을 재(財)로 보는 것이 마땅하다. 이러한 상(象)의 조합은 매우 좋다. 단, 임운(壬運)에 병술년(丙戌年)을 만나면 임병충(壬丙沖)이 정임합(丁壬合)을 깨뜨리고 게다가 겁재(劫財)가 와서 임(壬)과 충(沖)하고 관(官)이 합신(合身)하는 상(象)을 깨뜨린다.

나는 그에게 말했다.

"당신은 2006년도에 시비(是非)가 많아 재물 피해를 입게 되고, 성가신 일이 끊임없이 생길 것이다."

그는 또다시 물었다.

"늘선생님, 선생님이 보기에 이 해(此年)에 소송이 있겠습니까?"

> 병좌술토(丙坐戌土)가 매우 왕(旺)하고, 겁재(劫財)가 임수관성(壬水官星)을 충(沖)하는데 이것은 틀림없이 다른 사람 때문에 소송에 휘말린다는 의미이다.

"당신은 소송에 휘말려서 아마도 많은 재물 손실을 보았을 것입니다."

"선생님이 말한 것이 딱 맞습니다. 작년에 공장에 있는 노동자가 물건을 보내다가 길에서 노인과 충돌해 그 노인이 다쳐 치료비로 8백만원 정도를 배상했습니다. 그런데 그 노인이 계속 물고 늘어지다가 결국에는 노동자를 법원에 고소했는데, 그 노동자는 배상할 돈이 없었기 때문에 사장인 내가 연대책임을 져야 했습니다. 이로 인해 2006년에는 사업이 매우 어려웠고, 1,800만원 정도 손해를 봤습니다."

나는 당시 상담자의 이야기를 듣자마자 정말 운명이라고 생각했다. 이것은 전형적인 유년반국(流年反局)의 상(象)이다. 내가 보기에는 2007년도 계속해서 이 소송을 해야 할 것 같았다.

그는 이 소송이 언제 끝날 수 있는지를 물었다. 소송을 끌 수 있는 여력이 없고, 많은 돈을 썼지만 종결할 수 없어 안타깝다고 했다.

나는 그의 팔자와 대운(大運)을 자세히 살펴보았다.

> 2006년도는 대한(大寒)이 된 후에야 비로소 운이 바뀌고, 2007년 정해년(丁亥年)는 정임합(丁壬合)의 응기출현(應期出現)한다.

나는 비록 돈은 얼마간 써야 하겠지만 소송은 틀림없이 올해, 특히 입동 후에 바로 끝날 수 있으니 안심하라고 말해 주었다.

나중에 그는 전화를 걸어와 11월에, 즉 입동 후 마침내 소송이 끝났다고 알려왔다.

앞의 운명과 유사한 팔자의 예

◉ 건조(乾造)

時	日	月	年
癸	戊	辛	癸
丑	辰	酉	丑

　7대운이고, 이 사람은 무오운(戊午運)일 때 여러 종류의 사업을 한 적이 있고, 그중에는 불교용품, 불상, 옥기, 여행공예품의 장사가 포함되어 있다. 앞의 명조와 다른 점은, 이 사람은 건축일과 미장일을 한 적이 있는데 시간은 그리 길지 않았다.

● 이 사주는 일주(日主)가 합재(合財)하고 재(財)가 왕성하지만 입묘(入墓)하고 또한 비겁(比劫)이 한 무리이니 육체 노동의 일을 할 것이다. 팔자에서 신유금(辛酉金)이 상관(傷官)이니 기술을 나타내고, 또한 아름다운 옥기와 공예품을 나타내기도 하며, 금(金)이 수(水)를 만났기 때문에 빼어난 좋은 기가 있다.

직업 취상(取象)

　만약 금(金)으로서 진축토(辰丑土)의 취상(取象)을 보면, 진축(辰丑)은 축축한 습토이고, 토(土) 속에는 수(水)와 금(金)이 함유되어 있고, 또 금속묘(金屬墓)와 함께 있으니, 곧 상(象)은 시멘트, 철근과 벽돌기와이기 때문에 그가 미장일을 하는 것이 매우 부합되는 것임을 나타낸다.

● 다만 오운(午運)에서는 오래 할 수 없는데, 그것은 축오(丑午)가 인성(印星)을 穿(천)했고, 인(印)은 일자리, 노동, 일을 나타내고 穿(천)은 일을 오래 못하고 게다가 자주 업종을 바꿈을 나타내기 때문이다.

2 원래는 회계

● 곤조(坤造)

時	日	月	年
庚	甲	甲	壬
午	申	辰	子

● 대운

46	36	26	16	6
己	庚	辛	壬	癸
亥	子	丑	寅	卯

2007년 말, 전화로 상담한 예이다. 당시 나는 그녀의 과거에 대해 먼저 검증하고 몇 가지 상황을 판단했다.

❶ 당신은 국가기관에서 일하고, 틀림없이 관직에서 일하는 사람이다.
❷ 1999년과 2000년에 직장을 옮긴 적이 있고 게다가 잘 옮겼다.
❸ 당신은 틀림없이 25~26세 때 결혼했다.
❹ 명중(命中)에 여자아이가 있다.

내가 판단한 몇 가지 이야기를 듣고 크게 놀라면서 그녀가 말했다.
"훈선생님, 선생님의 설명은 정확합니다. 저는 정부기관에서 일하고, 현재는 간부의 위치에 있습니다."

나는 먼저 직업을 확인했는데, 1999년 혹은 2000년에 직장을 옮겼고 틀림없이 승진했을 거라고 말했다.

"맞아요. 이 해에 저는 부과(副科)로 승진했어요."

"결혼한 시기는 맞나요?"

나의 물음에 그녀는 웃으면서 대답했다.

"정말 정확합니다. 저는 1996년에 연애를 했고, 1997년에 결혼해서 1998년에 딸을 낳았어요."

이런 몇 가지 일을 확인한 후에 그녀의 성격을 판단하기 시작했다.

"당신은 업무능력이 상당히 뛰어나며 성격은 마치 남자 같다. 게다가 말한 것을 지키는 것을 좋아하고, 집에서든 회사에서든 관계없이 성깔이 있고 화를 잘내는 편입니다. 더 중요한 것은 집에서는 당신이 남편을 휘어잡고 남편이 당신 말을 들어야만 싸움이 나지 않습니다."

"맞아요, 맞아! 정말 정확해요!"

그녀는 나의 말을 듣고 난 후에 한결같이 감탄했다.

"들선생님, 선생님이 보기에 제 결혼은 어떻습니까?"

"당신의 결혼은 잘해서 문제는 없습니다. 남편도 틀림없이 관료일 것입니다."

"맞아요! 제 남편은 은행관료예요."

이어서 나는 또 분석을 했다.

"현재 감정상의 문제가 당신을 힘들게 하고 있는데, 오늘 나를 찾아온 이유가 그 때문이 아닌가요?"

"들선생님, 선생님은 정말 대단하시네요. 그런 것도 알 수 있습니까?"

그녀는 웃으면서 대답했다.

"당신 운명에 도화(桃花)가 있지만 이혼은 하지 않을 것이고, 그 때문에 가정을 잃지도 않을 것입니다."

"그렇지는 않을 거예요."

대답과 동시에 그녀는 다시 물었다.

"선생님이 보기에 이 도화(桃花)는 저에게 어떻습니까?"

"상(象)으로 보기에 이 도화(桃花)는 당신의 상사인 것 같은데, 당신 업무에 많은 도움을 주고 서로 관계도 괜찮아서 5년 동안은 잘 지낼 수 있지만 나중에는 헤어질 것입니다."

사주에 나타난 몇 가지 설명을 끝내자 그녀는 매우 기뻐했고, 또한 즐거워했으며, 자신의 일에 대해서도 매우 만족해 했다. 마지막에 전화상으로 몇 마디 더 이야기를 했는데, 그녀는 떠보는 말투로 물었다.

"선생님, 선생님은 제가 무슨 일을 하는지 알 수 있습니까?"

그녀는 내가 정확히 맞추는 것을 보고, 더 구체적으로 자신의 직업을 판단할 수 있기를 희망했다. 앞부분에서 이미 그녀가 국가기관에서 일하는 것을 판단했기 때문에 지금은 더 상세한 것을 요구하고, 구체적인 업무를 판단하기를 원했다.

나는 다시 그녀의 사주를 자세히 분석했다.

팔자 분석

신자진(申子辰)이 삼합수국(三合水局)이고 수(水)는 년상(年上)에 인성(印星)이 있다. 시상(時上)은 오화상관(午火傷官)이 있어 년(年)과 시(時)가 충(沖)의 상(象)이다. 오화(午火)는 문호(門戶)의 두뇌·사상 방면을 나타내고, 둘이 바로 충(沖)하는 것은 주공(做功)이다. 단선생은 일찍이 해자수(亥子水)는 수학을 나타내고, 숫자·계산·통계류의 상(象)이 있다고 말한 적이 있어 그 상(象)을 취(取)했다.

"당신은 틀림없이 회계 아니면 통계 방면에 종사할 것입니다."
"단선생님, 선생님이 말한 것이 맞아요. 저는 원래 회계를 했는데 나중에는 회계감사를 했습니다."

팔자의 핵심

나는 자수(子水)의 상(象)을 취(取)했고, 자오(子午) 상충(相沖)은 바로 사상(思想)이 숫자와 교류하는 것이다.

단선생이 연구한 상법(象法)은 정말 오묘하고 기묘하다. 직업을 판단하는데 있어 취상(取象)은 상당히 중요하다. 상(象)으로부터 직업 특징을 취하는 데, 이 점이 키포인트가 된다.

3 회사를 지배할 수 없는 주주

2008년 어느 날이라고 기억한다. 남방의 젊은이가 전화를 걸어와 나에게 직접 얼굴을 보고 판단해 줄 것을 요구해 약속시간을 정한 후 광저우에서 만났다. 아주 멋지고 잘생긴 젊은이였다. 외모를 보자마자 화이트 칼라임을 알 수 있었다.

몇 마디를 나눈 후 나는 그의 사주를 배열해냈다.

● 건조(乾造)

時	日	月	年
癸	戊	乙	癸
丑	辰	丑	亥

● 대운

30	20	10
壬	癸	甲
戌	亥	子

나는 그의 명국(命局)을 분석해서 말했다.

"당신의 과거의 일을 살펴보고 또한 사주 시간이 정확한지를 보기 위해 먼저 몇 가지 사항을 판단할 테니 대답해 주세요."

"알겠습니다. 말씀해 보시죠."

그는 웃으면서 대답했고, 나는 판단을 시작했다

① 당신의 학력은 높지 않다. 틀림없이 20세 전에 학업을 마쳤다.

② 명상(命象)을 보면 무역일 혹은 업무(業務) 관련 일을 하고, 하는 일은 틀림없이 금속기재와 관련되어 있고 유동형(流動型)에 속한다.

③ 내가 보기에는 유년(流年) 2002~2003년에 일을 시작했다.

④ 회사에서 틀림없이 매니저 혹은 관리자 직무를 담당할 것이고 중간 관리층에 속한다.

몇 가지 상황을 판단한 후, 그를 보면서 말했다.

"당신의 실제 상황을 말씀해 보세요."

"이것이 정말입니까?"

그의 눈은 줄곧 나를 보면서 말했다.

"그렇습니다. 내가 말한 상황이 정확한 것인지 아닌지 물어보고 있는 겁니다."

"어떻게 이렇게 정확하지! 이전에도 다른 사람한테 사주를 본 적이 있지만 선생이 말한 것처럼 그렇게 정확하지는 않았습니다! 내 학력은 중등학교를 졸업했을 뿐 2002년~2003년에 고향을 떠나 일을 시작했습니다. 처음에는 업무(業務)를 했고, 나중에 직업을 바꿔서 임원이 되었고, 게다가 업종은 핸드폰 기자재 쪽이었습니다."

그의 말을 다 듣고 난 후에 나는 팔자(八字)와 대조하면서 계속 판단했다.

"당신은 틀림없이 2005년에 직업을 바꿨고, 직업을 바꾼 후에 운이 이전보다 훨씬 좋기 시작해 재물운도 많이 좋아졌습니다. 당신은 2008년에 투자할 계획이 있는데, 틀림없이 회사주식에 투자할 생각을 가지고 있습니다."

"선생님 말이 정말 딱 맞습니다. 비록 이 회사에 투자를 하지는 않았지만, 회사를 그만두고 얼마 전 친구와 함께 심천에다 주식회사를 차렸기 때문에 확실히 투자를 했습니다."

그는 눈을 크게 뜨면서 대답했다. 그가 기뻐하는 모습을 보던 나는 잠시 생각한 후에 계속해서 말했다.

"당신이 투자한 회사는 상대방이 지분이 많고 당신 지분이 작아서 내가 보기에는 상대방이 회사를 장악했으며 당신은 소주주입니다."

일순 그는 휘둥그레진 눈으로 나를 보면서 말했다.

"정말 이것을 팔자에서 본 것입니까? 이것이 정말입니까? 정말 내가 회사를 장악할 수 없습니까?"

나는 그에게 정말이라고 말해 주었다.

"이것이 정말 내 운명인가! 며칠 전에 줄곧 이 일 때문에 친구와 협상을 했는데 오늘 내가 오기 전에 비로소 협의를 마쳤습니다. 결국에는 상대방 투자지분이 많기 때문에 그가 회사를 장악하게 됐습니다. 이 일 때문에 며칠 동안 잠을 이루지 못했는데 듣고 나니 차라리 마음이 편안합니다. 내 운명이 그렇다면 싸우지 않겠습니다."

그는 한숨을 내쉬면서 모든 것을 순순히 받아들이는 태도로 말했다.

사주를 여기까지 판단했다면 우리는 어떠한 일이든 모두 운명으로 정해져 있는 것이고, 누구도 바꾸기 어렵다는 이치를 알아야 한다. 그는 회사를 장악하고 싶은 마음이 강력했지만, 그럴 운명이 아니었던 것이다. 팔자 속에서 이런 정보를 완벽하게 얻을 수 있다.

팔자 분석

맹파이론을 논해 보면, 그의 팔자는 일주(日主)가 년(年)과 시(時)의 재(財)와 합(合)하니 이치대로 살펴보면 일주(日主)의 합재(合財)는 신강(身强)과 신약(身弱)한지를 봐야 하지만, 동시에 합(合)한 재성(財星)이 주공(做功)하고 있는지를 봐야 한다. 이 명중(命中)에 속한 재(財)는 축토(丑土) 식상고(食傷庫)를 포함하여 모두 주위(主位) 진묘(辰墓)에 들어가게 되어서, 이 팔자는 묘(墓)가 주공(做功)을 사용하는 방식이니 일주(日主)의 강약(强弱)을 볼 필요도 없이 재(財)를 얻을 수 있다.

그는 20세에 재물운이 있어서 틀림없이 배움은 많지 않을 것이고, 그래서 학업을 곧 끝냈다. 재운(財運)은 일을 해서 돈을 번다는 소식(信息)이다. 그가 2005년 을유년(乙酉年)에 직업을 바꾸는 것은 응기(應期)

의 간법(看法)이다. 을목(乙木)이 진토(辰土)를 대표하고, 을(乙)이 유금(酉金)에 앉아 진토(辰土)를 합동(合動)하니 틀림없이 직장을 옮긴다는 의미이고, 게다가 을목(乙木)은 관성(官星)이 허투(虛透)하는 상(象)이고, 주위(主位)로 합(合)하여 도달하니 의미는 그가 관리직임을 말해 준다.

그러나 2008년에 그가 사직할 거라고는 생각을 못했다. 해운(亥運)에 무자합재(戊子合財)하면 투자한다는 의미로 원국(原局)에서 재(財)가 모두 입묘(入墓)하고, 유년(流年) 무자년(戊子年)의 상(象)은 자기에게로 재(財)를 오게 하는 것이므로, 그는 다른 사람의 일을 하지 않고 나와서 동업하여 직접 자신의 일을 했다. 대운(大運) 유년(流年)은 자기와 합(合)한 고(庫) 중의 재(財)를 끌어내기 때문에 투자한다는 의미이다.

여기서 그로 하여금 가장 탄복하게 만들었던 것은, 그는 회사를 지배할 수 있는 사람이 될 수 없다는 것이었다. 왜냐하면 사주팔자의 조합이 우리에게 아주 명확하게 알려주고 있다.

사주팔자 조합

계(癸)가 해(亥) 위에 앉았기 때문에 빈위(賓位)의 재(財)가 중(重)하고, 상대적으로 계(癸)가 축토(丑土) 위에 앉았기 때문에 주위(主位)의 재(財)가 경(輕)하고 또한 반록(半祿)이다. 틀림없이 상대방의 투자가 많고 그는 적어서 소주주일 것이다.

빈주(賓主)이론과 경중(輕重)이 그는 지배주주가 아니라는 것을 우리에게 알려준다. 명리(命理)는 반드시 인생의 이치에 부합되기 때문에 이와 같이 정확하고 자세하게 판단할 수 있다.

4 하늘은 사람의 뜻대로 되지 않는다〔결혼〕

자고로 영웅은 미인과 어울리고 미녀는 준남을 찾지만, 서로 사랑하는 많은 사람들은 오히려 부부가 될 수 없고, 삼각관계에 있는 사람은 깊은 고통에 빠져 스스로 빠져나올 방법이 없다. 또한 애정이 깊은 사람은 안타깝게도 결혼을 할 수 없고, 애정이 없는 사람은 오히려 가족이 되기도 한다. 이처럼 인간사에는 불가사의하다고 생각되는 일들이 많이 발생하고 또한 불가피하게 마주하는 일들도 발생한다.

2007년 단선생과 함께 초대를 받은 나는 해외로 강연을 간 적이 있었다. 귀국 하루 전에 어떤 여사 한 분이 몇 명의 친구들과 함께 우리를 찾아왔다. 중간 키에 피부는 약간 검고, 평범한 옷차림에 큰 눈의 소유자로 아주 젊게 보였다. 우리에게 극진한 예의를 갖춰가며 '자신의 운명을 예측해주기를 희망한다'고 말했다.

사주는 다음과 같았다.

● 곤조(坤造)

時	日	月	年
丁	辛	丁	甲
酉	未	卯	辰

● 대운

46	36	26	16	6
壬	癸	甲	乙	丙
戌	亥	子	丑	寅

나는 사주를 잘 나열한 다음 단선생에게 보여드렸다. 선생님은 잠시 생각을 한 다음에 판단했다.

"당신의 운명을 보니 성격이 좋지 않고, 화를 잘 내고, 주로 다른 사람을 위해 주는 것은 많은데 기본적으로 돌아오는 것이 없습니다. 당신은 다른 사람을 위해 일을 했지만 다른 사람은 당신의 좋은 점을 읽지 못합니다. 게다가 스스로도 답답하고 괴로워 하지만 항상 다른 사람의 이해를 얻지 못합니다."

단선생의 말을 다 들은 그녀는 잇따라 고개를 끄덕였다.

"맞아요. 설마 저의 운명이 이런 건가요?"

이때 내가 그녀에게 말했다.

"당신의 팔자가 이런 조합이기 때문에 이런 일이 있는 것입니다. 나중에 일을 할 때도 생각을 넓게 가지고, 너무 지나치게 따지지 마세요."

그 순간 그녀의 표정이 약간 암담해하며 이런 결과를 들어서인지 매우 실망해하는 모습이 보였다.

"사업과 재물운 좀 봐주세요."

그녀는 다시 물었다

"당신의 운명을 보니, 여장부이고 능력도 뛰어나고 재물운도 매우 좋으니 틀림없이 자신의 사업을 할 것 같습니다."

내가 대답을 해주었다.

"당신은 사장이 될 운명이고, 당신이 할 사업은 틀림없이 목재와 관련되어 있을 것입니다."

그리고 단선생님이 보충해서 덧붙였다. 그녀는 다 듣고 난 다음에 또 눈이 휘둥그래져서 말했다.

"선생님, 뭔가 잘못되지 않았나요? 설마 여자인 제가 집에서 살림하면서 남편에 의지해 생활할 수는 없는 겁니까? 제가 왜 장사를 해야 하지요? 게다가 목재라니요?"

단선생은 웃으면서 대답을 해주었다.

"어쩔 수 없습니다. 이것이 당신의 운명입니다. 아무리 봐도 당신은 목재사업을 할 것이고, 또한 남자에게 기대어 살아갈 운명이 아닙니다."

매우 흥분한 그녀는 내심 기분이 좋지 않은 모양이었다. 자신이 그렇게 많이 노력했는데 오히려 보답은 얻지 못하고, 또한 남편을 보필하며 아이를 교육시키는 전통 가정주부가 되기를 매우 희망했는데 오히려 될 수도 없다니! 후에 그녀는 목재사업을 한다고 우리에게 알려주었다.

"그럼 제 결혼운에 대해 좀 봐주세요."

그녀가 말했다.

"당신의 결혼운은 좋지 않습니다. 이혼을 하고 싶어도 할 수 없고, 평생 감정 문제 때문에 괴로워할 것이고, 얻고 싶어 하는 것도 똑같이 얻을 수 없고 오히려 남자한테 견제를 받게 됩니다. 설령 당신이 남자에게 더 많은 것을 준다 하더라도 결국에는 남자들한테 좋다는 말은 듣지 못할 것입니다. 당신은 사랑 때문에 힘들어 하고, 평생 남자들의 진정한 사랑을 받지 못할 것입니다."

단선생이 대답을 해주었다. 그녀는 단선생의 말을 듣고 난 후에 급기야 눈물을 쏟고 말았다. 손수건으로 눈물을 닦은 그녀는 얼마가 지난 후 마음이 진정되고 나서야 비로소 말문을 열었다.

"왜 그런 거죠? 설마 제가 노력해도 저를 진정한 마음으로 대하는 남자를 얻을 수 없다는 건가요?"

> **사주팔자 조합**
>
> 그녀의 팔자는 관살(官殺)을 남자로 보면 칠살이 양쪽에 걸려 있고, 재생살(財生殺)이 기(忌)가 되어서 평생 감정 문제 때문에 괴로워하고 행복한 결혼은 얻을 수 없다.

"너무 슬퍼하지 말아요. 우리가 봤는데, 당신의 결혼은 이미 유명무실하답니다. 먼저 감정을 잘 추스르고 나서 결혼을 생각하세요."

나는 그녀에게 말했다. 그녀는 침묵했다.

당시 그 자리에는 그녀의 친구들도 있었기 때문에 말하기가 쉽지 않았을 것이다. 나중에 그녀는 나를 한쪽으로 불러내어 울면서 말했다.

"선생님이 보기에 저는 이혼을 하지 않을 수 없나요? 진심으로 저를 대하는 남자를 만날 수 없나요?"

나는 그녀에게 위로의 말을 건넸다.

"저도 당신이 곤경에서 벗어날 수 있도록 도와주고 싶습니다만, 당신의 팔자조합이 그렇기 때문에 정말 어렵습니다. 당신이 찾는 남자는 당신의 돈을 쓰고 당신이 힘들게 벌어온 재물은 다 그들에 의해 잃게 됩니다. 그러니 앞으로 생각을 넓게 가지고 생활하세요. 그리고 자신을 너무 괴롭히지 마세요. 46세 이후에는 좋아질 것이고, 고생할 필요도 없습니다. 당신을 진심으로 대하는 남자를 찾을 수 없을 것이고 게다가 결혼을 한다면 아마 이혼하게 될 것입니다."

"정말, 이혼을 한다고요?"

그녀가 물었다.

"아마 50세 이후가 될 것입니다."
나는 그렇게 대답을 해주었다.

그녀의 운명을 상세히 분석해보자.

운명 분석

이 사람의 성질이 나쁜 것은 칠살(七殺)이 왕성하기 때문이다. 시상(時上)의 록(祿)이 칠살(七殺)을 이끌면 일반적으로 성질이 좋지 않고, 화를 잘 낸다. 일주(日主)가 좌하(坐下)에 재고(財庫)가 불개(不開)하고 또한 년상(年上)의 진고(辰庫)에 들어가고 게다가 년상(年上)의 갑진(甲辰)은 인(印) 위에 재(財)를 가지고 있고 또한 시상(時上)의 록(祿)을 합(合)하기 때문에 이 재(財)는 자신의 것이다.

단선생은 일찍이 우리를 가르치면서, 좌하(坐下)에 재고(財庫)는 반드시 개(開)해야 비로소 쓸모가 있다. 만약 고(庫)가 불개(不開)하면 묘(墓)가 되고, 묘(墓) 속의 것은 사용할 방법이 없다. 이 명조는 비록 닫혀 있는 고(庫)를 열어주는 축미충(丑未沖)은 없지만, 월시(月時)에 묘유(卯酉) 상충(相沖)이 있는 것을 봤다면 옆에서 고(庫)를 열었다는 것을 나타낸다. 묘(卯)를 고(庫) 속에서 끌어낸 재(財)로 간주하고, 유금(酉金)은 자신을 대표한다. 묘유(卯酉) 상충(相沖)은 축미충(丑未沖)을 대표하기 때문에 재고(財庫)가 열리고, 자신의 사업을 해서 재물을 모은다는 의미이다.

목재사업 판단

단선생이 그녀가 목재사업을 한다고 판단한 것은 묘목(卯木) 재성

(財星)의 상(象)을 취해서 그녀의 사업을 논한 것이다. 묘(卯)의 본질은 음목(陰木)이지만, 년상(年上)의 진(辰)을 만나면 천(穿)이 되어 반대가 되면서 양목(陽木)으로 보아야 하기 때문에 목재사업을 하는 것이다.

결혼 판단

이 여자는 왜 이처럼 결혼이 힘들까? 여명(女命)의 결혼은 관살(官殺)을 부(夫)로 삼는데, 이 팔자는 월상(月上) 정화(丁火)로써 부성(夫星)을 보고 앉은 자리 묘목(卯木)과 부처궁이 공합(拱合)한다. 갑자운(甲子運)은 부궁(夫宮)이 천(穿)을 당하고, 자묘(子卯) 또한 재성(財星)을 파(破)했다. 여명(命)의 재(財)는 주로 감정인데, 부성(夫星)의 원신(原神)이 되고 식신(食神)이 주로 자신의 생각을 결정하기 때문에 갑자운(甲子運)은 결혼할 수 없고, 계해운(癸亥運)이 되어서야 비로소 결혼할 수 있지만 이미 상당히 늦었다.

그러나 팔자에서 천간(天干)이 계운(癸運)일 때 계수(癸水) 식신(食神)은 갑목(甲木) 재성(財星)을 생(生)하고, 갑(甲)은 또 정화(丁火) 칠살(七殺)을 생(生)하고, 칠살(七殺)은 부(夫)인데 일주에 붙어 극신(克身)해서 이런 결혼은 모두 이상적이지 못하다. 왜냐하면 살(殺)은 제화(制化)되어야 비로소 길(吉)이 되기 때문이다. 그러나 이 여성은 월(月)과 시(時)에 쌍살(雙殺)로 극신(克身)해서 그녀가 평생 사랑으로 곤혹을 치르고 남성을 위해 많은 것을 지불한다는 것을 나타내고, 게다가 그녀를 도울 수 있는 혹은 그녀한테 잘해 주는 남자가 없다는 것을 나타낸다.

사실 재생살(財生殺)이 기(忌)되는 여자의 운명은 모두 유사한 감정 처지에 있다. 단지 그녀는 쌍살(雙殺)로 협극(夾克)이니 더욱 심한 상태이다. 그래서 그녀의 결혼이 이런 결과일 수밖에 없다고 예측한 것을 듣고 더욱 마음 아파했다. 이것은 명중(命中)에 이미 결정되어 있는 것이다.

우리에게 준 깨달음은 운명은 바꿀 수 없다는 것이다.
누구나 행복한 결혼 생활을 기대하지만, 바람대로 될 수 있는지의 여부는 자신이 어떻게 노력하느냐에 있는 것이 아니라 운명의 안배(安排)에 있는 것이다.

전화를 받고 예측한 한 여인의 팔자

● 곤조(坤造)

時	日	月	年
己	丙	丁	乙
丑	戌	亥	巳

● 대운

43	33	23	13	3
壬	辛	庚	己	戊
辰	卯	寅	丑	子

그녀의 문제는 혼인과 사업이었다. 나는 일정을 잡아 그녀와 통화를 하면서 분석한 것을 말해 주었다.
"당신의 사주는 내가 보기에 아직 정식으로 결혼하지 않았고, 당신의 예전에 지나간 것은 모두 도화운(桃花運)이었고 게다가 당신이 찾은 모든 남자들은 결혼해서 이미 가정이 있는 남자이거나, 이혼은 했지만 또 다른 여인이 있는 남자들입니다."
잠시 침묵하던 그녀는 이내 말문을 열었다.
"선생님, 그럼 선생님이 보기에 제가 이전에 만났던 남자친구는 언제 나타난 것입니까?"

그녀는 일부러 나에게 물었다. 이런 일은 자주 겪는 일이었다. 그때 나는 대운(大運)을 결합해서 봤는데, 그녀는 경인운(庚寅運)에는 결혼하지 않을 것이고, 또한 연애 상대도 없었을 것이다.

결혼 판단

왜냐하면 팔자에 해(亥)는 남편인데 투출(透)한 정화(丁火) 겁재(劫財)가 와서 남편을 쟁탈하는 것을 좋아하지 않기 때문이다. 정해(丁亥)가 자합(自合)을 이루기 때문에 경인운(庚寅運)에 재성(財星)은 절지(絶地)에 있고, 인해(寅亥)가 관(官)을 합(合)했지만 오히려 록(祿)을 천(穿)했기 때문에 남자와 사귀는 것은 불가능하다.

신묘운(辛卯運)을 다시 보면, 병신(丙辛)이 재성(財星)을 합(合)하고 재(財)는 여자의 감정이 된다. 그래서 그녀는 남자를 찾기 시작하고, 신(辛)의 좌(坐)에 있는 묘(卯)가 해관(亥官)을 합(合)하기 때문에 나는 유년응기(流年應期)라 판단했고, 틀림없이 경진년(庚辰年)·신사년(辛巳年)에 재성(財星)이 나타나면 남자친구를 사귄다고 한 것이다.

나는 그녀에게 말했다.

"2000년 혹은 2001년 이 두 해에 남자친구를 사귀었고 게다가 이 남자들 또한 틀림없이 결혼한 적이 있는 사람이군요."

그녀는 다급한 목소리로 말했다.

"정말 대단하시네요. 다 맞아요. 2000년에 사귄 첫 번째 남자는 이혼한 사람이에요. 어떻게 된 일인지 만나는 사람들마다 모두 유부남들이

에요."

"이것이 당신의 운명입니다. 단지 나는 당신의 사주를 보고 당신의 일을 판단할 뿐입니다. 내가 보기에는 이 남자와는 결혼하기 힘들 것 같고 43세 때 헤어진 것 같지만 당신의 감정은 모두 이 남자에게 가 있기 때문에 결국에는 자신에게 상처를 주었을 것입니다."

그녀가 대답했다.

"맞아요. 저는 진심으로 최선을 다했는데 결국에는 아무런 결과도 없었어요. 현재 다른 남자친구와 교제하고 있는데, 선생님이 보기에 결과가 있을 것 같습니까?"

그녀는 지금 임수(壬水) 대운(大運)으로, 이것은 전형적인 비겁(比劫) 쟁부(爭夫) 대운(大運)인데 어떻게 결혼할 수 있겠는가?

나는 대답을 해주었다.

"당신이 지금 만나고 있는 남자는 이혼한 사람일 것이고 게다가 다른 여자가 있는 것으로 보이는데, 당신 한 사람과 만나는 것이 아닐 것입니다. 두 사람 사이에는 아무런 결과도 없을 것입니다. 그리고 그는 전혀 결혼을 하고 싶어 하지 않습니다(나는 참고로 남자의 팔자를 봤다). 가능한 빨리 그 남자와 헤어지는 것이 좋겠습니다. 물론 결정은 당신 스스로 해야겠지만 말입니다."

그녀는 다 듣고 나서 매우 놀랍다는 목소리로 말했다.

"선생님, 제가 사람을 제대로 찾은 것 같습니다. 선생님이 판단한 것이 정말 정확합니다. 전에도 자주 팔자(八字)를 본 적이 있는데 선생님처럼 이렇게 상세하게 말해 준 사람은 없었습니다. 제가 지금 만나고 있는 남자는 다른 여자가 있는데 함께 살고 있습니다. 게다가 그는 진작에

다시는 결혼하고 싶지 않다고 저에게 말한 적이 있습니다."

나는 이 이야기를 듣고 무슨 말을 해야 좋을지 몰랐다.

모든 것은 운명이고 사람이 할 수 있는 것은 아무것도 없다. 이 여자는 단지 남자를 찾아 결혼하고 싶어 하지만 그러나 그녀가 찾은 남자들은 모두 다른 사람의 것이고, 모두 삼각관계이며, 더욱 마음 아픈 것은 이 남자는 아직은 결혼하고 싶어 하지 않고 다른 여자와 함께 산다는 것이다. 정말 운명이다!

"그러면 결혼할 수 있는 남자를 찾을 수 있을까요?"

그녀가 물어왔다.

"서두르지 마세요. 운이 아직 되지 않았습니다. 당신은 현재 43세 임진(壬辰) 대운(大運)이니 48세 때 결혼할 수 있습니다."

나는 천천히 그녀에게 말해 주었다.

"48세가 되어야지만 결혼할 수 있는 겁니까? 이혼할 수도 있습니까? 어떤 남자를 찾게 될까요?"

나는 있는 대로 말을 해주었다. 결국 그녀는 희망을 들었고, 그녀가 48세 이후에는 정말 안정적인 결혼이 있기를 희망한다.

인생에서 추구하려는 것은 단지 재(財)와 관(官)이고, 재(財)는 재물을 나타낼 뿐만 아니라 남자에게 있어 여자를 대표하고 여자에게 있어서는 감정을 나타낸다는 단선생의 강의를 기억한다.

이 여자의 행운(行運)은 모두 재성(財星)이 허투(虛透)한데 어떻게 결혼할 수 있겠는가? 또한 해수(亥水) 부성(夫星)과 술토(戌土) 부궁(夫宮)과의 관련성이 발생하지 않았고 게다가 겁재(劫財)가 높이 드러나 관살

(官殺) 위에 좌(坐)해서 전혀 진정으로 자신에게 속한 남자는 없다.

또한 시상(時上) 축토(丑土) 안에 장재(藏財)하기 때문에 술(戌)의 형(刑)에 의해 열리고, 도화(桃花)만 있고 혼인은 없다. 왜냐하면 축술형(丑戌刑) 또한 혼인궁(婚姻宮)을 파괴했기 때문이다.

② 맹파실전(盲派實戰)의 예(例)

2007년 11월 말, 나는 광저우에서 제1차 제자반을 연 적이 있었다. 학생들의 학습 수준을 점검하고 향상시키기 위해 2007년 12월 6일부터 9일까지 특별히 4일 무료 예측(상담)활동을 열었다. 이것은 대외적으로 공개한 것이기 때문에 광저우의 수많은 학생들 외에도 각지에서 많은 예측(상담)을 원하는 사람들이 몰려들었다. 심지어 홍콩에서도 왔다. 대략 30여 명의 사람들이 직접 예측(상담)을 받았고, 2일 동안에 찾아온 사람들이 너무 많았기 때문에 많은 손님들은 예측(상담)을 받지 못했다.

나는 활동의 전 과정을 거의 참여했고, 단지 하루 중 오후는 다른 일이 있었기 때문에 현장에 참석하지 못했다. 이번 대외적인 예측(상담)은 나와 학생들 모두에게 아주 큰 향상이 있었다.

우리는 맹파명리(盲派命理)가 확실히 검증을 이겨낼 수 있다는 것을 유쾌한 마음으로 지켜보았다. 상담을 하러 온 대부분의 사람들은 정확한 상담을 받았을 뿐만 아니라 소수에 한해서 충분한 상담을 받지 못한 사람들도 나중에 완전한 설명을 들을 수 있었다. 현장에 있던 수많은 역우(易友), 학생과 상담하러 온 사람들은 우리들의 판단 수준을 증명해

주었다.

　실전연습이었기 때문에 가능한 모든 운명을 자세히 판단했다. 예를 들면 직업, 부모, 결혼, 재물운, 자녀, 일, 유년(流年) 상황 등 모든 사람들이 판단하기를 원해서 학생들에게 잘못 판단하는 것을 두려워하지 말고 자신 있게 판단하라고 요구했다. 사실은 실제 운명을 판단하는 중에는 그렇게 많은 내용을 판단할 필요는 없다. 직업에 대한 판단은 모두에게 해주었는데, 검증상황은 매우 놀라울 정도로 정확했다.

　나는 모든 학생들에게 한 편의 총정리 보고서를 쓰라고 했다.

　다음의 예들은 학생들의 현장 운명판단기록을 선별해서 정리하고 평가를 더한 것들이다.

1 현장 실전 명례(命例) 1

◉ 비참한 첩자 _춘풍화우(春風化雨)의 기록(記錄)

　최근 광동 양강에서 사람의 마음을 기쁘게 해주는 큰 일이 발생했다. 국가공안부의 한 부부장(副部長)은 사전에 무명(茂名)에 가서 야영훈련을 하겠다고 밝힌 무장경찰 200명을 인솔해, 양강에 모여 식사를 하고 있는 악명 높은 추두립(錘頭笠) 로미흠(鹵味欽) 조직폭력배를 일거에 소탕했다. 이 소식은 사람들의 마음을 통쾌하게 해주었고, 또한 양강 사람들의 승리일 뿐만 아니라 전 국민의 정의의 승리이기도 했다. 조직폭력배를 소탕하는 것은 공안이 물론 큰 공을 세웠지만, 만약에 스파이 공안의 노고가 없었다면 조직폭력배는 제거하기 어려웠을 것이다.

요 며칠 동안 나는 운명세미나에서 이번 사건과 관련 있는 사주를 찾았는데, 해천(海天)이라고 부르는 역우(易友)가 사주를 제공해 주었다. 사주를 자세히 살펴본 나는 광저우에 가면 단선생에게 이 사주를 보여주려고 했었다.

나는 이 사주를 단선생에게 물었다. 사주는 노트에 기록했는데, 시험을 위해 나는 그것을 종이 위에 베끼고 나서 말했다.

"선생님, 여기에 특별한 사주가 있는데 좀 봐주세요."

단선생이 앉은 다음 하천(夏天), 쌍비(雙飛), 역해십패(易海拾貝)와 나는 선생님 옆에 둘러 앉아 이 사주에 대한 훌륭한 판단을 경청했다.

● 건조(乾造)

時	日	月	年
丙	癸	壬	丁
辰	丑	寅	巳

● 대운

38	28	18	8
戊	己	庚	辛
戌	亥	子	丑

"이 사람이 뭐 하는 사람이죠?"

내가 물었다. 잠시 생각에 잠기던 단선생은 이내 말문을 열었다.

"약간의 공문(公門)이 있지만, 완전하지 않고 가양(假陽)이다."

옆에 앉아 있던 나는 마음이 조급해져서 선생님의 다음 말을 기다리고 있었다.

선생님은 좀 더 생각을 하는 듯하더니 한마디를 던졌다.

"보안대 대장인가?"

나는 살며시 미소를 띠며 재미있다고 생각했다.

왜 선생님은 '공안'이라고 말하지 않았을까?

"아직 정확하지는 않습니다만, 비슷합니다."

내가 대답했다. 내가 기대하는 것은 물론 가장 정확한 대답이었다. 선생님은 또 한 번 생각에 잠기었다.

"양(陽)이 부족한데, 조직폭력배 같지도 않고, 스파이 공안인가?"

선생님의 말을 들은 나는 너무 기뻤다. 왜냐하면 설령 현대사회에 수많은 업종이 있지만 맹파명리 체계로 아주 정확하게 판단했기 때문이다. 특히 이런 특징의 업종을 명확히 판단했기 때문에 더욱 그렇다. 솔직히 말하면, 이 팔자는 매우 어려운 팔자는 아니라고 생각했다. 세미나에서 이 팔자가 '스파이 공안'이라는 것을 알고 난 후에 나는 그가 언제 공안에 들어갔고, 어느 해에 스파이가 됐는지, 어느 해에 신분이 노출돼서 사고가 발생했는지를 전부 맞추었다.

당연히 직업과 사업 이외에도 그는 또한 다른 일도 있었는데, 맹파(盲派)이론을 사용해서 모두 완전하게 판단할 수 있었다.

그렇다면 그는 어느 해에 공안이 되었고, 언제 스파이가 되었으며, 어느 해에 사고가 났었는지 살펴보자.

실제상황은 무인년(戊寅年)에 공안이 되었고, 무관(戊官)이 허투(虛透)하여 합신(合身)하고 인축(寅丑) 또한 합(合)하는데 인(寅)은 공문(公門)이 되니 공안이라는 직업의 시작을 대표한다.

어느 해에 조직폭력배가 됐느냐는 많이 생각할 필요도 없다. **틀림없이 겉모습만 바꾼 改頭換面 개두환면 해일 것이고 양(陽)에서 음(陰)으**

로 바뀌었을 때, 다시 말해 표면의 '양(陽)'이 숨어들어 갔을 때이다. 신사년(辛巳年), 신(辛)이 병(丙)을 합(合)하고 인(寅)이 사(巳)를 천(穿)하고, 사(巳)는 또 축(丑)까지 공합(拱合)해서 이 해(年)가 틀림없이 공안모자를 벗고 제복을 벗고 이름을 숨겨서 적진으로 깊이 들어갔던 시기였다.

언제 스파이 신분이 노출되었을까?
유년(流年)을 보고, 나는 갑신년(甲申年)이 매우 나쁘다고 판단했다. 일반적으로 말하면, 조직폭력배 일원으로서 먹고 마시는 것은 걱정거리가 없지만, 갑신년(甲申年)에 인(寅) 은 공안인데 천간(天干)에 허투(虛透)해서 틀림없이 이 해에 신분이 드러나서 사고가 발생했을 것이다.

신분이 노출되자 조직폭력배 대장은 사전에 공안이 알 수 있도록 일을 꾸몄다. 이때 그가 얼마나 처참했는지는 가히 짐작하고도 남음이 있다. 아무것도 모르던 그는 강도 짓을 하러 갔고 그곳을 지키고 있는 동료 공안에게 잡히게 되었던 것이다. 벙어리 냉가슴 앓듯 하던 그는 2005년에 무기형을 선고받았다.
다행이 하늘이 도와서 양강의 조직폭력배가 소탕되어진 후에 그의 중형 또한 의제로 채택됐다. 그의 다음 운은 양(陽)이어서 그가 다시 바깥 세상을 볼 수 있기를 기대한다.
러시아 속담에 '신분이 노출된 스파이들의 최후가 가엾다'라는 말이 생각난다. 설령 그가 짧은 기간 동안 감옥살이를 한다 하더라도 우리는 내심 불안해했다.

> **저자 총평**
>
> 목화(木火)는 양(陽)이고, 금수(金水)는 음(陰)이다. 음포양국(陰包陽局)이 있고 또한 양포음국(陽包陰局)도 있다. 이 운명은 양포음국(陽包陰局)이지만 양(陽)이 확연하게 부족하고 특히 천간(天干)의 양기(陽氣)는 음(陰)을 이길 수 없다. 반대로 음(陰)에 의해 만들어지는 근심이 있는데, 마지막에 스파이가 감옥에 잡혀가기 때문이다.

나에게는 정규 경찰의 명(命)이 있는데, 앞의 사주와 비교해보자.

● 건조(乾造)

時	日	月	年
戊	乙	丙	戊
寅	丑	辰	申

> 양포음국(陽包陰局), 지지(地支) 양기(陽氣)는 비록 부족하지만 천간(天干) 양(陽)이 음(陰)을 덮어서 국상(局象)을 보면, 양(陽)이 음국(陰局)을 이기고, 인(寅)이 공문(公門)을 만들어서 경찰관이 될 수 있었다.

학생 춘풍화우(春風化雨)가 스파이가 된 시간과 감옥에 들어간 시간에 대한 판단한 것은 정확했고, 또한 응기(應期)에 대해서도 잘 이해하고 있다.

2 현장 실전 명례(命例) 2

● 엄청난 재산이 한순간에 없어지다 _한거고인(閑居故人)의 기록(記錄)

2007년 12월 6일 이른 아침, 자리에 앉자마자 세 명의 선생이 운명을 판단하려고 들어왔다. 그중 왕선생의 사주는 다음과 같았다

● 건조(乾造)

時	日	月	年
戊	丙	壬	己
戌	辰	申	酉

● 대운

61	51	41	31	21	11	1
乙	丙	丁	戊	己	庚	辛
丑	寅	卯	辰	巳	午	未

"재관(財官)이 고(庫)에 임(臨)하면 형충(刑沖)을 희(喜)하는데, 병무(丙戊)가 일가(一家)이고, 무(戊)를 사용해야……."

학생들이 너도나도 한마디씩 하고 있을 때 언명(言明)선생이 말했다.

"이 사주는 현재 아주 좋지 않다. 틀림없이 입는 것을 만들 것이고 공장을 연 사람일 것이다."

또 어떤 사람은 다음과 같이 말했다.

"년주 기토(己土)는 신발의 상(象)이어서 신발 만드는 사람일 것이다."

그때까지 조용히 경청하고 있던 왕선생이 참지 못하고 나섰다.

"나는 신발공장을 하는 사람으로, 진운(辰運)이 좋지 않은데 어느 해가 가장 좋지 않은지 봐주세요."

언명(言明)선생과 몇 명의 학생은 모두 다음과 같이 말했다.

"경진년(庚辰年)이다, 틀림없이 2000년에 큰 재물의 손실을 보았을

것이다!"

그때 단선생이 정확히 봤다며, 왕선생한테 확인해 보라고 했다.

"당신들은 아주 정확하군요! 그렇다면 내가 2000년도에 왜 재물의 손실을 보았는지 봐주시겠습니까?"

왕선생은 평온한 목소리로 물었다.

"당신은 아주 이상하게 재물의 손실을 봤군요. 모든 것들이 하루아침에 무너졌는데, 틀림없이 두 가지 가능성일 겁니다. 하나는 화재로 인한 것이고, 다른 하나는 집이 무너진 것으로 보입니다."

단선생은 대답을 해주었다.

"맞습니다, 맞아요. 화재로 인해 모든 물건은 타버렸고, 마지막에는 공장까지 무너져서 30억원 정도의 손실을 봤습니다."

침울한 표정으로 말하는 왕선생의 모습은 마치 사업에 치명적인 재난을 가져다 준 화재를 회상하고 있는 것처럼 보였다. 그는 혼잣말처럼 중얼거렸다.

"평상시에는 보험을 들었는데 때마침 그 며칠은 보험회사를 바꾸고 나서 보험을 들지 않았더니……. 설마 정말 운명이라는 것이 존재하는 건가?"

우리들 또한 마음이 아팠다. 30억원이라는 금액은 작은 액수가 아니다. 대운(大運)을 보니 진운(辰運)은 곧 끝날 것이고, 2년 후면 정묘운(丁卯運)에 들어가서 상황은 크게 바뀔 것이다.

단선생은 그에게 위로의 말을 건넸다.

"2년이 지나면 좋아질 것이고, 병인운(丙寅運)에 또한 큰 발전이 있을 것입니다."

나중에 우리는 단선생에게 왜 화재와 건물붕괴를 판단했는지 물었다.
"음양(陰陽)의 양상(兩象)은 문제가 술(戌)에서 생기고 술(戌)은 화재이고, 무술(戊戌)은 건물이다."

단선생이 대답을 해주었다

저자 총평

병(丙) 일주(日主)가 무술(戊戌)을 봤을 때, 무술(戊戌)이 명국(命局)에서 왕성하든 쇠하든 관계없이 모두 사용해야 한다. 병무(丙戊)가 일가(一家)되고, 병무(丙戊) 또한 반(半) 록(祿)의 관계이기 때문이다. 팔자는 무술(戊戌)을 사용하여 제살(制殺)하니 공(功)이 되고, 무진(戊辰) 대운(大運)으로 행(行)하는 것이 가장 두렵고, 게다가 경진년(庚辰年)을 만나면 틀림없이 흉(凶)이 응(應)할 것이다.

③ 현장 실전 명례(命例) 3

● **경전의 직업 판례** _ 한거고인(閑居故人)의 기록(記錄)

12월 7일, 6~7명이 방문해서 자문을 해주었는데 모든 판단 사례가 매우 훌륭했다. 그리고 거의 11시쯤 되었을 때 두 명의 여자와 두 명의 남자가 방문했는데, 그중 우람한 체격의 남자가 자리를 잡고 앉아 팔자를 봐달라고 했다.

"맹파(盲派)가 직업을 잘 맞춘다고 하던데, 먼저 제가 무엇을 하는 사람인지 봐주십시오."

그 남자가 알려준 생일은 1976년 음력 8월 초하루 사시(巳時)로, 자신이 태어난 시(時)를 정확히 말하는 것으로 보아 명리(命理)에 대해서 알고 있는 것처럼 보였고, 적어도 사주[算命]를 여러 번 본 적이 있는 사람 같았다.

남자의 사주는 다음과 같았다.

● 건조(乾造)

時	日	月	年
己	己	丁	丙
巳	卯	酉	辰

● 대운

45	35	25	15	5
壬	辛	庚	己	戊
寅	丑	子	亥	戌

묘진(卯辰) 천(穿)을 보고서 내가 분명히 관(官)은 아닌데…… 하고 운을 띄운 뒤 자세한 상(象)은 단선생에게 부탁했다.

"이 팔자는 법을 집행하는 부문의 상(象)이지만 정식으로 국가의 법을 집행하는 기관은 아니다."

단선생이 말했다.

"그럼, 보안회사입니까?"

내가 물었다.

"아니다. 그와 유사한 단체이지만 그러나 사기업이다."

그때 어두웠던 얼굴이 밝아지면서 장선생이 말했다.

"저는 개인 보디가드입니다. 예전에는 제 직업을 맞추는 사람이 없었습니다"

솔직이 말하면, 개인 보디가드를 보는 것은 처음이다. 팔자 상법(象法)

의 신기하고 심오함을 다시 한 번 깊이 느꼈다.

"부모와의 연(緣)이 얕으며 다른 사람에게 보내지 않으면 아버지가 일찍 돌아가셨습니다."

단선생이 말했다.

"저는 태어나자마자 다른 사람에게 보내졌는데 열 몇 살 때 양아버지께서도 돌아가셨습니다."

남자가 대답했다.

"사주에 딸이 있는데, 2002년 임오년(壬午年)에 아이가 있어 결혼을 한 것으로 보입니다."

단선생이 판단했다.

"맞습니다. 아내가 임신한 후에 결혼했고, 그 해에 아이를 낳았는데 딸이었습니다."

남자가 말했다.

"금년에 부모에게 병재(病災)가 생겨 틀림없이 아버님의 간에 병이 났을 것입니다."

단선생은 계속해서 판단했다.

"아버지는 간암으로 입원을 했고 어머니도 입원을 했습니다."

단선생은 다시 상세하게 분석을 하고 나서 말했다.

"2000년은 경진(庚辰)으로 이 해에는 잠시 감옥의 재(災)가 있고, 게다가 다른 사람과 연루되는 일이 있는데 여자와 관련이 있습니다."

"맞습니다! 싸움 때문에 다른 사람 일에 연루됐는데, 제 친한 친구의 아내가 사건을 초래해서 한 달 동안 구류되었습니다."

남자가 대답했다.

옆에 있던 사람들 모두 맹파명리(盲派命理)가 이렇게까지 상세하게 판단할 수 있다는 신기함에 전율을 느꼈다.

> **저자 총평**
>
> 이 사주 또한 양포음국(陽包陰局)이고, 묘유(卯酉)의 충(沖)이 식신제살(食神制殺)이니, 법 집행의 의미가 있지만 인(寅)이 없으면 공문(公門)에 들어갈 수가 없다. 그래서 개인 보디가드라고 확정한 것이고, 당연히 보안회사의 매니저라고 판단한 것도 맞다. 이 두 종류의 직업은 이 팔자의 상(象)과 부합(合)한다.
>
> 팔자는 묘유(卯酉) 충(沖) 주공(做功)이 기쁘고(喜), 묘진(卯辰) 천(穿)은 싫어하고(不喜), 진(辰)은 사화(巳火)를 흐리게 할 뿐만 아니라 살성(殺星)과 불합(不合)하니 대항함이 되고, 또한 비겁(比劫)이 무리를 이루는 뜻이다. 그러므로 위법성(違法星)이고, 틀림없이 경진(庚辰)년에 죄를 저지른다. 진(辰)은 빈위(賓)에 있으니 주로 타인의 연루를 나타내고, 또한 대운(大運)이 진(辰) 중에 재(財)를 끌어(引)내기 때문에 여자와 관련이 있다. 원국(原局)은 양(陽)이 음(陰)을 이길 수 있기 때문에 뇌재(牢災)는 길지 않아 한 달 후에 나왔다라고 한다.

4 현장 실전 명례(命例) 4

● 비겁상관고(比劫傷官庫)가 불충(不沖)하면 평생 직업이 무엇일까?

_한거고인(閑居故人)의 기록(記錄)

12월 8일 이른 아침, 양복을 입은 두 신사가 찾아왔다. 그들은 앉자마자 이미 배열(排)을 끝낸 사주 명판(命盤)을 꺼내놓고 맹파(盲派)의 큰 명성을 들었기 때문에 일부러 찾아왔다고 했다.

보아 하니 동종업자인 것 같았다. 왜냐하면 그들의 시선과 말 속에서 약간 자세히 따져 물어 보는 감이 있었기 때문이다. 그중에 이선생이라는 사람이 먼저 사주를 말했다.

● 건조(乾造)

時	日	月	年
庚	庚	庚	癸
辰	辰	申	丑

● 대운

52	42	32	22	12	2
甲	乙	丙	丁	戊	己
寅	卯	辰	巳	午	未

이 사주는 비겁상관(比劫傷官)의 조합이다. 사주 가득히 모두 음(陰)만 있고 양기(陽氣)는 없다. 팔자의 공(功)을 보니 축묘(丑墓)에 신(申)이 들어(入)가고, 묘고(墓庫)가 또 열리지 않아 명(命) 속에 재(財)와 관(官)이 없다.

어떻게 시작을 해야 할지 몰라 학생들이 잠시 머뭇거리고 있을 때 어떤 학생이 입을 열었다.

"아마 다른 사람과 동업해서 장사하는 사람으로 보입니다."

"맞습니다."

이선생이 대답했다.

"틀림없이 금융의 명(命)이고, 싸게 사서 비싸게 파는 동향이 있고, 또한 전매하고 하니 아마도 은행일 것입니다."

학생이 또 판단했다. 하지만 이선생은 생각에 잠긴 듯한 얼굴로 고개를 흔들고 아무 말도 하지 않았다.

이때 단선생이 입을 열었다.

"이것은 틀림없이 투자사업을 하는 것입니다. 자산을 잘 포장해서 전매해 돈을 버는 것입니다."

그제야 이선생이 대답했다.

"저는 투자사업, 다시 말해 중개사업을 합니다. 이쪽에서 사들여 포장해 다른 쪽에다 파는 일입니다. 정부와 상업계 사이에서 중개를 하지요. 예전에 많은 대사(大師)를 찾아 사주〔算命〕을 봤지만, 아무도 저의 직업을 판단하지는 못했습니다."

학생들은 국면(局面)이 열리는 것을 보고 잇따라 혼인과 재운(財運)을 판단했다. 어떤 학생은 이 명은 틀림없이 1997년 정축년(丁丑年)에 결혼할 것이라고 했고, 어떤 학생은 무인년(戊寅年)년에 다시 바뀌는〔更〕 상(象)이라고 했다.

"틀림없이 1999년 기묘년(己卯年)에 결혼했을 것입니다."

단선생이 말했다.

"사부는 역시 사부시군요. 맞습니다. 1999년에 결혼했습니다. 그러면 어느 해에 아이를 낳을지 다시 한 번 봐주시지요."

이선생은 웃으면서 물었다.

"2002년 아니면 2003년이로군요."

단선생의 말에 상대방은 '2003년'이라고 했다. 그런 다음 이선생은 덧붙였다.

"저의 명을 옳게 판단하는 사람이 거의 없었는데…… 사실은 제 팔자

는 많은 것을 겪었습니다. 이 경험은 일반 대사가 판단해 낼 수 있는 것이 아니지요. 당신들이 판단해 낼 수 있다면 고수 중에 고수입니다."

"그렇다면 2003년은 어땠는지, 무슨 일이 있었는지 봐주십시오."

이선생이 말했다. 그 해에는 틀림없이 좋지 않은 일이 있었을 것이고, 유년반국(流年反局)으로 인해서 상관(傷官)은 상재(傷災)가 있다는 것은 많은 학생들이 맞추었다.

"틀림없이 교통사고이며, 자신의 다리에 부상을 입었을 것입니다."

어떤 학생이 말했다.

"만약에 상재(傷災)가 있으면 어디를 부상당했으며, 다리라면 어느 쪽 다리를 말하는 것입니까?"

이선생은 마치 시험하듯 반문했다.

"오른쪽 다리로군요."

잠시 보던 단선생이 말했다.

"역시 사부가 대단하시네요. 제 생일날 교통사고를 당했기 때문에 그것을 평생 잊지 못한답니다."

그러면서 이번에는 1998년은 어땠는지 봐달라고 했다.

"이 해는 틀림없이 나쁜 해입니다. 먼저 여자친구가 있었지만 헤어졌군요. 재(財)가 화(禍)를 초래했기 때문에 먼저 좋았다가 나중이 나빠졌습니다."

한 학생이 말했다. 단선생은 여자친구일 때문이라는 것에 동의하지 않았다. 그때 이선생이 무슨 말을 하려다가 멈췄다. 그의 표정으로부터 우리로 하여금 더 자세히 판단해보라는 느낌을 받았다.

"틀림없이 파재(破財)입니다."

단선생이 말했다.

"아주 좋은 친구였는데, 집을 산다는 명목으로 제 모든 돈을 사기쳤습니다. 3천만원을! 그 해에 저에게는 단돈 3만원만 남았습니다. 생각해 보세요. 광저우에서 3만원을 가지고 무엇을 하겠습니까?"

이선생이 대답했다. 그리고 판단이 정확하다고 생각했는지 계속해서 자세히 물었다. 그는 먼저 자신의 형제가 몇 명인지 물었다.

"제가 생각할 때 형제는 꼭 맞지는 않습니다. 일반적으로 이것은 판단해 주지 않습니다. 그러나 오늘 물었으니 한 번 시도해 보는 것도 괜찮을 것 같군요. 당신은 틀림없이 세 명의 형제가 있을 명입니다."

단선생은 말에 이 선생은 맞다고 했다.

"당신의 회사는 합명주식회사이고, 2004년도에 한 사람이 투자를 했고, 2005년에 다른 사람이 투자를 했군요."

단선생의 판단에 이선생은 또 맞다고 했다.

"당신은 2006년에 일의 성격에 큰 변화가 있었습니다."

단선생 다시 판단하자, 이선생은 다시 맞다고 했다.

"업종을 바꾸어 주유소를 했습니다."

그리고 이선생은 다시 물었다.

"2007년은 어떻습니까?"

"어떤 사람이 투자를 빼내려고 합니다."

단선생이 판단했다.

"맞습니다. 회사는 곧 해산될 것입니다."

이선생이 대답했다.

> **저자 총평**
>
> 먼저 이 팔자의 작공(作功)이 어디에 있는지를 이해해야 한다. 만국(萬局)에 재관(財官)이 없으면 재관(財官)을 용(用)으로 취하지 않는다. 신(申)이 축묘(丑墓)로 들어가는 것이 공(功)이고, 축(丑)이 진묘(辰墓)에 들어가는 것 또한 공(功)이며, 년간(年干)에 투(透)한 계수(癸水) 또한 진중(辰中)의 수(水) 상(象)이다. 이렇게 연결하면 그의 직업을 결정할 수 있다. 신(申)은 록(祿)이 되어서 재(財)로 볼 수 있고, 신(申)은 또한 금융수단의 의미를 나타낸다. 축묘(丑墓)에 입(入)하는 것이 포장이 되고 다시 진묘(辰墓)에 입(入)하는 것은 전매이고, 진(辰)은 또한 록(祿)을 생(生)하며 돈을 생(生)한다. 계수(癸水)가 투(透)하면 계획과 활동이 있다는 의미이다. 계(癸)는 축(丑)을 대표하고 또한 진(辰)을 대표한다. 그래서 이 과정은 모두 그가 혼자서 계획을 세운 것이다.
>
> 팔자의 주공원리(做功原理)를 안다면, 다른 자세한 부분의 것도 잇따라 풀린다.

5 현장 실전 명례(命例) 5

● **그녀는 회계경리이다** _ 한거고인(閑居故人)의 기록(記錄)

다음은 12월 7일에 상담한 어느 여사의 명(命)이다. 주로 단선생이 판단했다.

● 곤조(坤造)

時	日	月	年
己	戊	丁	壬
未	申	未	子

● 대운

63	53	43	33	23	13	3
庚	辛	壬	癸	甲	乙	丙
子	丑	寅	卯	辰	巳	午

사주를 배열한 후에 단선생은 판단하기 시작했다.

"자미천(子未穿)이 있고, 식신인 신(申)은 머리·사상·기능을 의미하니 당신의 일은 틀림없이 정규회사이고, 머리를 써서 계산하는 일입니다."

言선생이 이어서 덧붙였다.

"장부에 기장하는 일이고 회계를 하는 사람입니다."

"정말 대단하시네요. 이런 것도 맞출 수 있나요! 저는 회계 일을 하고 있습니다."

이여사가 대답했다

"당신은 틀림없이 1995년에 연애를 하고, 1997년에 동거를 했고, 1999년에 결혼해서 남자아이를 낳았습니다."

단선생은 계속해서 판단했다.

"맞아요. 저는 1995년도에 연애해서 그 이듬해에 결혼을 했고, 2001년도에 아들을 낳았습니다. 동거한 해는 정확히 기억하지 못하지만(이여사는 부끄러운듯 얼굴이 빨개졌다) 어쨌든 거의 정확합니다!"

이여사가 말했다.

"당신 남편은 국유기업에서 일하고 게다가 직권이 있고, 틀림없이 2003년도에 승진했을 것입니다."

단선생의 판단에 이여사는 맞다면서 말을 이었다.

"남편은 정부부문의 교량관리회사 보좌직이었다가 2003년에 정직으로 승진했습니다."

"당신 남편은 외지에서 근무하고 있는데, 2004년에 전근되어 돌아왔을 것입니다."

연이은 단선생의 판단에 이 여사는 맞다고 대답했다.

"그러나 2004년에는 먼 곳에서 비교적 가까운 곳으로 전근해 왔고 2006년이 되어서야 돌아왔습니다."

단선생은 계속 판단했다.

"당신은 어렸을 때 병에 쉽게 걸렸고, 당신의 아버지는 재해로 상해를 입었거나 복부 쪽에 수술을 한 적이 있군요."

"맞습니다! 저는 어렸을 때 늘 배가 아파서 자주 병원에 갔고, 아버지는 신장결석으로 수술을 한 적이 있습니다!"

이여사는 말했다.

"어머니는 없을 것이다. 틀림없이 기묘년(己卯年)에 돌아가셨을 것입니다."

단선생의 말에 이여사는 기묘년이 어느 해냐고 물었다. 나는 기묘년은 1999년이라고 보충해 말해 주었다.

"맞습니다(어머니 이야기가 나오자 약간의 슬픔을 느끼는 듯했다). 1999년에 돌아가셨습니다."

후에 단선생은 이여사에게 이후의 운세를 판단해 주었고, 운명을 판단 한 후에 이여사는 옆에 한참 동안 앉아 있었다.

내가 물었다.

"또 다른 질문이 있으신가요?"

"정말 신기합니다! 이렇게까지 구체적으로 명[算命]을 보는 곳은 처음입니다. 마치 옛날 이야기를 듣는 기분이에요. 전에는 운명(命)을 믿지 않았거든요."

이여사가 말했다.

"팔자는 정확히 보면 마치 과거의 일을 이야기하는 것과 같습니다. 명리(命理)는 바로 인생을 서술하는 것이고, 인생은 사주팔자[命]로부터 구체적으로 드러나는 것이어서 우리가 상담[算命]하는 것은 바로 이런 것을 읽고 이해하려는 것입니다."

나는 웃으면서 약간의 설명을 해주었다.

> **저자 총평**
>
> 이 사주의 요점은 자미상천(子未相穿)에 있고, 팔자의 공(功) 또한 여기에 있다. 신금(申金) 식신(食神)이 빈위(賓位)의 재(財)를 생(生)하고, 이 재성(財星)이 천제(穿制) 당하고, 일지 신금(申金)의 공(功)이 바로 커졌다. 신(申)은 머리이고, 임자(壬子)는 숫자이며 또한 재(財)이다. 빈위(賓位)에 있는 것은 다른 사람의 재(財)를 나타내기 때문에 회계인 것이다.

6 현장 실전 명례(命例) 6

◉ 미녀의 응단(應斷) _ 춘풍화우(春風化雨)의 기록(記錄)

12월 8일 오전, 상담을 하러 온 사람들이 끝없이 늘어서 있는데 그중

에 두 명의 미녀가 있었다. 나는 그들을 불러 앉게 했는데 사주는 다음과 같았다

● 곤조(坤造)

時	日	月	年
甲	辛	丙	己
午	亥	子	未

● 대운

39	29	19	9
庚	己	戊	丁
辰	卯	寅	丑

사주를 펼친(排) 후 단선생으로 하여금 보게 했다.

"이 팔자는 해석하기에 너무 좋다. 너희들이 해봐라."

단선생이 말했다. 단선생은 우리들이 명리공부에 대해서 많은 애정을 가지고 꾸준히 학습하기를 희망했다.

내가 보기에 금수상관(金水傷官)의 사주였다.

"당신의 학력은 높고, 직장이 상당히 좋습니다."

나의 판단에 미녀는 웃으면서 대답했다.

"맞습니다. 저는 본과 학력입니다."

국면(局面)이 열리자 우리는 토론을 시작했는데, 맹파의 한 특징과 장점은 직업과 직업의 특징을 판단하는 것이다.

"당신은 재무회계를 하는 사람이죠?"

한거(閑居)라는 사람이 말했다. 하지만 미녀는 고개를 저으면서 가벼운 목소리로 아니라고 했다.

"그러면 계산기 일을 하는 사람이로군요."

한거(閑居)의 사형(師兄)이 팔자(八字) 중의 상(象)을 알아차린 것 같았

다. 미녀는 웃음을 지으며 대답했다.

"당신이 말한 것이 맞습니다. 저는 계산기의 일을 하는데, 회계장부를 담당하는 것과 비슷합니다."

내가 보기에 이 사주는 양(陽)이 틈 없이 에워싸고 있는 사주였다.

"당신이 만약 장부관리를 한다면, 한 치의 오차도 없이 관리할 수 있을 것입니다."

나의 말에 미녀는 의기양양하게 웃으면서 맞다고 대답했다.

"당신의 봉급도 적지 않겠습니다."

이때 단선생이 한마디를 던졌다.

"만약에 광저우라면 봉급은 백만원보다 적지 않을 것입니다."

나의 말에 미녀는 또 고개를 끄덕였다.

"보아 하니 이 사주는 아주 훌륭한 것처럼 보인다. 너희들이 그녀의 혼인을 판단해 줘라. 그녀는 혼인에 가장 관심이 많으니 말이다."

단선생이 말했다.

"2003년 계미년(癸未年)에 연애를 하였지만, 2005년 을유년(乙酉年)에 헤어졌군요. 2006년 병술년(丙戌年)에 또 연애를 했는데 아주 짧았군요. 그리고 그 해에 헤어졌군요."

한거(閑居)라는 사람이 말했다.

"맞습니다. 상반기에 만났다가 하반기에 헤어졌습니다. 그렇다면 언제 결혼하겠습니까?"

그녀는 자신의 결혼에 대해 매우 많은 관심을 갖고 있었다.

"내년은 안 되고, 2009년 혹은 2010년이 될 것입니다."

내가 말했다.

"예측하건대, 2008년에 또 한 사람을 만날 수 있을 것입니다."

한거(閑居)라는 사람이 보충해 말했다.

"이 결혼은 기본적으로 확정됐다. 육친(六親)을 봐라. 부모의 관계가 좋지 못하고, 어머니의 몸이 좋지 못하다."

단선생이 판단했다.

"맞습니다. 우리 아빠는 성격이 좋은데, 어머니가 비교적 급하고 잔소리가 심하십니다."

"어머니의 몸이 좋지 않은데, 혈액 혹은 비위 부분이로군요. 틀림없이 수술을 한 적이 있을 겁니다."

내가 말했다.

"한 번 수술을 한 적이 있는데, 아니 두 번이라고 해야 하나? 결찰結札 ☞봉합, 묶는 것도 수술에 포함되는 건가요?"

"그것은 병도 아니고, 포함되지 않는다. 한 번도 한 것은 한 거니까 말입니다."

내가 웃으면서 말했다.

"제 몸은 어떤지 좀 봐주세요."

"금수(金水)가 아름다운 용모를 상봉(相逢)했지만, 몸에 문제가 없다고 말할 수는 없습니다. 부인과병에 걸리기 쉬우며, 신장(腎)이 약간 차갑습니다."

"정말 딱 맞는군요."

"혈액에 병이 있지만, 간과 위를 조리하고 보양해야 합니다."

단선생이 보충해서 말했다. 단선생은 사주에서 병을 진찰하고 치료하는 데 있어 이미 능숙한 것처럼 보였다.

"잘 알겠습니다. 제가 다음에 한의사를 찾아가서 이런 사실을 말씀드리도록 하겠습니다."

미녀는 매우 만족해하며 의자를 옆으로 옮겼다.

우리는 미녀를 뒤로하고 계속해서 다음 사주를 봤다.

제8장

맹파명리 질의응답

맹파명리
盲派命理

맹파명리 질의응답

❶ 현재 명(命)을 보는 방법에는 전통파(傳統派)와 신파(新派)가 있는데 맹파명리(盲派命理)는 이들과 비교해서 어떤 특징이 있는지요? 선생님은 이 종류의 명을 보는 방법에 대해 어떻게 생각합니까?

답 나 자신은 전통명리를 공부하던 사람이고, 초기의 저작『명리지요(命理指要)』는 비교적 전형적인 전통명리를 바탕으로 한 것이었다. 현재 뒤돌아 생각해 보면, 전통명리로 명(命)을 판단하는 방법에는 많은 것들이 비교적 심오하지 못하고 허술했다.

전체적인 사고방식에서 여전히 일주쇠왕(日主衰旺) 위주인데, 이 점은 앞에서 이미 언급을 한 적이 있다. 그러나 전통명리는 어떤 때에는 명(命)을 정확히 판단할 수 있다. 그렇기 때문에 지금까지 유지되어 온 것이고, 그렇지 않았더라면 벌써 사라졌을 것이다.

대만의 일부 명리학자들이 응용하는 것은 비록 전통명리적인 방법도 있지만, 그러나 구체적인 일을 판단할 때는 주로 간지취상(干支取象)의 원칙을 선택해서 사용하기 때문에 참고할 가치가 충분하다. 명리고서『연해자평(淵海子平)』 속에서 처럼 많은 명(命)을 논(論)하는 원칙은 바로 일주쇠왕(日主衰旺)을 버리고 보는 것이다. 이런 운명판단 방식도 전통명리 방법이라 한다면 전통명리와 맹파명리를 완전히 대립시킬 필요는 없을 것이고, 둘 사이는 잘 융합할 가능성이 높다.

신파명리(新派命理)에서 소위 말하는 신(新)에 관해서는 내가 보기에는 역시 전통적인 것에서 벗어나지 못했고, 여전히 일주쇠왕(日主衰旺)으로써 명(命)을 논(論)한다. 단지 쇠왕이론(衰旺理論)을 극치(極致)까지 발전시켜 놓았다. 나는 신파(新派)를 아주 자세하게 연구한 적은 없지만 모두가 실행해 보면 활용성이나 정확성이 어떤지 알 수 있을 것이다.

맹파명리 최대의 특징은 명리를 파악하는 전체적인 사고와 방향이 있다는 것이다. 이런 사고와 방향 하에서, 또 간지(干支), 궁위(宮位), 십신(十神)의 상법(象法)을 극치(極致)까지 끌어 올렸다는 것이다.

명리의 본질은 인생을 설명하는 데 있고, 인생의 모든 현상들은 십천간(十天干)과 십이지지(十二地支)를 사용해서 표현해야 아주 상세하고, 아주 정확하게 판단할 수 있기 때문에 맹파를 연구하고 공부하는 것은 끝없는 과정이고, 아주 깊은 심도와 범위가 있다.

본 책은 소개와 추천의 목적을 가진 맹파명리(盲派命理) 입문책이다. 모두가 깊이 있는 공부를 원한다면 나와 함께 연구해도 되지만, 난 단지 여러분에게 이 문을 열어줄 뿐이고, 앞으로 공부해야 할 것은 상당히 많을 것이다. 나 자신도 공부하고 연구하는 단계이기 때문에 최고가 되기에는 아직도 멀었다.

❷ '용신(用神)'은 전통명리학의 중요한 개념이고, 팔자가 사용하는 신(神)을 찾아야 비로소 팔자(八字)를 볼 수 있습니다. 그렇지만 맹파명리는 이 개념을 버려야 한다라고 말하고 그 대신에 사용한 것이 '공신(功神)'인데, 공신(功神)이 바로 용신(用神) 아닌가요? 만약 아니라면 무엇이 공신(功神)인가요? 맹파명리는 격국(格局)을 논하나요?

답 공신(功神) 개념의 제기는 맹파명리의 이법(理法)을 새롭게 인식한 후에 필연적으로 생겨난 개념이다. 맹파는 결코 의도적으로 용신이라는 이 개념을 폐기한 것이 아니라, 이 개념이 우리의 명리에 대한 인식과 이해를 충분히 나타낼 수 없기 때문이다.

이외에도 맹파명리는 두 가지 중요한 개념이 더 있다. 그것은 빈주(賓主)와 체용(體用)이다. 우리가 모두 알고 있는 것처럼 사람과 사람이 교류할 수 있는 까닭은 사람들이 공통된 개념 기초가 있기 때문이고, 개념 체계의 변화와 차이가 발생한 후에 첫 번째 문제는 개념을 설명하는 것이지 교류가 아니다.

그래서 본 파(派)를 공부한 후에 다른 파(派)와의 교류나 소통할 방법이 없는 문제가 생겨날 수도 있다. 다른 사람이 어떤 팔자의 용신(用神)은 무엇인가라고 질문을 받았을 때 우리는 대답할 말이 없다.

무엇보다 명리의 본질로 돌아가서 토론을 해야 한다. 나는 팔자 속의 용신(用神)이라는 개념은 본래는 없던 것이 인위적으로 만들어진 것이라고 생각한다. 왜냐하면, 용신(用神)은 일주왕쇠(日主衰旺) 불균형의 편차를 해결하기 위한 것이기 때문에 일주(日主) 자신이 이런 도움을 필요로 할까?

당연히 필요하지 않다. 우리가 관심을 갖는 것은 한 사람이 세상에 살면서 무슨 일을 할 수 있을까? 그는 어느 정도까지 할 수 있을까? 그의 모든 행위활동은 전부 한 어휘를 사용해서 정리할 수 있는데 그것이 바로 주공(做功)이다. 좀 알기 쉽게 얘기하면 바로 '일을 하다' 라는 의미이다.
한 사람이 일을 할 수 있을지 없을지를 살펴보려면 먼저 그가 일할 능력이 있는지 없는지를 봐야 하고, 또한 목표가 명확한지 여부를 봐야 한다.

명리(明理)의 개념을 사용하면 '체(體)', '용(用)' 의 관계이다. 당연히 '빈주(賓主)' 의 개념은 더욱 필요하다. 그것은 당신에게 팔자를 분석할 때 자신과 다른 사람을 구분하도록 요구한다.
우리들이 사업을 위해 분투할 때, 우리가 하루를 고생할 때 무엇을 위해 하는가? 자신의 집(가정)을 위한 것 아닌가? 그래서 '빈주(賓主)'와 '체용(體用)' 의 개념은 실제의 인생에서 벗어나지 않았고, 완전한 우리 현실 생활의 개념이다. 다시 말해, 이런 개념을 명확히 해야만이 우리는 팔자의 인생에 대한 설명을 해독할 수 있다.

만약 우리가 맹파명리(明派命理)의 사상을 이용해서 팔자(八字)를 이해한다면, 기존 '격국(格局)' 이라는 개념에 내포된 의미와는 약간은 다를 것이다. 편의를 위해 맹파(盲派)도 또한 '격국(格局)' 이라는 용어를 쓰고 있다. 예를 들면, 내식신격(內食神格)이나 상관거관격(傷官去官格) 등이다. 그러나 명백한 것은 이런 격국(格局)이 기존 전통명리의 격국과는 다른 새로운 의미를 부여했다는 것이다.

❸ 맹파명리(盲派命理)가 제기한 '빈주(賓主)', '체용(體用)', '주공(做功)' 등의 사상은 명(命)을 보는 기본 출발점과 요점으로서 확실히 위대한 혁신입니다. 우리가 알고 싶어하는 것은 이런 사상들이 학금양(郝金陽) 선생이 전해 준 것인지 아니면 스스로 발명한 것인지요? 만약 스스로 발명한 것이라면, 계승에 있어 학선생과는 무슨 관계인가요?

답 나와 학선생과 함께 한 시간은 그다지 길지 않다. 게다가 학선생은 엄격한 행동규범이 있기 때문에 학선생의 단명사상(斷命思想)의 전부를 엿볼 방법이 없었다. 이 점이 매우 아쉽다. 그러나 맹파(盲派)의 모든 핵심사상은 모두 학선생으로부터 나온 것이다. 단지 내가 비교적 표준화된 개념을 사용해서 이런 사상들을 정리했을 뿐이다.

예를 들면, '빈주(賓主)'의 개념은 그의 원래 말은 나한테 팔자 속에서 무엇이 자기 것이고 무엇이 다른 사람 것인지를 분명하게 구분하도록 요구했고, 나는 그의 뜻을 이해해서 빈주(賓主)의 개념이 팔자에 도입되어졌다. 그래서 의심에 여지없이 계승되어진 것이라 말할 수 있다.

맹파명리(明派命理)의 기타 개념에 관해서는 대다수가 학선생의 단명사례(斷命事例)의 계시(啓示)에서 나온 것이다. 학선생이 나에게 일주쇠왕(日主衰旺)을 보지 않고 용신(用神)을 취(取)하지 않도록 가르치셨고, 우리가 이전에 배운 그런 방법으로 강의하는 것은 괜찮지만 실제로 단명(斷命)하는 것은 안 된다고 말했다. 그래서 나는 팔자를 어떻게 봐야 하는지, 명리(命理)를 어떻게 이해해야 하는지를 생각했고, 전체적인 체계는 이런 사고를 통해서 나온 것이다.

명리(命理)의 도리(道理)는 바로 우리 생활의 도리와 똑같다. 명리학의 모든 사고와 개념들은 반드시 생활의 시뮬레이션이고 만약 이런 유사성을 갖고 있지 않다면, 사주팔자의 명(命) 속에서 인생을 본다는 것은 불가능하다. 그래서 당신이 당신의 인생을 생각하고, 부유한 사람과 보통사람의 다른 점을 생각해보기만 하면 '주공(做功)'과 같은 개념을 발견할 수 있다. 그래서 맹파명리(明派命理)를 공부하는 것은 아주 간단해서 팔자의 상(象)과 생활의 실제(實際)를 하나하나 대응하는 것이다. 만약 그렇게 한다면 누구나 고수가 될 수 있다.

예를 들면, 성공한 사람은 일반적으로 팀이 그를 지지하고 있다. 팀은 어떻게 구체적으로 드러나는가? 바로 팔자 속의 집단〔黨〕과 세(勢)이다. 혼자의 힘으로 큰 사업을 완성했다는 정황을 들어본 적이 없다. 팀과 세(勢)가 있고 난 후, 공통의 분투(쟁탈) 목표가 생길 것이기 때문에 모여서 한가롭게 있지는 않을 것이다. 이 사람들은 틀림없이 일을 할 것이다. 일은 어떻게 구체적으로 드러나는가? 바로 극제(剋制)의 대상이 있어야 하고, 또한 이것이 우리 맹파명리(盲派命理)가 말하는 주공(做功)이다. 주공(做功)의 역량이 강하면 강할수록 성취도는 커진다. 이렇게 생각하면, 명리가 매우 간단하다라는 생각이 들지 않는가?

다시 예를 들면, 생활 속에서 사람은 누구나 집(家)과 머무를 수 있는 방(房)을 필요로 한다. 집(家)을 어떻게 볼까? 당연히 일지(日支)이다. 일지

(日支)는 당신이 생활하는 장소이다. 그 집안에 만약 여주인이 출현한다면 그녀는 틀림없이 당신의 아내일 것이다. 만약에 이 집(家)과 처성(妻星)이 천(穿)이면 그 아내는 틀림없이 들어올 수 없다. 들어온다 해도 오래갈 수는 없다.
어떤 사람이 이사하려고 한다면 이 집(家)이 충(沖)을 당하는지 아닌지, 합(合) 혹은 복음(伏吟)인지 아닌지를 본다.

당신이 관심을 기울이면 생활 속의 모든 것들은 명리(命理) 속에 틀림없이 있을 것이다. 그것들을 하나하나 대응하기만 하면 바로 명리의 본질을 이해할 수 있다.

❹ 『맹사단명질례집(盲師斷命軼例集)』 책을 본 후에 조금 불가사의하다는 느낌이 들었습니다. 명리가 그렇게 정확합니까? 만약 그렇게 정확하다면 동일, 동시에 태어난 명도 완전히 똑같습니까?

답 맹사(盲師)의 명(命)을 판단한 실례(實例)는 진실되고 믿을 만하며 결코 허구적인 요소가 없다. 하중기(夏仲奇) 선생을 나는 비록 본 적은 없지만, 그러나 나의 스승인 학금양의 단명(斷命)의 신비함을 나는 경험한 적이 있다. 맹사단명(盲師斷命)의 가장 훌륭한 점은, 그들이 판단한 것은 바꾸지 않는다는 것이고 또한 누에가 껍질을 벗고 실을 뽑는 것처럼 섬세하다는 것이다.
이것은 그들의 이법(理法)의 정교함과 상(象)에 대한 심도 있는 파악의

덕택이다. 지금 보면, 소수의 맹사(盲師) 단례(斷例)가 설명될 방법이 없는 것을 제외하고, 대부분은 다 설명되어 질 수 있기 때문에 명리(命理)의 정확성은 의심할 여지가 없다.

동년, 동월, 동일생의 명(命)은 그들의 명운(命運)이 완전히 똑같을 수 있을까? 나는 명리학을 연구하면서 당연히 이 문제를 주시했고, 명리(命理)의 진실성과 신뢰성에 관해서는 우리가 실제의 예를 통해서 이 문제를 고증해보는 것도 좋을 듯하다

나는 수많은 동일한 사주팔자(四同生)의 명례(命例)를 수집했고, 모두 현실 속의 사람들이고, 서로에 대해 다 알고 있는 것은 아니다. 어떤 사람들은 차이는 크지 않고, 어떤 이들은 약간의 차이가 있고, 어떤 이들은 앞은 같은데 뒤가 다르다. 또한 어떤 이들은 일부분은 같고 일부분은 다르다. 기회가 있을 때 모두에게 하나하나 보여줄 수 있다.

이 명(命)들을 자세히 분석한 후의 결론은 그들의 차이점은 모두 명리(命理)로부터 설명할 수 있고, 아직까지 명리(命理)가 명확하게 설명할 수 없는 예외는 없었다는 것이다. 그렇기 때문에 내 생각에는 명리(命理)에는 권유 혹은 여러 가지 설명이 존재하는데 마치 우리가 수학 방정식을 푸는 것처럼 결론은 유일한 것이 아니다.

명리학은 상(象)을 본(本)으로 한다. 상(象)이든 상(像)이든 유사한 의미를 갖는다. 명운(命運)은 상대적으로 근사한 규율에 따라 운행한다. 비록 절대적인 정확성에는 도달할 수 없지만, 그 신비한 검증으로 우리를 탄복하게 만들 수는 있다.

그래서 모두는 명리(命理) 자체가 이런 근본적인 문제가 존재하는지 혹은 성립하는지를 걱정할 필요는 없지만, 그러나 당신이 역(易)의 본질을 진정으로 이해하는지는 걱정을 해야 한다. 중의학처럼 그것이 이야기하는 음양(陰陽), 육경(六經), 팔강(八鋼) 등 모두 조금은 형이상학적인 면이 있어 현재까지도 현대과학과 융합할 방법이 없지만, 그러나 그것이 사람의 병을 직접 치료하는 데 있어 영향을 주지 않는 것도 있지만 오히려 어떤 것은 뛰어난 효력을 발휘하기도 한다.

〈내경(內經)〉에 왜 직접 어떤 기관(器官)의 실제 기능을 말하지 않고 '장상(藏象)', '음양응상(陰陽應象)'을 이야기하는가? 왜냐하면 중의(中醫)의 본질 또한 상(象)이기 때문이다. 중의는 약물을 사용하는 것이 아니라 상(象)으로써 병을 치료하는 것이다. 이렇게 보면 소위 말하는 약이라는 것은 상(象)을 시뮬레이션한 것이다. 그래서 전통의 중의(中醫)와 역(易)은 완전히 상통하는 것이다.

맹파명리(盲派命理)를 학습하려면 우선 명리학에 대한 신념을 수립해야 한다. 여러분에게 학선생이 과거에 명(命)을 판단한 이야기를 해주면, 당신은 명리(命理)의 판단이 정말 할 수 없는 것이 없다는 것을 알게 될 것이다. 이 이야기는 나의 사형인 염계왕(閻計旺)이 들려준 것이다.

70년대, 학선생은 강호를 떠돌아 다니면서 겨우 사주팔자 상담으로 입에 풀칠을 했다. 우리 마을의 동야(東冶)는 큰 마을이었는데, 그는 낮에는 산명(算命)하고 저녁이 되면 마을의 여인숙에 머물렀다. 그 당시 여인숙의 가격은 하루에 35원 정도였는데, 그는 한 번

머물면 한 달씩 묵었다.

사람들이 수레와 말을 가지고 오면 하루 숙박비를 160원은 받을 수 있는데, 그가 항상 방을 차지하고 있어 객잔 주인은 손해를 본다는 느낌이 들었다. 주인은 그를 내쫓고 싶었지만 적당한 이유가 없었다. 마침 핑계를 대어 학선생에게 어려운 문제를 냈다.

"당신은 사주팔자를 잘 본다고 들었는데, 오늘 나의 사주를 좀 봐줘라. 판단이 정확하면 앞으로 우리 객잔에 돈을 내지 않고 머물 수 있지만 만약에 맞추지 못한다면 돈을 내고 머문다고 해도 머물게 하지 않을 것이다."

주인이 말했다.

"내가 바로 따르겠으니 무슨 일이라도 있으면 말해 봐라. 정확하지 않으면 내가 떠나겠다."

학선생은 대답했다. 객잔 주인이 자신의 운명(運命)을 해석해 달라고 해서 학선생은 그리 어렵지 않을 거라고 생각했다.

"내가 오늘 점심에 무엇을 먹을지 맞춰봐라."

주인이 말했다. 이것은 분명히 사람을 난처하게 만들려는 의도였다. 그가 무엇을 먹을지 어떻게 해석할 수 있겠는가? 또한 '당신은 오늘 점심에 이것을 먹을 것이다'라고 해석하면, 오히려 상대방은 '저것을 먹을 것이다'라고 한다면 정확하게 해석할 방법이 없다.

학선생이 정말 대단한 능력을 가지고 있다 하더라도 아마 그가 무엇을 먹을지는 맞출 수 없을 것이다. 하지만 학선생은 패배를 인정할 마음이 없는 듯했다.

"당신이 점심에 무엇을 먹는지 맞춰보겠다. 그렇지만 당신은 반드시 집에서 만든 것을 먹어야 한다. 임시로 바꿀 수는 없다."

학선생의 말에 주인은 좋다고 했다.

학선생은 그에게 출생 일시진(日時辰)을 알려달라고 했다(알려면 그는 이런 방법밖에 없다). 해석을 한 다음에 주인에게 말했다.

"당신의 오늘 점심은 양발굽하고 두개의 마른빵이다."

"아침에 집을 나올 때 집사람이 나에게 오늘 점심은 양고기 스프와 비빔면이라고 말해 주었다."

주인은 크게 웃으면서 대답했다.

"비록 양발굽은 있지만 오늘 점심만큼은 양발굽과 마른빵을 먹을 것 같지는 않다."

"해석이 틀렸으면 할 수 없지요. 어쩔 수 없는 일입니다."

그러면서 학선생은 수행원과 함께 정리하고 점심을 먹고 갈 준비를 했다.

하지만 상황의 변화는 정말 예상 밖이었다. 점심 때가 되어서 밥을 먹으려고 할 때, 한 손님의 노새 고삐가 풀려 노새가 도망치는 일이 발생했다. 주인과 손님은 급하게 노새를 쫓았고, 객잔 주인은 집에 돌아가서 식사할 겨를이 없었다. 10여 리를 쫓아가 노새를 끌고 돌아온 시간은 이미 오후가 훨씬 넘어 있었다.

집으로 돌아가자 주인의 아내가 말했다.

"점심 때 당신이 집에 돌아오지 않아서, 마침 손님들이 와서 양고기 스프와 비빔면을 다 먹어치웠다. 솥 안에 양발굽 하나와 두 개의 마른빵이 남아 있으니 그것으로 요기라도 해라."

주인은 배가 고프면서도 동시에 놀랐다. 양발굽과 빵을 먹으면서도 이해가 되지 않았다.

"정말 내가 무엇을 먹을지도 알아맞출 수 있는 것인가! 대단하다, 대단해!"

이때부터 학선생은 돈 한 푼 내지 않고 객잔에 다시 머물렀다.

사형이 이야기를 해주었지만 나도 또한 이해가 되지 않았다. 어떻게 명(命)을 가지고 한 사람이 점심에 무엇을 먹을지 해석하는 것이 가능하다는 말인가? 결국에는 어느 날 약간의 깨달음이 있어, 나는 이 방법을 제자 왕개우(王開宇)와 얘기했다. 나는 그에게 '나에게 오늘 오후 유(酉)시에 무슨 일이 발생할지 맞춰보라.'고 말했다. 왕개우(王開宇)는 당연히 내 팔자를 알고 있다. 그날의 사주(四柱)는 다음과 같았다.

時	日	月	年
丁	丙	乙	甲
酉	辰	亥	申

"오후에 어떤 사람이 자문을 얻기 위해 선생님을 찾을 것이고, 산(算)한 결과가 정확해서 손님이 선생님에게 5백원을 줄 것입니다."
제자가 판단했다.
"정확하게 맞추었다."
이때 전화 한 통이 걸려왔다.
"이 전화가 무슨 전화일지 말해 봐라."
"전화는 선생님 친구에게 걸려온 것이고, 술(戌)시에 선생님과 약속해서

밥을 먹고 사우나에 가자는 것입니다."

제자가 판단했다.

"비슷하다. 그러나 사우나가 아니라 밥을 먹고 발을 씻으러 가자는 것이었다."

술(戌)시가 되자 친구가 나를 데리고 나가서 밥을 먹고 난 다음 생각이 바뀌어 발을 씻으로 간 것이 아니라 정말로 사우나에 갔다.

이 모든 것들은 간지상(干支象)으로부터 알 수 있다. 학선생의 판단은 과연 듣던 대로였다.

나는 여러분이 충분한 깨달음이 있고, 실천 속에서 끊임없이 정리하고 요약한다면 언젠가는 여러분 또한 학(郝)선생이나 하(夏)선생과 같은 수준에 도달할 수 있을 것이라고 생각한다.

❺ 맹인(盲人)이 단명(斷命)하는데 사용하는 것은 모두 구결(口訣)이라고 들었는데, 학금양 선생이 단(段)선생님에게 전해 준 구결(口訣)이 무엇이 있는지, 이런 구결(口訣)은 어떻게 응용하는지 알려줄 수 있습니까?

답 본 책 『맹파명리(盲派命理)』의 내용은 돌아가신 스승인 학금양에서부터 발전해 온 것이다. 그러나 학금양 선생이 당시에 단명(斷命)할 때 사용한 것은 이런 것들이 아니었다. 그들이 이런 단명구결(斷命口訣)들을 대대로 전해 주었는데, 이런 것들은 모두 오늘날에는 볼 수가 없다.

각 사람들의 구결(口訣)에 대한 이해 차이가 있기 때문에 맹파전수인(盲

派傳人)의 수준도 일정치가 않았다. 결국은 명리본질(命理本質)에 대해 이해를 할 수 있는지 혹은 정확히 파악할 수 있는지가 관건이다.

학금양 스승이 세상에 살아 계셨을 때, 나에게 구결(口訣)들을 전해 주었지만 당시에는 이런 구결(口訣)들이 무슨 작용을 하는지 이해하지 못했다. 어느 정도 시간이 흐르자 하나 둘씩 비로소 깨달았다.

여러분들은 『명리진보(命理珍寶)』와 『명리괴보(命理瑰寶)』 두 권에서 이런 구결(口訣)들의 응용을 볼 수 있다. 전수에는 한계가 있기 때문에 후진들이 현재에도 생존해 있는 맹사(盲師)들로부터 더욱더 많은 구결(口訣)들을 찾아낼 필요가 있고, 나는 완전한 맹인구결(盲人口訣)이 계승되어 내려와 후세에 남겨줄 수 있기를 기대한다.

❻ 선생님은 책 속에서 맹파명리(盲派命理)는 일주쇠왕(日主衰旺)을 보지 않고 주로 공(功)을 본다고 말했는데, 『명리진보』와 『명리괴보』 두 책에서는 오히려 여전히 일주쇠왕(日主衰旺)을 제기하고 있습니다. 왜 이런 모순이 있는 것입니까?

답 『명리진보』와 『명리괴보』 두 책은 2002년 이전의 책이고, 원래의 50기 통신자료에서 개편한 것이다. 이 두 책은 실제로 2년 동안 썼는데, 이 기간은 내가 전통명리학에서 맹파명리로 바뀌어가는 과도기였고, 그 당시 맹파명리의 이론 체계는 이때까지도 완전하게 성숙되어 있지 않았기 때문에 문장 속에 일주쇠왕(日主衰旺)의 표현이 있었을 것이다. 여러분이 읽을 때 쇠왕(衰旺)의 내용을 뛰어 넘어가도 된다. 앞으로의 책 속에서는 이런 문제가 나타나지 않을 것이다.

❼ 사람들은 자주 첫 번째는 명(命), 두 번째는 운(運), 세 번째는 풍수(風水), 네 번째는 성명(姓名)……이라고 말합니다. 선생님은 많은 명례(命例)를 연구해 왔는데, 이런 논조에 동의합니까? 명운(命運)은 변할 가능성이 있습니까? 만약 변할 수 있다면 어느 정도까지 변화시킬 수 있습니까? 풍수와 성명을 바꾸는 것이 명(命)을 바꾸는 데 도움이 됩니까?

답 명리를 연구하는 사람은 당연히 팔자가 명운(命運)을 결정할 것이라고 말할 것이고, 풍수를 연구하는 사람은 풍수가 명운(命運)을 바꿀 것이라고 말할 것이고, 성명을 연구하는 사람들은 또 다른 논리를 제공할 것이다. 이것은 자화자찬하는 것과 같다.

만약 내가 명운(命運)이 사람의 모든 것을 결정한다고 말하면, 다른 영역을 연구하는 역가(易家)는 나한테 화를 낼 것이다. 사실상 내 자신도 풍수를 공부하고 연구하는데, 이런 것들이 사람의 명운(命運)에 대해 일정 한도에서의 변화를 주는 역할을 할 수 있다는 것도 한 방면이고, 또 다른 방면은 다른 영역을 연구하는 역가(易家)는 풍수 등 방법이 명운(命運)의 변화에 대해 틀림없이 한계가 있고, 만능이 아니라는 점을 꼭 인정해야 한다. 그렇지 않으면 천도(天道)에 맞지 않다. 고대의 왕조들은 하나하나 모두 망했는데, 설마 그들에게 풍수를 봐주는 훌륭한 풍수사(風水師)가 없었겠는가?

나는 또한 〈료범사훈(了凡四訓)〉 중에 사람들이 말하는 명운(命運)을 바꾸는 이야기들을 많이 듣는다. 좋은 일을 많이 하면 명(命)을 바꿀 수 있다고 말을 한다. 당연히 사람들에게 선하게 살라는 것은 맞는 말이다. 하지만 우리는 생활 속에서 오히려 어떤 사람들은 평생 동안 많은 좋은 일을 하지만 여러 가지 시련을 겪고, 반대로 수많은 나쁜 일을 한 사람들은 오히려 윤택하게 생활하고 있는 것을 흔히 본다. 그래서 료범(了凡)의 이야기는 단지 이야기일 뿐이라 생각한다. 그는 그렇게 많은 변화를 말하면서 정작 본인의 정확한 생일시진(生日時辰)은 왜 굳이 제공하지 않는가? 또한 우리 명리(命理)를 연구하는 사람들로 하여금 평가하고 결정하도록 해서 그가 이야기한 것이 사실이고 허구가 아니라는 것을 확인하도록 해야 한다.

나는 사람의 운명이 일정한 정도에서는 변화할 수 있는 점을 부정할 생각은 없다. 나는 적극적인 인생관을 찬성하고, 자신의 수양을 통해 자신의 액운을 바꾸는 것을 더욱 믿는다. 한 사람의 나쁜 결과는 대부분 탐욕에서 기인한다. 만약 사람들이 적당한 포기를 배우고, 욕망을 자제할 줄 알고, 스스로 규율을 지킬 줄 안다면 그런 흉(凶)한 업보는 자연히 많이 줄어들 것이다. 나는 이것이야말로 진정으로 명운(命運)을 바꿀 수 있는 점이라 믿는다. 이런 것들이 설령 당신으로 하여금 부귀(富貴)를 소유할 수 없게 만들더라도 오히려 수많은 재난을 피할 수는 있다. 유가에서 말하는 수신(修身)은 바로 이런 의미이고, 나는 이 점에 매우 동의한다.

내가 일찍이 운명을 상담한 사람들 중에 아직까지 운이 나쁜 사람이 좋은 풍수국(風水局)의 변화를 통해서 인생 역전이 될 정도의 상황으로 변한 사람은 본 적이 없다. 그러나 운이 나쁜 사람은 그로 하여금 투자를 하지 못하게 해서 손실을 줄일 수는 있다. 운이 좋은 사람은 그의 투자 방향에 대한 지도를 통해서 더욱더 많은 이익을 얻을 수 있다. 환자는 의사의 치료를 통해서 건강을 회복할 수 있다. 만약 이런 것들을 명운(命運)이 바뀐 것이라고 한다면 우리가 할 수 있는 것은 단지 이런 것들밖에 없다.

❽ 전통명리(傳統命理)와 신파명리(新派命理) 모두 종격(從格)을 중시하는데, 즉 일주(日主)가 극약(極弱) 혹은 극강(極强)할 때 일주(日主)는 종약(從弱) 혹은 종강(從强)일 것이다. 맹파명리(盲派命理)는 종격(從格)을 중시하는가? 만약 중시하지 않는다면 이런 팔자는 어떻게 보느냐?

답 종격(從格)이론은 일주쇠왕(日主衰旺)을 명리(命理)의 근본으로 삼고 제기한 것이고, 맹파(盲派)는 일주쇠왕(日主衰旺)으로 팔자를 보지 않기 때문에 당연히 종격(從格)을 말하지 않는다.
만약 일주(日主)가 지나치게 왕성하거나 지나치게 약한 팔자를 만났을 때 보는 것은 역시 주공(做功)이다. 어떤 팔자가 공(功)이 없다면 이때는 상(象)으로부터 분석하여 부귀(富貴)를 볼 수 있다. 만약 상(象)도 없고 공(功)도 없는 팔자라면 종(從)이 얼마나 좋든 관계없이 모두 큰 부귀(富貴)는 없을 것이다.

맹파(盲派)의 명리(命理)에 대한 이해는 더 복잡한 것이 아니라 오히려 간단하다. 종격이론(從格理論)은 많은 문제가 있기 때문에, 예를 들면 어떤 상황에서 종(從)하고, 어떤 상황에서 종(從)하지 않을지를 판정하는 것은 매우 어려운 일이다.

게다가 종격(從格)이 대운(大運)의 변화 때문에 오히려 정(正)할지의 문제 등이 나타날 수 있다. 현재 신파(新派) 종격이론(從格理論)의 번잡함은 실제 응용으로 하여금 더욱 다루기 어렵게 만들었고, 이해하기도 어렵게 되어 있다. 만약 하나의 이론(理論)이 많은 수정을 통해서 실제상황을 설명해야 한다면 이 이론은 진리가 아니다. 이와 반대로 맹파명리(盲派命理)는 명리(命理)의 이해와 사고 방향에 있어 완전히 다르다. 명리(命理)는 더 이상 종(從)이고 종(從)이 아니고라는 식의 구별이 없다.

❾ 만약 선생님과 계속해서 공부하고 싶다면, 선생님의 책을 보는 것 말고 또 어떤 경로가 있을까요?

답 만약 당신이 인터넷을 하는 것이 편리하다면 우리가 인터넷 음성강의를 개설해 놓았기 때문에 집에서도 직접 전수받는 것과 똑같은 학습효과를 얻을 수 있다. 또한 다음카페 : "맹파명리", 유튜브 : "박형규 박사의 맹파명리"를 보거나 010-7143-0543(박형규 박사)으로 전화해서 자문을 구할 수도 있다. 만약 인터넷이 불편하다면 통신과 직접 대면하는 학습방식을 열어서 하면 된다. 현재 초중급과 고급반 두 단계로 나눴고, 학습을 마치고 나면 상담을 할 만한 수준에 도달할 수 있다.

❿ 최근에 다른 사람도 맹파명리(盲派命理) 양성반을 운영한다거나 맹파명리의 자료가 있다거나 CD를 판매한다는 광고를 본 적이 있는데, 그들은 믿을 만한가요?*

답 내 자신은 더욱더 많은 사람들이 맹파명리(盲派命理)의 연구에 참여하기를 희망하지만, 그러나 가짜가 아닌 진짜 맹파(盲派)의 것이기를 희망한다. 나는 자칭 맹파(盲派)의 종사(宗師)라고 하는 두XX가 판매하는 맹파명리 강좌 CD를 알고 있지만, 그는 자격이 없다고 책임지고 말할 수 있다. 그는 원래 나한테 배운 적이 있는 학생인데, 그러나 나이가 많이 들었기 때문에 기억력과 이해력이 높지 않고, 실제 수준도 매우 좋지 않다. 그 CD로 공부하면 잘못된 길로 갈 수 있으니 여러분들은 속지 않기를 희망한다.

다른 사람들은 내가 잘 모르기 때문에 뭐라고 평할 수 없다. 그러나 한 가지 분명한 것은 일주쇠왕법(日主衰旺法)과 용신이론(用神理論)을 사용하면 모두 맹파(盲派)와 관련 없는 것이다.

---

* 맹파명리가 한국에 들어온 지 15년이 지나 맹파명리 연구가 매우 활성화되고 있다. 박형규 박사가 『맹파명리』, 『명리진보』, 『손에 잡히는 맹파명리(상·하)』, 『맹파명리 간지오의』, 『맹파명리 직업상법신해』를 번역하여 출간하였다. 단건업 선생의 『맹파명리』를 제대로 배우고 싶은 분은 박형규 박사에게 강의를 듣거나 영상을 구입하여 공부를 하는 것이 시간과 비용을 줄일 수 있는 가장 빠른 길이다.

맹파맹리
盲派命理

제9장

부록
저자 블로그 모음

맥파명리

盲派命理

맹파명리 개론

맹파명리(盲派命理)에 의한 논명(論命)에는 이법(理法)·상법(象法)·기법(技法)의 삼대법칙이 있다고 앞에서 논한 적이 있다〈제6장 169페이지 참조〉. 우리는 명리(命理)의 본질은 인생을 설명하는 데 있다고 말한다. 인생의 모든 일들은 팔자 중에 모두 나타날 수 있다. 그러나 팔자는 단지 여덟 개의 글자밖에 없고, 설령 모든 간지(干支)를 더한다 하더라도 겨우 22개 글자밖에 안 되는데 어떻게 인생의 만상(万象)을 다 나타낼 수 있을까?

중국의 역학은 오묘하다. 계산기를 생각해 보면 참 신기한 기능이 있다. 사용하는 것은 단지 0과 1 두 개의 간단한 것으로, 이 0과 1의 이진법은 역경(易經)의 음양(陰陽)에서 근원했다. 이 이치를 안다면 만물유상(万物類象)은 이해하기 쉬울 것이다. 어떤 사물이든 관계없이 모두 하나의 규칙으로써 유사한 상〔類象〕으로 처리할 수 있다. 중국의 각종 술수학(術數學)은 모두 유상(類象) 학술이고, 부호체계를 실제 사물과 대응시켜야만 비로소 사물 예측의 목적에 도달할 수 있다.

술수(術數)의 기본 부호체계는 간지(干支) 체계, 팔괘(八卦) 체계, 오행

(五行) 체계 등 세 가지가 있다. 오행(五行)은 실제로 연산도구이고, 연산에 대한 오행상(五行象)의 공능(功能)은 부차적인 것이다. 간지(干支) 체계는 팔괘(八卦) 체계보다 더욱 기본이다. 물론 간지취상(干支取象)을 응용하기란 그리 쉽지는 않다. 그러나 일단 숙달되면 아주 높은 수준에 도달할 수 있다.

　팔괘상(八卦象)은 정교하여 복잡한 것 같지만 오히려 단일하다. 간지상(干支象)은 비록 개괄적이지만 마지막에 상(象)을 결정하는 것은 조합이다. 간지(干支) 간에는 각종의 합화형충(合化刑冲)의 관계가 있고, 게다가 간지(干支) 자체는 하나하나 더해져 상(象)이 되는 것이기 때문에 그 풍부하고 복잡한 정도는 팔괘보다 더욱 심하다.

　구체적으로 팔자 중에서 취상(取象)하고, 또한 십신(十神) 의미, 궁위(宮位) 의미 등을 참고하고 종합한다. 이렇게 해서 아주 간단한 8개의 글자이지만 풍부하고 다양한 의미를 함축하여 간직하고 있는 것이다.

　인생이 복잡한 만큼 명리(命理)도 복잡하다. 그래서 아주 높은 수준까지 공부하려면 반드시 상법(象法)에 많은 시간과 노력을 들여야 한다.

　본 책은 단건업(段建業) 선생의 블로그 문장을 정선한 것으로, 각 역우(易友)들이 참고하여 연구하도록 제공한 것이다.

1 연극배우와 얼굴 화장

　맹사(盲師) 하중기(夏仲奇) 선생은 일찍이 하나의 명(命)을 판단한 적이 있는데, 한 여자아이는 장래에 전통극의 유명배우가 될 것이라고 말했었다. 후에 16세 때 마을극단에 시험을 봐서 합격해 들어갔고, 유명여배우가 됐다.
　그 사주는 다음과 같았다.

● 곤조(坤造)

時	日	月	年
壬	丁	己	戊
寅	酉	未	申

　나는 이 명(命)이 어떻게 배우라는 것을 맞출 수 있었는지 생각했다. 그는 왜 노래를 부르거나 영화를 하는 것으로 판단하지 않고 하필 전통극을 하는 것으로 판단했을까?
　그러던 어느 날 갑자기 깨달았다. 그녀의 명상命相☞팔자 속에는 얼굴 화장이 있기 때문이었다. 가수나 영화배우는 비록 모두 배우지만, 유일하게 전통극을 하는 사람들만 얼굴 화장이 있고 분장을 한다. 이 얼굴 화장이 어떻게 표현되었는지 한번 살펴보자.

> ●시(時)는 문호(門戶)이며 또한 머리 장식품을 나타내고, 좌지(坐支)에 인목(寅木)이니 더욱 머리 장식품을 나타낸다. 임(壬)은 수(水)이고, 정(丁)을 합(合)하고, 정(丁)은 색깔을 나타내고, 정임(丁壬)의 상합(相合)이 바로 수채물감이다. 수채물감을 머리 위쪽으로 가서 바르니 그것이 바로 얼굴 화장이다.

그러나 정일주(丁日主)가 임인(壬寅)시일 때의 명(命)이 아주 많은데, 그렇다면 그들 모두가 전통극을 하는 배우들인가 하는 의문이 들 것이다. 당연히 중요한 요소가 또 있다. 그것은 바로 반드시 좋은 목소리가 있어야 비로소 가능하다는 것이다.

> ●팔자 중에 금(金)은 소리를 나타내고, 화(火)가 금(金)을 극(克)하면 목소리가 좋고, 소리는 부드러우며 감동적이다. 노래를 부를 수도 있고 동시에 분장한 모습도 있으니 바로 연극배우이다.

우리는 다시 두 사람의 유명인을 판단했다.

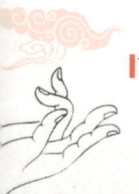

● 곤조(坤造)

時	日	月	年
壬	丁	乙	甲
寅	丑	亥	申

● 진극 표현예술가이다. 화극금(火克金)은 없지만 신금(申金)이 축묘(丑墓)에 들어가니 똑같이 금(金)에 공(功)이 있고 게다가 신(申)이 공망(空亡)이다. 금(金)이 공(空)이면 소리가 울려서 우렁차다.

● 건조(乾造)_梅蘭芳(매란방)

時	日	月	年
壬	丁	甲	甲
寅	酉	戌	午

● 팔자에 정임합(丁壬合)과 화극금(火克金) 이중의 상(象)이 있고 또한 화(火)와 조토(燥土)의 세(勢)가 있어, 국(局) 중에 유금(酉金)을 제하니 주공(做功)이 매우 크다. 목화(木火)는 인기를 나타내기 때문에 평가가 높다.

② 바둑의 1인자 이창호

　바둑을 좋아하시는 분들은 아시겠지만, 바둑의 많은 용어들이 맹파명리의 개념과 유사하다. 예를 들면 기(氣), 세(勢), 간정불간정(干淨不干淨), 효율(效率) 등이 그렇고, 끝내기와 공격에 관해서는 직접 가져와서 사용한 것이다. 바둑을 발명한 사람과 팔자를 발명한 사람 사이에 꼭 무슨 관계가 있는 것은 아니겠지만, 모든 음양(陰陽)의 술(術)은 최고 수준에 도달했을 경우 서로 상통한다고 믿는다.

　중국의 바둑은 음양지학(陰陽之學)의 가장 깊은 구현이다. 그것은 가장 간단한 규칙과 원소를 사용해 세계에서 가장 복잡한 변화를 나타내고, 세계의 어떤 체스도 바둑만큼 변화가 많지 않다. 맹파(盲派)에서 팔자를 추명(推命)하는 것도 바둑과 같이 변화무쌍하다. 가장 간단한 십천간(十天干)과 십이지지 22개 원소 및 간단한 몇 개의 규칙을 사용해서 세상의 인생백태, 희노애락을 설명한다. 넓게 보면 중국의 술수(術數) 또한 모두 이와 같다.

　만약 여러분들이 배우는 것의 규칙과 방법이 매우 복잡하다면 여러분들은 생각을 해봐야 한다. 이런 술수(術數)는 아마도 거짓 학습일 것이다. 바둑의 고수이면 그는 틀림없이 음양(陰陽)의 고수일 것이다.
바둑의 1인자인 이창호의 명리(命理)를 살펴보자.

● 건조(乾造) _ 이창호

時	日	月	年
戊	丙	癸	乙
子	子	未	卯

● 대운

47	37	27	17	7
戊	己	庚	辛	壬
寅	卯	辰	巳	午

신사운(辛巳運)의 신미년(辛未年), 이창호는 16세에 첫 번째 세계 바둑 제왕 자리에 올랐고, 그 후로 더욱더 놀라울 정도로 실력을 발휘하여 신사(辛巳) 대운(大運) 10년 동안은 셀 수 없을 만큼 많은 우승 트로피를 들어올렸다.

- 맹파명리(盲派命理)로 보면, 이것은 식신제관(食神制官)의 조합이고, 관성허투(官星虛透)는 식신(食神)에 의해 합(合)되니 주로 명성을 나타낸다. 미토(未土)가 자수(子水)를 천제(穿制)하여, 관성(官星)이 제(制)되어지고, 관성(官星) 또한 공망(空亡)이 되고, 공(空)은 바로 현묘(玄妙)함을 나타내기 때문에 관직에 종사하지 않고 현묘한 바둑을 하게 되어 천하에 바둑의 제일 고수가 되었다.
- 신사(辛巳) 대운(大運), 병신합(丙辛合)으로 사(巳)가 도달하니 무(戊)가 도달한 것이 되고, 대운(大運)이 원국(原局)의 공(功)이 되어서 바둑계를 10년 동안이나 장악하고 있는 것이다.
- 이(理)에 따라 판단해 보면, 천하에 적수가 없는 바둑기사가 막 30세

가 된 연령이 정력과 상태가 가장 좋은 시기임에 틀림이 없다. 그러나 현재 경진운(庚辰運)으로 향하는 진운(辰運)인데, 이 운(運)은 자수(子水)가 입묘(入墓)하고 무토(戊土)가 수(水)를 제(制)할 방법이 없는 운(運)이기 때문에 최근 2년은 영문을 알 수 없는 패배를 하고 있고, 그가 가장 잘하는 끝내기 기술〔官子功夫〕은 그가 중간에 우위를 점하고 있는 상황에서도 오히려 끝에 가서는 상대방이 승리하는 상황이 종종 발생한다. 이 모든 것이 시(時)이고, 명(命)이고, 운(運)이로다!

● 추리해서 알 수 있는 것은 이창호의 전성시대는 이때부터 사라져 갔고, 미래의 대운(大運)은 무운(戊運)이 아직 힘을 쓰고 있지만 당시와 같은 전성시대는 다시 없을 것이다. 그는 오청원의 뒤를 잇는 바둑 역사상 또 한 사람의 전설적인 인물로 역사에 길이 남을 것이다.

나는 이창호가 바둑을 배울 때의 이야기가 떠올랐는데, 그는 일찍이 한국의 7단인 전영선으로부터 가르침을 받았는데 전영선의 바둑 기풍은 맹렬한 공격이고, 신출귀몰하고, 묘수가 뛰어나고, 각 종의 변칙적이고, 위험한 수 사용에 능숙했다.

이창호는 그와 몇 년을 공부했지만 전혀 진보가 없었다. 바둑은 한결같이 규율이 있고, 본분에 충실한 것이기 때문에 전영선은 이미 이창호를 이길 방법이 없었다. 선생이 가르친 학생이 비록 진보가 많았지만 전혀 자신과는 닮지 않았다. 이 스승 마음도 그다지 좋지는 않았을 것으로 생각되지만 어쩔 수 없이 조훈현과 함께 공부하도록 그를 소개했다.

마치 김용(金庸)의 무협소설에서 최고봉의 고수는 전혀 무술동작을

사용할 필요도 없는 것처럼 그는 천성적으로 바둑의 도(道)를 이해하고 있고, 모르는 사이에 본분과 성실함에 의지해서 흑백 음양 세계에 대한 최고 경지의 자신의 바둑을 완성했다.

● 이창호의 결혼 _부가설명

33세인 이창호의 결혼은 모든 한국사람들의 마음을 들썩이게 했고, 한국 여자들은 그에게 시집가길 원했지만 그는 바둑 말고는 전혀 관심이 없어서 사람들은 그에게 돌부처라는 별명을 지어주었다. 과연 돌부처는 언제 마음을 열까?

- 병일주(丙日主)가 금(金)을 재(財)로 보니 재(財)는 여자가 되고, 그는 재성(財星)을 보지 못했지만, 만약 재(財)가 없다면 식상성(食傷星) 또한 여자를 나타낼 수 있다. 그러나 여자가 부인이 될 수 있을지 없을지를 보려면 처궁(妻宮)을 봐야 한다. 그의 처궁(妻宮)이 자수(子水)를 점(佔)하고 있는데, 미토(未土) 상관성(傷官星)이 천(穿)을 해서 이 미(未)는 처궁(妻宮)에 들어갈 방법이 없다. 그래서 무토(戊土)를 봐야 하는데, 시상(時上)에 무토(戊土)가 있으니 결혼이 늦음을 나타내고, 게다가 대운의 배합이 언제 무토(戊土)를 끌어올 수 있을지를 봐야 한다.
- 현재 경진(庚辰)의 진운(辰運)으로 행(行)하고 진(辰)은 식신성(食神星)이고, 처궁(妻宮)에 합입(合入)해서 돌부처의 결혼이 곧 있을 것처럼 보인다.

쉬어가는 코너
적신포신(賊神捕神)과 주공(做功)의 응용

● 건조(乾造)

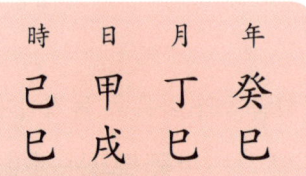

분석

화(火)와 조토(燥土)가 세력을 이루어 金水를 제압하고자 한다. 여기서 癸水가 적신(賊神)이 되고 화(火)와 조토(燥土)가 포신(捕神)이 된다.
그래서 대운이 金水運으로 가는 것을 기뻐한다. 즉 행운이 癸丑運과 壬子運으로 갈 때 지구위원회 부서기장으로 승진했다.
식상(食傷)이 인성(印星)을 제압하는 구조이다. 인성(印星)은 권력이다.

국 중에 癸水가 태약하여 巳火가 癸水를 합(合)하여 제압한 주공(做功)의 효율이 크지 않아 관이 작아 보이나, 좋은 것은 대운이 적신(賊神)으로 가니 癸水가 왕해지니 주공(做功)도 또한 커지게 되고 또 일주 좌하에 있는 戌土가 공신인 巳火의 묘(墓)가 되니 명주가 큰 관직을 담당하게 되었다. 이것이 바로 이 명국의 주공에 중요한 특징이다.

즉 巳火가 癸水를 제압하고 巳火는 주위(主位)의 술묘(戌墓)로 들어가고 戌도 또한 火土의 세력 중에 있으니 이러한 功은 곧 일주인 명주의 것이 된다.

3 교배(雜交) 벼의 아버지 원륭평

　원륭평은 중국 내에서 모르는 사람이 없을 정도로 널리 알려진 인물로, 그의 교배 벼가 벼의 생산을 늘리게 해서 중국의 많은 사람들을 먹여 살릴 수 있었다. 그가 얼마나 많은 사람들을 기아에서 벗어나게 했는지 모르지만, 그의 중국 및 전 인류에 대한 공헌은 어떤 말로 표현해도 지나치지 않는다.

　원륭평 선생의 생일에 대해 여러 설을 조사했는데, 결국에는 온총리가 그의 생일날에 생일선물을 그에게 주었다는 것에 근거해 그날을 확정했다. 원륭평 선생은 음력으로 생일을 지냈다. 그는 1930년 9월 1일(음력 7월 9일) 북경협화병원에서 태어났다. 내가 찾아본 결과로는 태어난 시간(時辰)은 만자시(晚子時)이다. 그래서 사주가 아래와 같다.

● 건조(乾造)

時	日	月	年
丙	甲	甲	庚
子	寅	申	午

● 대운

82	72	62	52	42	32	22	12	2
癸	壬	辛	庚	己	戊	丁	丙	乙
巳	辰	卯	寅	丑	子	亥	戌	酉

대운(大運) 유년(流年)은 언급하지 않고, 나는 오로지 상법(象法)의 각도에서 분석을 진행할 것이고, 그 속에서 여러분은 상(象)의 현묘함을 체험할 수 있을 것이다.

원선생은 교배 벼를 만들겠다는 생각을 말할 때까지 거의 한평생을 벼 연구에 쏟아부었다. 이것은 본래 교과서에 위배되는 것이다. 왜냐하면 당시 전 세계에서는 벼는 자웅동주이고, 화분을 스스로 받기 때문에 교배의 장점이 없다는 것이 일반적인 생각이었다.

그러나 자신을 믿은 원선생은 자신의 관점을 과감히 제기했고, 몸소 체험하고 대담하게 실천에 옮기기 시작했다. 마침내 천연 동종 중에서 수컷 성질을 갖고 있지 않은 것을 찾아서 성공적으로 교배 벼를 재배해 냈다.

- 원룽평 선생의 명(命) 속의 갑목(甲木)은 가까운 데서 수(水)의 생을 얻어 활목(活木)인 것은 의심할 여지가 없다. 갑목(甲木)은 상(象)에서 말하면 우뚝 솟은 큰 나무이지만, 공교롭게도 가을에 태어났기 때문에 당연히 나무의 형상일 수는 없다.
- 인신충(寅申沖)은 가을 수확의 의미이기 때문에 여기에서의 갑목(甲木)은 벼와 곡물을 의미한다.

그러면 왜 다른 것이 아니고 하필이면 벼일까?

- 그것은 시상(時上)에서 자수(子水)를 보고, 신(申)은 또한 수(水)의

장생(長生)이고 수(水)가 매우 왕성한데, 벼만이 오랫동안 물 속에서 살고 게다가 가을과 합(合)한 것은 수확의 상(象)을 나타내기 때문이다.

- 명(命) 중에 두 개의 갑(甲)이 있는데 하나는 갑신(甲申)이고, 다른 하나는 갑인(甲寅)으로 시상(時上)의 병화(丙火)를 공동으로 생(生)한다. 이 상(象)은 아주 재미있다. 갑신(甲申)을 수컷(雄性)이 자라지 않은 것으로 간주할 수 있고, 갑(甲)이 신(申)에 좌(坐)한 것은 절(絶)이고, 목(木)은 생(生)을 나타내고 금(金)은 사(死)를 나타내기 때문에 갑신(甲申)은 자라지 않음을 의미한다.

- 갑인(甲寅)은 장차 재배할 새로운 벼일 것이고, 인(寅) 속에는 왕(旺)한 식신(食神)을 함유하고 있어 생산량이 증가해 사람에게 식용으로 제공함을 의미한다.

- 시상(時上)에서 병(丙)의 상(象)은 화(花)가 되고, 두 개의 갑(甲)이 병(丙)을 공동으로 생(生)하는 것은 바로 수정의 의미이며, 수정 후에 마지막에는 새로운 볍씨를 길러내야 하는데 시상(時上)의 자수(子水)는 바로 종자의 의미이다.

이와 같이 팔자의 모든 과정은 팔자의 상법(象法)과 이법(理法)을 통해서 표술할 수 있다.

우리는 원륭평 선생을 과학자라고 알고 있지만, 여타 과학자들과 다른 것은 농부처럼 하루종일 밭에서 일을 했고 또한 많은 육체노동을 했다는 것이다.

●육체노동에 대한 맹파명리의 간법(看法)은 록신(祿神)이 주공(做功)일 경우인데 팔자(八字)에 확연히 나타나 있다. 원선생의 명(命) 속에 인(寅)이 록(祿)이 되고, 록(祿)이 살(殺)의 충(沖)을 받고 또한 인성(印星)의 생(生)을 받으니, 곧 육체노동의 의미가 된다.

신기한 유전자를 포함하고 있는 그 수많은 종자는 원륭평 선생의 부지런한 노동 속에서 한 알 한 알 성장한 것이다.

●87세 이후에 원륭평 선생의 대운이 사운(巳運)으로 가니 록(祿)을 천(穿)하고, 음수(陰水)가 절(絶)에 이르니 생사의 끝에 이른다.

우리는 여기서 묵묵히 원륭평 선생의 건강과 활력이 영원하기를 축원한다.

④ 이가성(李嘉誠)과 황혼 로맨스

수조원을 소유하고 있는 이가성 선생은 중국인 중에 제일 갑부이자 화상(華商)의 제1지도자라고 해도 과언이 아니다. 모두가 그의 성공에 대해 잘 알고 있고 흥미진진하게 이야기를 한다. 그러나 명리(命理)로 본다면 "일체 모든 것이 다 명(命)이다."라고 나는 말한다.

● 건조(乾造)

時	日	月	年
丁	庚	己	戊
亥	午	未	辰

● 대운

73 63 53 43 33 23 13 3
丁 丙 乙 甲 癸 壬 辛 庚
卯 寅 丑 子 亥 戌 酉 申

맹파 이론을 사용해서 그의 명(命)을 보면 다음과 같다.

● 주공(做功)의 핵심은 해수(亥水)이다. 해(亥)는 재(財)와 재(財)의 원신(原神)이고, 시지(時支)에 둘러 싸여 제압당하기 때문에 그것이 나타내는 것은 부(富)이지 귀(貴)가 아니다. 해수(亥水)가 피제(被制)되

어지는 것은 바로 두 개의 공(功)이 있고, 이외에도 해(亥)는 진(辰)에서 나왔기 때문에 또 하나의 공(功)이 더해지고, 기미(己未) 일주(一柱)가 또 진(辰)에 입묘(入墓)해서 진(辰)의 에너지를 한 층(層) 더 상승시키고, 월령(月令)의 반 층(層)을 더하면 모두 합해서 네 개 반의 공(功)이 있다.

부(富)의 등급

부명(富命)이 만약 한 계단[一層]의 공(功)을 잘 활용할 수 있다면 수억이 있을 수 있고, 두 계단[二層]의 공(功)이면 수십 억에서 수백 억이 있는 계층에 도달할 수 있다. 세 계단[三層]의 공(功)이면 틀림없이 수백 억에서 천억의 계층이 될 것이다. 네 계단[四層]의 공(功)이면 천억 이상의 계층이다.

귀(貴)의 등급

귀명(貴命)은 한 계단[一層]의 공(功)을 잘 활용하면 처급(處級)이 될 수 있고, 두 계단[二層]의 공(功)이면 청급(廳級), 세 계단[三層]의 공(功)이면 부급(部級) 혹은 부사장급, 4계단[四層]의 공(功)이면 제왕이 될 수 있다.

● 이가성 명국(命局)의 매 글자들은 다 공(功)이 있고, 그의 사업을 보면 대운(大運)이 반국(反局)으로 행하지만 않으면 모두 길운(吉運)이다. 임술운(壬戌運)부터 시작해 현재의 정묘운(丁卯運)까지 60년 행

운(行運) 모두가 길(吉)하다.
- 유일하게 축운(丑運)에 축오(丑午)가 처궁(妻宮)을 천(穿)해서 무너뜨리는 흉(凶)이 있어 결과적으로 축운(丑運) 마지막 일년인 기사년(己巳年) 자월(子月)에 사랑하는 부인 장월명이 불행하게도 세상을 떠나면서 커다란 상처를 안겨주었다. 대운 축(丑)이 처궁(妻宮) 오(午)를 천(穿)하고, 유년(流年) 기사(己巳)가 사해(巳亥)로 처성(妻星)을 충(沖)해서 궁성(宮星)이 모두 훼손되어 처를 극하는 응기가 되어 아내가 세상을 떠났다. 그의 처성(妻星) 해(亥)와 처궁(妻宮)이 서로 합(合)하면 혼인 감정이 매우 좋을 뿐만 아니라 부부간의 정감도 일치함을 나타낸다.

당시 이가성은 60대 초반으로 몸도 정정했으며 정신도 활기차고 또한 부호(富豪)였기 때문에 애정을 표시하는 미녀들도 적지 않았다. 홍콩의 많은 거상들은 스캔들을 영예롭게 생각했지만, 이가성은 백옥처럼 스캔들 한 번 난 적이 없었다.

1992년에 이르러서야 주개선(周凱旋)과 교제를 갖게 되는데 아마도 비즈니스계에서의 그녀의 재간과 세심함과 관심이 이가성을 감동시킨 것 같다. 나중에 그녀는 그의 친절하고 유능한 조수가 되었고, 중요한 장소에서 두 사람의 다정스러운 모습이 많이 보였다.

많은 학생들은 주개선이가 이가성의 명리(命理) 중에서 어느 자(字)에 나타나 있느냐고 묻는다. 해수(亥水)가 이미 그의 전처인데 또 어느 자(字)가 이성지기를 나타낼 수 있는지를 물은 것이다.

사실은 자세히 보면 알 수 있을 것이다.

● 이 해(亥)자 안에는 숨어 있는 것이 있다. 하나는 갑목(甲木)이고, 하나는 임수(壬水)이다. 분명한 것은 임수(壬水) 식신성(食神星)이 자녀궁(子女宮)에 빠지면 자신에게 많은 여성이 있음을 나타내고, 주여사는 33세로 그리 나이가 많지 않아 이 상(象)과 딱 맞아 떨어지고, 인운(寅運)과 인해(寅亥)가 합(合)하고, 인오(寅午)가 공(拱)하여 도달하니 동거의 상(象)을 나타낸다.

기자가 이가성에게 재혼할 생각을 해본 적이 있냐고 물어봤을 때 그는 단호하게 '없다'고 했다. 왜 그런 생각을 하지 않았는지에 관해서 물었을 때에도 그는 먼저 '개인적인 일'이라고 말한 후에 '그러지 않을 것이다'라고 보충해서 말했다.

그 후에 이가성에게 갑자기 재혼 일을 다시 언급했다. 그는 '방금 전에 누가 결혼에 관한 일을 질문했나? 내 사생활이다. 당신에게 대답할 이유가 없다'라고 말했다. 비록 이렇게는 말했지만 여기자의 추궁에 참지 못했다. 이가성은 가볍게 '어느 날 내가 생각을 바꿀지도 모르겠다'고 했다. 그는 결코 재혼의 가능성을 배제하지 않았던 것이다.

● 그러나 만약 명리(命理)로 분석한다면 이가성은 재혼하지 않을 것이다. 왜냐하면 그는 이미 묘운(卯運)이기 때문에 이 운(運)은 혼인궁(宮)을 파괴해서 재혼 가능성은 거의 없다.

⑤ 종초홍(鍾楚紅)

｜남편의 연이 다해서 단지 한 사람만 남아 슬픔에 잠겼다｜

   종초홍은 일찍이 홍콩과 대만에서 가장 아름답고 섹시하며 또한 매혹적인 여인 가운데 한 사람이었다. 한쌍의 큰 눈과 한쌍의 작은 보조개가 너무 매력적이었던 종초홍, 그녀의 결혼 이야기는 더욱더 아름답고 애잔했다.

   47세의 종초홍은 풍채와 재능이 당대 으뜸이었지만 그녀를 깊이 사랑했던 남편은 너무 일찍 세상을 떠났다. 종초홍에게 있어 행복은 너무 일찍 찾아왔고, 그녀가 인기 절정일 때에도 그녀의 동반자는 여전히 그녀를 사랑하고 있었다. 그런데 종초홍에게 있어 행복은 너무 빨리 떠나버렸다. 그래서 그녀는 혼자서 그 고통을 감당해야 했다.

   종초홍의 남편인 주가정은 일찍이 홍콩에서 뿐만 아니라 여러 나라에서 무수히 많은 상을 탔던 광고계의 기재였다. 8월 24일 직장암으로 생을 달리한 그의 나이는 향년 53세였다. 종초홍은 47세 때 남편을 잃은 아픔을 감당해야 했고, 두 사람의 16년간 금실 좋던 혼인은 이때부터 운명을 달리했으며 많은 사람들이 안타까워했다.

종초홍은 가히 80년대의 섹시여신이라고 불리워질 만했다. 1979년 미스 홍콩에 참가한 그녀는 아쉽게도 3위 안에는 입상하지 못했지만 포터제닉상을 수상했다. 그 후 영화계에 진출한 그녀는 많은 영화를 찍으며 흥행에 성공했고 여배우로서의 입지를 다졌다.

배우로서의 종초홍은 말 그대로 순탄대로였다. 그녀와 함께 작업한 유명감독으로는 오우삼·서극 등이 있고, 함께 일한 남자 배우들로는 한참 잘 나가던 주윤발·장국영·진백강·유덕화 등이 있다. 오랫동안 섹시한 몸매를 자랑했던 종초홍은 영화 〈男과 女〉에서 관해산(關海山) 및 만재량(万梓良)과 매우 격정적인 장면을 열연했고, 1984년 양가위와 찍은 〈설아(雪兒)〉에서는 더욱 과감한 노출 연기를 선보였다. 또한 주윤발과 함께 찍은 〈가을의 동화〉, 그리고 친한 친구인 장국영과 찍은 〈종횡사해(縱橫四海)〉는 모두 호평을 받았지만 아쉽게도 수상의 영예는 차지하지 못했다.

1979년 미스 홍콩에 선발된 종초홍은 신인으로 연예계에 발을 들여놓았고 이때 주가정은 종초홍을 알게 되었다. 그 당시만 해도 두 사람은 깊은 관계는 아니었다. 1984년에 주가정이 종초홍을 초대해 운동 상품 광고를 찍고 나서야 가까운 친구가 되었다.

보도에 따르면, 1987년 주가정과 종초홍은 스캔들이 났지만 당시에 두 사람 모두 부인했다. 1년 후 종초홍은 주가정과의 연애 사실을 인정했고, 두 사람은 스캔들이 나고 나서야 비로소 연락하기 시작했으며, 차츰 애정을 키워나갔다고 그녀가 밝혔다. 종초홍은 주가정이 성격이 차분하고, 점잖고 예절이 바르며, 함께 있으면 편안하지만 감정에 있어서는 소극적이고 수줍어하는 사람이라고 칭찬했다.

두 사람은 4년 동안 연애를 하면서 행복한 시간을 보냈고, 1991년 12월 10일 종초홍과 주가정은 비밀리에 미국 LA로 가서 친척과 친구들이 참석한 가운데 결혼식을 올렸다. 두 사람은 결혼 비용으로 200여 만 홍콩달러를 썼고, 당시 홍콩과 대만의 연예계를 뒤흔들어 놓았다.

현재 남편의 연이 다해서 혼자 남아 슬픔에 잠겼다.

우리는 명리(命理) 속에서 그녀가 왜 중년에 남편을 잃게 되었는지를 찾아보고, 또 장래에 재혼을 할 것인가에 대해서도 살펴보자.

종초홍은 1960년 2월 6일에 태어났고, 나는 그녀의 시를 축시(丑時)로 판단했다.

● 곤조(坤造)

時	日	月	年
乙	甲	戊	庚
丑	子	寅	子

● 대운

61	51	41	31	21	11	1
辛	壬	癸	甲	乙	丙	丁
未	申	酉	戌	亥	子	丑

축시(丑時)로 판단한 이유는 두 가지 이유가 있다.

❶ 축(丑)은 부(夫)의 묘지가 되고, 축시(丑時)를 배열해야지만 비로소 남편의 죽음을 증명할 수 있다.

❷ 축시(丑時)에 부궁(夫宮)인 정인(正印)을 합(合)하고, 궁(宮)이 한(寒)해서 불임(不孕)하기 때문에 결혼한 지 10여 년이 지났는 데도 아이를 가질 수 없었다(소위 말하는 두 사람의 세계를 즐기기 위해 아이를 낳지 않았다는 설은 단지 평계에 불과하다).

● 남편 주가정은 그녀의 팔자 중에 년상(年上)의 경자(庚子)이니, 그녀보다 훨씬 더 연장임을 나타낼 뿐만 아니라 투간(透干)해서 무토(戊土)의 재(財)가 상생(相生)하기 때문에 재능이 뛰어난 부상(富商)이다. 그렇지만 경금(庚金)은 월령의 절지(絶地)이고 시상(時上)이 묘지(墓地)가 되었기 때문에 함께 오래살 수 없는 것이다.

결혼 응기(應期)

원국의 을경(乙庚)이 합(合)하니 부성(夫星)이 다른 사람과 합(合)하고, 자축합(子丑合)은 또 부궁(夫宮)이 다른 사람과 합(合)하고 있는데, 갑술(甲戌) 대운에 갑경(甲庚)이 충(沖)하고 축술(丑戌)이 형(刑)하니, 합(合)으로 묶여 있는 궁성을 뒤흔들어 동(動)하게 한다. 그래서 이 대운에 결혼을 할 수 있다는 것이다. 유년에 바로 신미(辛未)를 만나니 이는 시상(時上)의 을축(乙丑)을 충(沖)하니 결혼 응기라는 것이다.

사망 응기(應期)

계유(癸酉) 대운의 유운(酉運)은 겉으로 보기에는 관성이 왕(旺)하나, 상(象)은 오히려 무너졌다〔맹파명리는 상법(象法)이 주(主)이다〕. 왜냐하면 유(酉)는 축(丑)과 서로 공(拱)하고, 축토(丑土)를 인동(引動)하니 즉 관성의 묘지를 인동(引動)하니 흉한 징조라는 것이다. 응기(應期)대로라면 을유년(乙酉年)에는 흉(凶)이 보인다. 실제 남편이 암을 얻은 것은 바로 을유년(乙酉年)의 일이다.

그렇다면 종초홍은 앞으로 재혼을 할 것인가?

● 명(命)에 보면 자축합(子丑合)이 있는데, 이것은 숨겨놓은 애인이 있다는 의미이다. 이 애인은 늦어도 기축년(己丑年)에 모습을 드러낼 것이고 게다가 가정이 있는 남자이다.

만약 스파라치들이 충분한 능력이 있다면, 09년도에 스캔들이 터질 것이다.

종초홍은 재혼하는 것은 틀림없다. 나는 가정이 있는 유부남이 이혼하고, 미인인 종초홍을 아내로 맞이할 거라고 예측한다. 이것은 원래 시끄러웠던 연예계에 새로운 화젯거리를 줄 것이다.

⑥ 장예모(張藝謀)

"나는 1950년도에 장예모를 낳았는데, 생일은 4월 11일이고, 출생한 시간은 아침 7시이다." 장예모의 어머니 장효우 교수가 언급한 내용이다. 장예모의 사주는 다음과 같다.

● 건조(乾造)

時	日	月	年
壬	丙	庚	庚
辰	子	辰	寅

● 대운

78	68	58	48	38	28	18	8
戊	丁	丙	乙	甲	癸	壬	辛
子	亥	戌	酉	申	未	午	巳

이 명조는 병화(丙火) 일간이 무근(無根)하고 임수(壬水)를 바로 보고 있는 조합이다. 이런 조합은 매우 신기해서, 수많은 역학도들은 임수(壬水)가 그렇게 왕성하면 병화(丙火)를 극괴(克塊)하지 않을까 하는 의혹을 가질 것이다. 그러나 감독이라는 직업으로서 병화(丙火)가 이처럼 약한데 상법(象法)으로 어떻게 그의 직업을 이해하겠는가?

맹파명리는 상법(象法)을 가장 중요시하는데, 상법(象法)은 이법(理法)

위에 있는 더욱 높은 단계의 것이다. 여러분도 병임(丙壬) 조합이 병화(丙火)가 극히 약한 상황에서 어떤 상(象)을 취(取)하는지 생각해보는 것도 괜찮을 것 같다.

여러분은 이 사주에서 저녁노을이나 무지개를 생각할 수 있을까? 저녁노을이나 무지개를 생각했다면 제대로 상(象)을 본 것이다. 영화는 의심할 여지없이 시각예술이고, 그것은 광(光)과 영(影), 허상과 진실, 동정(動靜)이 회전하여 돌아가니 병임(丙壬)과의 상(象)이 얼마나 잘 맞는가!

- 전국(全局)에서 금수(金水)가 세(勢)를 이루고, 년지(年支) 인목(寅木)이 병(病)이 되고, 경금(庚金)은 개두(蓋頭)되어 인(寅)을 극(克)한다. 행운 갑신(甲申)은 갑(甲)이 허투(虛透)해서 경(庚)에게 제(制)되어지고, 신(申)이 득지(得地)해서 인(寅)을 충제(沖制)한다.

그래서 1987년부터 1997년까지의 10년은 바로 〈노정(老井)〉, 〈홍고량(紅高粱)〉에부터 〈유화호호설(有話好好說)〉까지 장예모의 감독 생애에서 가장 화려하고 눈부셨던 10년이었다.

- 이후로 을유운(乙酉運)의 을운(乙運)에 을경(乙庚)에 합(合)이 있고, 재성(財星)이 합동(合動)해서 을운(乙運)이 눈부신 5년이 더 지속된다.

이 눈부신 5년 동안 〈일개도부능소(一個都不能少)〉, 〈나의 부친 모친(我的父親母親)〉, 〈행복시광(幸福時光)〉을 찍었으며 이 모두가 또한 아주 훌륭한 영화였다.

- 유운(酉運)에 이르러서는 수(水)의 패지(敗地)에 행입(行入)하고, 수패(水敗)해서 화성(火性)을 격동시킬 방법이 없다.

이때부터 그는 상업영화에 관심을 갖기 시작했고, 다시는 영화다운 영화를 찍지 못했다.

- 2007년 병술(丙戌) 대운(大運)에 들어갔다. 병운(丙運)에 병(丙)이 도달하면 병임(丙壬)이 충(沖)하려 하고 길(吉)임에 틀림없다. 유감스러운 것은 병(丙)이 술(戌)에 좌(坐)하는 것은 병(丙)이 득근(得根)한 것이고, 원국(原局)은 병(丙)이 허투(虛透)하는 것을 좋아〔喜〕하고, 병(丙)이 득지(得地)하는 것을 기(忌)해서 진술(辰戌)이 상충(相沖)하는 것을 더욱 좋아하지 않고 안정된 금수(金水)의 국(局)을 파괴한다.

그래서 나의 결론은 다음과 같다.

- 병운(丙運) 5년 동안은 한두 편의 볼 만한 영화를 찍을 수 있지만, 그러나 술운(戌運)이 되면 실적을 쌓을 수 없다. 술(戌)은 진토(辰土) 식신을 괴(壞)하고, 술(戌)이 연체(連體)해서 이 운(運)에 피를 보는 액, 즉 혈광지재(血光之災)가 있을지 걱정인데, 2014년 갑오년(甲午年)이 응기(應期)가 된다.

모든 사람으로 하여금 더욱 흥미를 느끼게 만드는 것은 장예모의 결혼이다. 그는 나중에 재혼 혹은 재결합을 할까? 왜 그의 손을 거쳐간 여자 배우들은 예외 없이 모두 인기를 한몸에 받는 대스타가 되었을까?
　공리(鞏俐) 이후에 장쯔이(章子怡), 구영(瞿穎), 동호(董洁), 그 마을의 별 볼일 없는 위민지(魏敏芝)조차도 현재 감독이 되었다. 그렇다면 이런 것들은 그의 명(命) 속에 명확히 나타나 있는 건가?

- 원국(原局) 중에 월상(月上) 경진(庚辰)은 그의 원부인이다. 시상(時上)에 또 진(辰)이 공(拱)하는 것이 보이고 끊어졌다가 다시 지속되는데, 이것은 재결합의 상(象)이지만 그러나 현재 대운(大運)이 병술(丙戌)에 이르니, 식신(食神)을 충(沖)하여 괴(壞)해서 재혼이나 재결합 가능성은 없다. 이 운(運)이 지나면 재결합 가능성이 있다.
- 여배우들에 관해서는 그의 명(命) 중에 당연히 경금(庚金) 재성으로 보는데, 그의 재능은 자수(子水)와 임수(壬水)가 되기 때문에 이 여성들은 금수상관(金水傷官) 조합의 모습을 띤다. 이때 관성(官星)을 보는 것을 매우 좋아하는데, 관성(官星)은 장감독 자신의 일주(日主) 병화(丙火)가 된다. 이런 종류의 기묘한 조합은 하나하나의 잘 나가는 여배우들을 만들어냈다.

　한 역우(易友)가 장감독이 신묘시(辛卯時)에 태어났다고 믿고 있을 때, 나는 두 가지 이유를 들어서 설명했다.

❶ 신묘(辛卯)시일 경우 병화(丙火)가 재성(財星)을 합(合)하여 탐하는

것은 작은 재(財)를 탐하는 상(象)이어서 결코 이처럼 영향력이 있는 대감독이 될 수 없었을 것이다.

❷ 신묘시(辛卯時)가 되면 격국(格局)이 크게 무너지고 자묘(子卯)가 파(破)하니, 전국(全局)의 층차가 크게 낮아짐으로 말할 만한 귀(貴)가 없다.

나는 장감독과 유사한 명(命)을 만난 적이 있다.

● 건조(乾造)

時	日	月	年
壬	丙	戊	壬
辰	申	申	寅

이 사람은 엄청난 갑부이고, 주위(主位)가 재성(財星)을 차지하기 때문에 주부(主富)이지 주귀(主貴)가 아니다. 이 병임(丙壬) 조합은 상(象)이 있는데, 그는 여자배우와 함께 시간 보내는 것을 좋아해서 자신이 돈을 대어 영화와 TV를 찍는 것을 협찬하다가 제작자가 되었다.

7 사망(死亡)과 영생(永生)
영국 다이애나 비의 명운(命運) 탐색

신화에서 말하는 봉황은 매번 죽고 난 후 전신에 큰 불이 타기 시작해 강력한 불길 속에서 새로운 삶을 얻고, 게다가 이전보다 더 강력한 생명력을 획득하는데 그것을 '봉황날반(鳳凰涅磐)'이라고 한다. 이처럼 계속해서 살아나기 때문에 봉황은 영생을 얻었고, 그래서 '불사조'라는 명칭을 사용하게 되었다.

명리(命理) 연구 중에서 일부 사람들의 생명 여정이 마치 봉황날반(鳳凰涅磐)같다. 그들은 생명의 빛을 짧은 인생 속에서 활짝 피우고 또한 찬란함은 순식간에 꺼져버려서 후대에게 영원한 그리움을 남긴다. 이것은 운명으로 전해져 있는 결말이고, 하늘의 유성처럼 만약 사망과 추락이 없다면 또한 찬란한 순간도 없다.

내가 아는 것은 매염방(梅艷芳), 장국영(張國榮), 다이애나(戴安娜)의 명국(命局) 조합이 매우 유사하다는 것이다.

"안녕, 잉글랜드의 장미여……."

10년 전, 다이애나 비가 세상을 떠날 때 순간적으로 널리 불리워졌던 명곡 〈바람 속의 촛불〉은 사람들에게 다이애나 비에 대해 영원히 사라지지 않는 기념이 되었다.

10년이 지난 지금 그녀의 사진, 그녀의 기념책, 그녀의 책, 그녀의 자선사업, 그녀의 숭배자 등은 다이애나 비의 아름다운 자태와 함께 여전히 사람들 주변에 살아 있다. 심지어 그녀는 영국의 왕실을 은연중에 변화시켰다.

정계에서부터 사교계까지, 자선단체에서부터 상류사회까지 그녀의 우아한 모습과 마지막의 마음 아픈 추락이 이 국가로 하여금 10년이 흐른 후에도 여전히 마음을 설레이게 하고 눈물을 적시게 만든다.

"당신은 우리들 마음속에 살아 있고, 모두들 고통받는 삶의 현장에서 당신은 우아하게 홀로 활짝 피어 있고, 당신은 우리의 국가를 부르고 있다……."

마치 노래 속 가사가 말하고 있는 것처럼, 영국사람들 마음속에 다이애나 비는 이미 한 시대의 상징이 되었고, 마음에서 영원히 꺼지지 않는 촛불이 되었다.

그녀가 이렇게 끝내야 했던 것은 하느님이 쓴 걸작 극본이다. 만약 예전의 왕비가 다시 결혼을 했다면, 그리고 또 다른 사람의 아내가 되어 자녀를 낳고 키웠다면 그것은 상상도 할 수 없는 일이다. 마치 〈홍루몽(紅樓夢)〉을 희극으로 만들어 대옥(黛玉)에게 시집가서 아이를 낳도록 하는 것과 똑같다.

오늘날 우리들이 아직도 이처럼 이 온화하고 친절하고 차분하고 아름

다운 왕비를 그리워하고 있는 것은 우리들과 같은 세상에서 생활한 적이 있는 인물이기 때문이다.

다이애나 비는 1961년 7월 1일 초저녁에 태어났으며(이 시진(時辰)은 전기(傳記)에 기록된 것을 사용한 것이다), 그녀의 사주는 다음과 같다.

● 곤조(坤造)

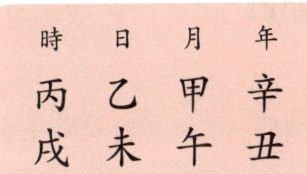

● 대운

32	22	12	2
戊	丁	丙	乙
戌	酉	申	未

맹파명리는 목(木) 일주(日柱)에 대해서 주로 사목(死木)과 활목(活木)으로 나눈다. 근(根)과 수(水)가 있는 목(木)은 활목(活木), 근(根)이 없고 수(水)가 있거나 혹은 근(根)이 있고 수(水)가 없는 목(木)은 사목(死木), 수(水)와 근(根)은 있지만 수(水)가 목(木)을 생(生)하지 못하는 근(根)은 사목(死木)이다.

다이아나 비의 명(命)은 확실히 사목(死木)이다. 그녀의 명(命) 속에서 왕성한 병화(丙火)가 보이고, 또한 오월(午月)에 태어나서 화(火)가 매우 왕성해 사목(死木)에 왕성한 화(火)가 보이는 조합이어서 마치 한 더미의 장작 같아서 활활 타오르는 화(火)에 넣으면 극렬하게 연소해 비할 데 없이 밝지만, 그러나 자신을 태워 재가 되게 하는데 이것이 봉황(鳳凰)의 날반(涅槃) 아닌가? 그래서 그녀의 죽음은 필연적이고 이미 운명으로 정해진 것이다.

그녀의 평범하지 않은 일생은 짧았지만 풍족했고, 곡절이 있었으며 또한 전기적이다. 마치 동화 속 신데렐라처럼 1981년 2월 29일 세계의 주목을 받는 왕비가 되었다. 그녀의 이미지와 행동은 많은 사람들의 사랑을 받았고, 최고의 스타이면서 정객의 또 다른 대중인물이 되었다.

그러나 결혼의 불행은 배반과 고통을 겪었고, 탈선과 배반으로 인하여 모든 행복과 불행들이 거의 다 그녀에게서 발생했다. 황태자와의 15년간 결혼 생활을 끝낸 후에 1997년 8월 30일 저녁, 뜻밖의 교통사고로 인해 그녀의 전기적인 인생이 막을 내리게 되었고, 남은 것은 사람들의 오랜 그리움이었다.

그녀의 명리(命理) 조합을 한번 연구해보는 것도 좋을 듯하다.

- 년주 신축(辛丑)은 황태자 찰스이고, 병신(丙辛)이 서로 합(合)하고, 병화(丙火)는 그녀의 아름다운 큰 눈을 나타내고, 그녀의 매혹적인 눈빛이 찰스 황태자로 하여금 첫눈에 반해 버리게 만들었다. 그러나 신금(辛金)과 월간(月干) 갑목(甲木)이 서로 인접해 있다. 또한 사주는 비겁(比劫) 쟁부(爭夫)의 상(象)이다. 그래서 이 갑목(甲木)이 바로 카밀라이고, 늙고 못생긴 여인이다.
- 그녀 명(命) 속의 목화(木火)가 너무 왕(旺)해서 음윤陰潤☞축축함한 금수(金水)를 너무 좋아한다. 그러나 남편 신축(辛丑)과는 너무 많이 떨어져 있고, 또한 그녀의 부궁(夫宮)과 상충(相沖)해서 그녀에게 관심이 없고, 밖에 애인이 있어서 남편의 사랑을 받을 수 없었던 그녀는 시상(時上) 술(戌) 속에서 감정을 토로할 수 있는 것을 찾았고, 술(戌) 중에서 신금(辛金)은 그녀와 사이가 좋은 애인이었다. 그녀는

다른 시기에 많은 애인들이 있었고, 최후에 이를 때까지도 그녀의 애인과 같이 있다가 교통사고로 세상을 떠났다.

● 대운(大運)이 무술운(戊戌運)에 이르렀을 때, 본래 약했던 음금(陰金)이 무술(戊戌)의 조토(燥土)에 의해 극(克)을 받아서 팔자는 양(陽)이 있지만 음(陰)은 없어 화(火)가 왕성한 것을 억누를 수 없어 틀림없이 분멸될 것이다. 정축년(丁丑年)에 축미술(丑未戌) 삼형(三刑)을 만나 목(木)의 근고(根庫)가 파괴되어 창고 속에 존재하는 목(木)을 전부 끄집어내서 태워버린 것과 같고 이 해에 그녀가 생을 달리한 것은 필연적인 것이다.

우리들은 조물주의 신기함에 감탄했고, 만물이 무성한 세계에서 봉황날반(鳳凰涅槃)의 생명이 다시 살아남아 있었기 때문에 비로소 그녀의 아름다움을 잘 드러낼 수 있었다.

다이애나는 결코 죽지 않았다. 그녀는 영원히 우리 곁에 살아 있다!

⑧ 상(象)으로 설명해보는 뉴턴과 아인슈타인

　명리학(命理學)은 초범적(超凡的)인 유상(類象) 능력을 갖추고 있어서 인생의 각종 상황을 비교적 완벽하게 표현해 낼 수 있다. 그러나 이것은 명리사(命理師)의 해독을 필요로 한다. 한 사람이 평생 동안 무슨 일에 종사할지, 얼마나 큰 성과가 있을지 모두 명(命)의 원국(原局)에 어느 정도 나타나 있다.

　우리는 뉴턴과 아인슈타인 두 위대한 과학자의 명리(命理)를 통해 그들이 왜 이처럼 위대한 성과를 낼 수 있었는지와 더불어 명리상법(命理象法)의 현묘한 이치를 이해할 수 있을 것이다.

● 건조(乾造)　**뉴턴**

時	日	月	年
庚	庚	壬	壬
辰	子	子	午

뉴턴은 고전물리학의 창시자로서 일생 동안 과학에 공헌한 업적으로 세 가지가 있다.

❶ 뉴턴의 3대 법칙 제기
❷ 만유인력법칙 발견
❸ 미적분학 창립

우리들은 간지상(干支象)의 원리를 이용해서 뉴턴의 이런 위대한 대발견을 이해해 보려고 한다.

뉴턴은 물리학 속의 힘을 이해했고, 속도·가속도·질량을 이용해서 물체의 운동과 힘의 관계를 묘사했다.

힘〔力〕은 무엇인가?

● 명리(命理) 속에서 상충(相沖)이 바로 일종의 힘의 작용이다.

질량은 무엇인가?

● 오행(五行) 중 금(金)은 중량(重量)의 함축된 의미이고, 수(水)는 유동(流動)의 함축된 의미이다. 그의 팔자 중에서 자수(子水)를 이용해 운동을 나타내고, 경금(庚金)을 이용해 질량을 나타내고, 자오충(子午沖)을 이용해 힘(力)을 표시한다.

시지(時支)의 진(辰)은 무슨 의미인가?

● 2개의 자수(子水)가 진묘(辰墓)에 입(入)하려 하고, 진(辰)은 자수(子水)를 수(收)해서 그 상(象)은 힘의 흡인(吸引) 혹은 수렴이 된다.

뉴턴의 이런 발견은 모두 팔자(八字)의 상(象)을 이용해서 묘사할 수 있다.

❶ 자오충(子午沖)은 작용하는 힘이고, 2개의 자수(子水)가 하나의 오화(午火)를 충(沖)하며 평온이 깨지는데, 바로 가속도를 의미하는 것이다. 경자상(庚子象)은 바로 질량을 가지고 있는 물체의 운동이고, 그것은 작용의 힘[力]과 상관성이 있어 F=ma 방정식이 나온다.

❷ 두 개의 질량을 가지고 있는 물체 사이에 인력이 존재하는데 이것이 바로 만유인력이다. 사주(四柱) 중에 2개의 경(庚)은 바로 상(象)이 2개의 질량을 가지고 있는 물체이고, 경진(庚辰)의 상(象)이 자수(子水)를 수(收)하는 것이 바로 다른 하나를 흡인하는 의미이다. 그들 사이의 수학관계는 $F=Gm_1 \cdot m_2/R^2$ 이고, 여기서 F는 자오충(子午沖)이다.

뉴턴은 사과가 왜 땅에 떨어지고, 달은 왜 지구로 떨어지지 않는지를 생각하고서 만유인력을 생각해냈다. 경진(庚辰)은 움직이지 않는 지구이고, 경자(庚子)는 유동(流動)하고 있는 달이고, 자수(子水)는 원 혹은 둘레를 도는 것을 나타내는데 달의 원주운동의 원심력이 때마침 인력과 서로 평형을 이루기 때문에 달이 지구에 떨어지지 않는 것이다. 팔자(八字) 중에 진묘(辰墓)가 자(子)를 끌어당기는 인력(引力)과 자오충(子午沖)의 원심력이 바로 체현되어 있다.

❸ 미적분의 중요한 개념은 바로 수렴과 극한이고 또한 무한대로 작아진다는 것이다. 자(子)는 지음(至陰)의 양(陽)이니 극소의 의미다. 임자수(壬子水)가 다중(多重)하면 적(積)의 의미이고, 그 자(子)가 진묘(辰墓)에 입(入)하면 수렴의 의미이다.

라이프니츠의 미적분에 대한 발견이 기하학에 바탕을 둔 것이라면 뉴턴의 미적분 발견은 운동과 역학(力學)의 문제를 해결하는 것에 바탕을 두고 있다는 것이다. 그는 적분을 '유수술(流數術)'이라고 불렀는데, 자오(子午) 상충(相沖) 힘(力)과 운동의 의미가 더욱더 팔자(八字)에 잘 구현되어 있다.

뉴턴의 팔자(八字)에는 상관제관(傷官制官)이 작용하고 있는데 이것이 그의 명국(命局)의 주공(做功)의 핵심점이다.

● 상관(傷官)은 심지(心智)☞지혜·사고력가 되고, 자수상관(子水傷官)은 그의 물리세계의 근본문제에 대한 사고를 더욱 잘 드러내고 있고, 자오충(子午沖)은 그의 사상 목표이다.

그는 결코 공상으로 흐르지 않고 구체적인 문제를 해결하는데 역점을 두었고, 게다가 반드시 철저하게 해결하려고 했다. 뉴턴의 과학적 성과는 사람들의 세계에 대한 이해를 바꾸어놓았고, 뉴턴 이후에 완전히 새로운 과학 시대가 열리게 되었다. .

● 건조(乾造) 아인슈타인

時	日	月	年
甲	丙	丁	己
午	申	卯	卯

만약 뉴턴이 힘(力)을 이해했다고 한다면, 아인슈타인은 빛(光)을 이해했다고 말할 수 있다. 그의 일생 동안 주요 물리학 공헌은 모두 빛(光)

과 관계가 있다. 그의 중요한 과학 발견은 다음과 같은 것들이 있다.

❶ 광양자학설로 노벨 물리학상을 수상했다.
❷ 협의상대론과 광의상대론으로, 이것은 그의 가장 중요한 혁명적인 발견이다.
❸ 질량에너지 방정식 $E=mc^2$

빛(光)은 무엇인가? 우리가 볼 수 있는 햇빛·불빛·별빛 모두는 빛(光)이지만, 우리들이 볼 수 있는 것은 단지 빛의 현상이지 본질이 아니다. 그러나 아인슈타인이 본 것은 빛(光)의 본질이었다.

빛 전파와 물체의 운동은 같지 않은데 그것은 물체의 운동처럼 힘의 추진을 필요로 하지 않고, 또한 파동의 전동처럼 매개체를 필요로 하지 않는다. 빛 운동 속도는 불변하는 것이기 때문이다. 이것은 뉴턴 역학의 상대속도 개념과 완전히 다른 것이다.

아인슈타인은 왜 이런 문제들을 발견할 수 있었을까? 그의 팔자(八字)를 통해 분석해보자.

● 병정화(丙丁火)는 광(光)을 나타내고, 묘목(卯木)은 부드러운 목(木)이어서 파동·만곡(彎曲)을 나타내고, 정화(丁火)의 원신(原神)이어서 광속 C를 나타낼 수 있다. 정묘(丁卯)는 광속의 의미이고, 기(己)가 정(丁)과 상통하고, 갑기(甲己)가 요합(遙合)하고, 기묘(己卯)는 물체의 근광속운동의 상태를 가리킨다. 갑오(甲午) 시의 오(午) 중에 정기(丁己)를 포함하고 있어 정기(丁己)의 두 상(象)을 함께 관할하는데, 바로 물체가 근광속운동할 때 나타나는 상태이고, 이것으로써

협의상대론을 만들었다.

- 신금(申金)은 중물(重物)이고 일종의 유형(有形)을 볼 수 있는 물체이며, 여기에서 비었는데〔空亡〕 이것은 입자(粒子)로 이해할 수 있고, 묘신(卯申)이 암합(暗合)한다. 이렇게 해서 광(光)의 파동과 입자의 이중 특징이 하나도 남김없이 드러났다. 병신(丙申) 일주는 바로 빛(光)의 양자성질(量子性質), 다시 말하면 빛은 연속적인 것이 아니고 불연속적인 것이고, 빛을 싸매는 상(象)인데 바로 이것을 아인슈타인이 발견한 아주 중요한 것이다.

상대론은 속도·시간·공간·인력·질량의 상관성이 존재함을 가리키는 것이다. 예를 들면 광의의 상대론은 광선이 만유인력의 장에서 만곡(彎曲)한 상태로 존재한다는 것을 가리킨다. 아인슈타인의 이 추론을 당시 과학계는 믿지 않았고, 1919년 5월 한 번의 전일식의 관찰을 통해서 증명된 이후에서야 비로소 그의 상대론은 과학계에 큰 반향을 불러일으켰으며, 인류 사상사 중에서 가장 위대한 성과 가운데 하나라고 일컬어졌다. 팔자상법(八字象法)을 이용해서 이 과학적인 실증과정을 분석해 보는 것도 좋을 듯하다.

- 정화(丁火)는 미광微光☞희미한 불이 되어 먼 별빛을 나타낼 수 있다. 병화(丙火)는 태양이 된다. 병(丙)에 좌(坐)한 신(申)은 태양 질량하의 만유인력장을 가리키는 것이고, 정(丁)이 묘(卯)를 좌(坐)하고 묘신(卯申)이 암합(暗合)하는 것은 바로 별들의 빛이 태양의 만유인력장에서 굴절될 수 있다는 것이지만, 그러나 이런 현상은 쉽게 관찰할

수 없다. 왜냐하면 태양광이 너무 강해서 정(丁)이 병(丁)의 아래에 서는 볼 수 없기 때문이다.

- 1919년 5월은 기미년(己未年) 기사월(己巳月), 기정(己丁)은 일가(一家)이니 병화(丙火)의 빛을 어둡게 하여 비로소 이 이론이 실증되었다.

- 마지막으로 방정식 $E=mc^2$이다. E는 능량能量☞에너지이고, 국중(局中)의 화(火)도 능량(能量)이다. m(질량)은 신금(申金)이고, c(광속)은 묘목(卯木)이다. 마침 두 개의 묘(卯)가 신(申)과 합(合)한다. 그래서 c의 제곱인 것이다.

⑨ 곤사(坤沙)의 마약 인생

일찍이 세계의 마약왕이라고 불리었던 미얀마의 마약 두목 곤사(坤沙)는 10월 26일 미얀마 양곤에서 사망했는데, 이 풍운의 인물은 향년 74세였다.

명리(命理) 속에서 그의 전기적인 범죄의 일생을 살펴보는 것도 좋을 듯하다

● 건조(乾造) 곤사

時	日	月	年
丙	甲	戊	甲
寅	寅	辰	戌

● 대운

68	58	48	38	28	18	8
乙	甲	癸	壬	辛	庚	己
亥	戌	酉	申	未	午	巳

나는 인터넷상에서 곤사(坤沙)의 정확한 생일을 찾지 못했는데, 곤사가 1933년에 태어났고 1934년생이 아니라고 쓰여진 글도 있었다.

사실 이 사주는 아주 오래 전에 역우가 제공한 것으로, 당시 그는 이 사주의 주인공이 무엇을 하는 사람인지를 보도록 했다.

나는 "이 명은 매우 부유하다."라고 말했고, 그는 "맞다."며 무엇을 해서 부유할 수 있었는지를 물었다.

"이 명조는 목왕생화(木旺生火)의 조합으로, 식신(食神)은 먹는 것이고, 갑(甲)이 진월(辰月)에 태어났으니 상(象)은 살아 있는 목(木)이고, 화(火)를 보는 것은 꽃잎이고, 꽃을 팔아서 이렇게 부유해질 수는 없을 것이다〔당시에는 이해가 명확하지 않았는데, 사실은 이 팔자의 목(木)은 사목(死木)이다〕.

내가 말했다

"역우가 분석한 것이 정확하다. 그는 정말로 꽃을 파는 사람인데 단지 그가 파는 것은 보통 꽃이 아니라 유혹적인 양귀비이다. 원래 마약조직의 두목 명국(命局)이었고, 더 자세히 분석해보니 그의 일생은 정말 명국(命局)과 완벽하게 맞아 떨어졌다. 그래서 이것이 바로 그 유명한 세계 마약왕의 명리팔자(命理八字)라는 것을 확신했다."

그가 말해 주었다.

● 이 명국(命局)은 재성(財星)이 묘(墓)에 임(臨)하고 인성(印星)이 파괴된 조합이다. 그래서 어려서부터 부모의 관심과 사랑을 잃고 다른 사람 집에서 자라 성인이 되었다. 그의 소년 때 행운은 이미 화(火) 식신운이 되었고, 록(祿)이 천(穿)을 당하여 록(祿)과 식신(食神)이 모두 나빠져 어렸을때 먹고 입을 것이 없어 생활이 매우 힘들었고 또한 교육받을 기회가 없었다.

그러나 명국의 조합은 그가 대대적으로 크게 사업을 해야 하고 게다가 반드시 부정한 사업이어야 한다.

● 이것은 목화(木火)가 당(黨)을 이루어 진(辰) 중의 수(水)를 제압하는 명국(命局)이 되니 주공(做功)이 매우 크다. 이미 팔자(八字) 중의 인성 수(水)를 제거(制去)한 이상 일주(日主)의 목(木)도 더 이상은 활목(活木)이 아니고, 아예 금제(金制)를 두려워하지 않고 반대로 나무를 쪼개서 불을 만드는 것이 더욱 왕성한 이익이 있다.

인성(印星)이 제압을 당하였다는 것은 한편으로는 그가 어렸을 때 의지할 곳이 없었음을 나타내고, 또 한편으로는 할 수 있는 정상적인 사업이 없음을 나타내기 때문에 곤사는 의지할 만한 것들이 없었다. 단지 자신만을 의지할 수밖에 없었기에 그가 권력과 돈을 신봉하는 것 이외에 믿을 수 있는 것이 더 이상 없음을 나타낸다.

28세 신미운(辛未運) 이후 성공하기 시작했다. 그는 마약사업의 원대한 전망을 보고, 태국에서 골든 트라이앵글〔金三角〕로 와서 자신의 신분과 경력에 의지해 두목의 딸을 아내로 맞이했다. 그리고 최단기간에 장인의 최측근이 되었다. 하지만 그는 놀랍게도 장인을 죽이고 국군에게 상을 받기를 바랐고, 또 국군과 연합을 요구하여 각종 수완을 이용해 인근의 모든 작은 조직들을 차츰차츰 재편해 갔다. 그 결과 미얀마 북쪽에 통일된 군대와 상대적으로 독립된 기반을 만들었고, 세계의 70% 이상의 헤로인 시장을 통제했다.

● 이 대운(大運)은 병신(丙辛)이 상합(相合)하여 즉, 관성(官星)이 합(合)하여 주위(主位)에 도달한다. 인(寅)은 또한 미묘(未墓)로 들어가니 권력을 개편하여 장악하는 상(象)이다. 그러나 동시에 록신 입묘

(入墓) 또한 자신이 곤혹스러워지는 상(象)이다.

1969년 미얀마 정부가 함정을 만들었고 곤사(坤沙)는 체포되어 감옥에 갇히게 됐다.

● 38세 임신운(壬申運)에 들어오니, 이때의 대운(大運)은 효신탈식(梟神奪食) 칠살충록(七殺沖祿)하고 다행히도 그의 명(命) 중에 비겁다투(比劫多透)가 효신(梟神)을 화(化)할 수 있고, 록신양현(祿神兩現)은 또한 살충(殺沖)을 두려워하지 않는다. 그래서 그는 이 운에서 위험은 사라지고 평온해져 오히려 실패를 극복하고 성공의 길을 걸었다.

1976년 병진년(丙辰年)에 그는 성공적으로 감시를 벗어나 거주했고, 양곤을 떠나 다시 골든 트라이앵글로 돌아왔다. 70년대 말에서 80년대 초까지 곤사의 마약업 및 군사세력의 전성시대가 되었다.

● 명리(命理)상으로 보면 인(寅)은 신(申)에 의해서 충(沖)되어지니 화(火)를 생함이 더욱 왕성하고, 게다가 맹파명리의 목화상관국(木火傷官局)에 부합한다. 그래서 임신운(壬申運)의 신운(申運)은 그가 재능과 포부를 크게 펼친 시기가 되었다.

● 48세 후 계유운(癸酉運)에 들어서자 월령(月令)의 천지(天地)가 대운(大運)과 합(合)하였는데, 천지상합(天地相合)이 합반(合絆)되었다. 일반적으로 합(合)한 일주(一柱)는 반주(絆住)당하여져 효력을 상실한다. 그러나 팔자(八字)의 상(象)에서 분석하면, 계수(癸水)가

대표하는 것은 진토(辰土)이기 때문에 계(癸)의 상(象)이 합(合)으로 무(戊)에 도달하니 진토(辰土)가 주공(做功)하고 있음을 나타낸다.
- 더욱 중요한 것은 그의 팔자(八字) 안의 진토(辰土)는 술(戌)에 의해서 제사(制死)되고, 적신포신(賊神捕神)의 조합이 되었기에 그것은 적신(賊神)이 나타나야 길(吉)로 변하니, 바로 대운 계유(癸酉)는 일주(一柱)인 무진(戊辰)의 역량을 강화시키는 힘이 되니 주공(做功)하는 힘의 역량을 가히 짐작할 수 있다.

이 대운(大運)은 1981년에 시작해서 1991년에 끝났고, 곤사는 미얀마 군인이 정권을 빼앗았기 때문에 그 생존환경은 개선됐다. 그는 이 시기를 포착하여 근거지와 군대를 확대하고, 마약 무역을 확대 증가시켜 그 재력과 인력이 크게 강화됐고, 더 나아가 한때 크게 성행했다.

1993년 12월 14일 곤사(坤沙)는 담탄공화국(擔邦共和國) 건립을 선포하고 미야만에서의 독립을 선언했으며 게다가 자칭 대통령이라 불렀다. 이때 곤사 수하에는 4만명 정도의 용병이 있었고, 80여 평방 킬로미터의 지역기반을 통제했고, 12개의 미약가공 공장에서 100톤 정도의 헤로인을 생산했다.

- 58세에 그가 갑술대운(甲戌大運)에 들어서자 적신포신(賊神捕神)의 조합에서 적신(賊神)의 대운을 가장 좋아하고, 포신(捕神)의 대운을 매우 두려워하는데 갑술대운(甲戌大運)이 바로 그의 포신대운(捕神大運)이다.
- 원국(原局) 중의 진(辰)은 술(戌)에 제사(制死)되어지고, 다시 술운

(戌運)으로 행(行)하면 제(制)함이 너무 태과하여 반대로 공(功)이 없다.

이 대운 초에 태국 미얀마 정부군은 곤사의 몽골태국 무장세력에 대해 공격을 가했고, 미국 등 강대국의 반마약 국제형세 하에서 1996년 1월 5일 막다른 길에 몰린 곤사는 굴욕적인 명운을 벗어날 수가 없었다. 결국에는 미얀마 정부에게 무장을 해제하고 투항했는데, 이때가 을해년(乙亥年) 겨울이었다.

● 이러한 상(象)은 마치 솥 밑에 타고 있는 땔감을 꺼낸 것처럼, 진(辰)에서 누설되어 나온 해수(亥水)가 대운에 의해 제거당하니 권력이 모두 사라진다.

이 후로 곤사는 양곤에서 정해년(丁亥年) 술월(戌月)에 세상을 떠날 때까지 줄곧 은둔해 살았고, 그의 마약 인생은 마침내 마침표를 찍었다.

● 사실은 그의 일주(日主)가 사목(死木)인 것을 알기만 하면 쉽게 이해할 수 있다. 사목(死木)은 수(水)를 두려워하고, 수(水)를 보면 부패해져서 그는 당뇨병과 합병증으로 사망했으니 바로 이와 맞아 떨어진다.

⑩ 천수이비엔(陳水扁)

2004년 5월 19일, 천수이비엔은 두 개의 탄알 때문에 대만의 대통령이 된 것은 의외인가 아니면 세심하게 계획된 음모인가? 4년 후 다가오게 될 심판에 직면해서, 그를 기다리고 있는 것은 또한 무엇일까?

4년 전에 일찍이 천수이비엔의 팔자를 연구한 적이 있었다. 나는 그 당시 당선되지 못할 것으로 판단했는데 결과는 오히려 당선됐다. 그때 분석한 팔자를 다음과 같이 기억하고 있다.

● 건조(乾造)

時	日	月	年
庚	庚	丙	庚
辰	辰	戌	寅

나는 줄곧 잘못 판단한 원인을 찾고 있었지만 그 답을 얻을 수가 없었다. 일찍이 대만의 한 저명한 명리학자가 이 명조를 판단한 것을 본 적이 있는데, 그는 '천수이비엔의 뜻밖의 당선을 예측한 적이 있다고 했

고, 또한 천수이비엔과 여(呂) 부총통은 뜻밖의 재(災)를 막아야 한다' 라고 말했다.

　나는 이 문장을 읽고 난 후에도 여전히 이 명조를 이해할 수가 없었다. 작년에 기문서(奇門書)을 봤는데, 무의식중에 기문서 작가 또한 일찍이 기문(奇門)을 이용해서 04년 대만선거의 일을 예측한 적이 있고, 기문의 예측방법과 팔자의 해석은 같지 않으나 당사자의 띠〔屬相〕는 필요하였기에 문장 속에서 천수이비엔이 토끼띠이고 호랑이띠가 아니라고 말한 것을 발견했다. 그래서 인터넷에서 천수이비엔의 다른 팔자 판본 및 생일을 찾아보았다. 천수이비엔의 신분증에 기재한 것은 민국 40년 양력 2월 18일(1951년 2월 18일)이었는데, 왜 혹은 누가 그의 생일을 호랑이 띠로 바꾸어놓았는지는 명확하지 않다.

● 건조(乾造)　다른 팔자 판본

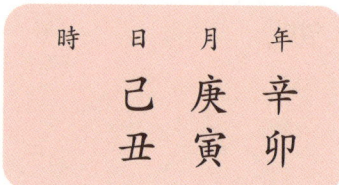

내가 추정한 시는 유시(酉時)로, 팔자는 아래와 같았다.

● 건조(乾造)

나는 이 조를 열거해서 그의 경력을 검토해 보았는데, 조금도 틀리지 않았다. 내가 분석하고 평가한 몇 가지 중요한 이유를 열거해 보겠다.

❶ 먼저 사주의 전체 구조를 보자.
식신제살의 조합이고, 앉은자리는 식신의 고(庫)이고, 유금(酉金)이 공(拱)하여 나오고, 신금(辛金)이 투출하여 포위하여 살(殺)을 제압하는 세(勢)의 모습을 나타낸다. 을유운(乙酉運)의 유지(酉地)는 최고로 길(吉)하다. 그래서 총통이 된 이유는 충분하다.
반대로 앞의 경인(庚寅) 팔자를 보면 살성(殺星) 투간이고, 제압(制)도 없고 화(化)도 없고, 경(庚)의 앉은자리에 진(辰)을 깔고 있고, 두 개의 진토(辰土)인 인성이 너무 태중(太重)하여 이 사주를 귀(貴)한 것으로 보는 것은 어렵다.

❷ 천수이비엔은 일찍이 법률 일에 종사하였고 또한 젊은 나이에 유명한 변호사가 되었다. 이는 특히 유금식신(酉金食神)의 상(象)에 부합하고 유(酉)는 또 법률의 의미이다.

❸ 가장 중요한 한 가지는 우리가 천수이비엔의 아내 오숙진(吳淑珍)이 교통사고로 하지 불구가 되었다는 것을 알 것이다. 이 점은 팔자 중에 확실히 나타나 있다. 그러나 경인(庚寅) 팔자는 오히려 아내가 이러한 재난[患]이 있다는 것을 볼 수 없다.
이 명조 속에는 아내가 부상당하는 것이 나타나 있고 게다가 다리장애의 상(象)이다. 시상의 계유(癸酉)는 아내가 되고, 유(酉)는 아내의 하체가 되고, 팔자 중의 경신(庚辛)은 아내의 다리를 나타낼 수 있다. 년월에 사절(死絶)의 지지가 임했다. 또 년월은 다리가 되고, 일지는 묘

지(墓地)인데 이것은 아내의 다리가 불구가 되어 반드시 휠체어에 앉아야 한다는 것을 명확하게 나타내고 있지 않은가? 또한 교통사고가 발생한 것은 을축년(乙丑年)인데 바로 축(丑)이 도달하여 응(應)했다는 것이다.

위의 세 가지는 충분히 천수이비엔 팔자가 신묘년생(辛卯年生)이라는 것을 증명할 수 있고, 대운과 유년 그리고 그의 경험으로 비추어 보아 잘 맞아 떨어진다.

- 병술(丙戌) 대운(大運)에 병신(丙辛)이 서로 합(合)하고, 식신합인(食神合印)하니 명(名)에 유리하다. 이 운(運)에 명성이 높아져 매체 보도의 초점이 되었기 때문에 이때 자신이 정치를 하는 데 있어 정치적 토대를 마련했다. 게다가 술운(戌運)의 갑술년(甲戌年)에 타이베이〔台北〕 시장으로 당선됐다. 이는 갑기(甲己)가 합(合)하여 자기에게 도달하였고, 술(戌)이 형(刑)하여 식신고(食神庫)를 열고 제살(制殺)하여 권력을 얻을 수 있었다.
- 을유운(乙酉運)의 을운(乙運)은 살성(殺星)이 허투되어 경금(庚金)에게 합(合)을 당해 권력을 잃어버린 상(象)이다. 그러나 유운(酉運)은 오히려 아주 좋아서 유운(酉運)의 경진년(庚辰年)에 유금식신(酉金食神)을 합(合)하여 동(動)하게 하고 또 살(殺)을 충(沖)하니, 학(鶴)과 조개〔蚌〕의 싸움에서 어부가 이익을 얻은 것처럼 운좋게 대통령 선거에서 승리했다.
- 유운(酉運)의 마지막 1년인 갑신년(甲申年)은 불리한 상황에 있게

되는데, 뜻밖에도 두 개의 신기한 총알의 도움으로 운 좋게 당선됐다.

5.19. 저격사건의 수수께끼는 지금까지도 명확하게 밝혀지지 않고 있다. 그렇다면 명리를 통해 그 단서를 찾을 수 있을까?

나는 자세한 분석을 통하여 다음과 같은 결론에 도달했다.

이번 저격사건은 천수이비엔 스스로가 계획한 하나의 음모이고, 그 목표는 그의 보좌관인 여수연(呂秀蓮)을 노렸던 것이다. 하지만 저격수의 실수로 보좌관을 맞추지 못하고 천수비엔을 맞춰 부상을 입힌 것이다.

- 우리들은 경금상관(庚金傷官)을 천수이비엔의 보좌관인 여수연(呂秀蓮)으로 간주했고, 상관 자체는 여성의 의미가 있으며 또한 일주 주변에 있고 게다가 아내 유금(酉金)과는 다른 여성이다. 그래서 경금(庚金)이 여(呂)다. 경금(庚金)이 인(寅)에 앉아 있는 것은 절지(絶地)여서 여(呂)를 사지(死地)로 몰고가는 의미가 있다.
- 갑신년(甲申年) 신(申)은 축(丑)에서 나오고, 축(丑)은 주로 음암(陰暗)을 나태내는데 자기 밑에 좌하고 있어 자신이 직접 계획한 음모이다. 신(申)이 인(寅)을 충(沖)하니 동(動)하여 경금(庚金)이 죽기를 요한다. 인(寅) 중에 화(火)를 포함하고 있어 인(寅)은 주로 총알을 나타낸다. 그러나 갑신(甲申)의 갑(甲)은 인(寅)이 허투하여 달아남을 나타내는데, 다시 말해 총알이 정확하게 맞지 않고 옆으로 빗나감을 나타낸다.
- 갑(甲)이 합(合)하여 일주인 기토(己土)에 도달하니 공교롭게도 자신의 몸을 맞췄고, 기토(己土)는 주로 피육皮肉☞신체·살을 나태내고, 또

갑(甲)이 허(虛)해서 힘이 없는 관계로 그의 신체에 상해를 입혔다.

그렇다면 왜 천수이비엔은 이런 위험하고 나쁜 책략을 꾸민 것일까?

● 기축(己丑) 일주의 고(庫)에 충(沖)이 없는 것은 음모를 꾸미는 것을 좋아하는 사람이다.

그는 목표에 도달하기 위해 수단을 가리지 않은 사람이고, 자신의 여론조사가 불리한 상황으로 몰리자 당선되고 싶었던 그는 궁지에 몰려 이판사판으로 행동할 수밖에 없었다.

대만의 선거법 규정에 따르면, 만약 대선 중에 부총통 후보자에게 뜻밖의 사고가 발생하더라도 선거는 연기를 하지 않고 평소대로 진행되며, 선거조사를 멈추기 때문에 투표를 앞둔 가장 중요한 시기에 그는 여수연의 희생을 통해서 동정표를 얻어 근소한 차이로 당선할 수 있기를 희망했던 것이다. 그러나 여수연의 명(命)이 길어 머리털 하나도 상처를 입지 않았다.

만약 이 사건의 진상이 밝혀지는 날이 있다면 틀림없이 우리의 추리와 맞아 떨어질 것이다. 현재 천수이비엔과 그의 가족들은 뇌물수수와 돈 세탁 죄명으로 검찰에 의해 기소된 상태이고, 조사는 계속 진행 중에 있다.

천수이비엔의 미래의 명운(命運)은 어떨까? 틀림없이 모두가 관심을 가지고 있는 문제일 것이다. 명리(命理)의 각도에서 분석하면 어떤 결론이 나올까?

- 갑신(甲申) 대운(大運)은 상관견관(傷官見官)이어서 틀림없이 소송이 끊임없이 발생할 것이다. 그의 앉은자리 축토(丑土)는 주로 감옥이고 인(寅)은 광명(光明)인데, 축(丑)과 합(合)하여 길(吉)이 된다. 그러나 지금은 신운(申運)을 만나 인목(寅木)을 충거(沖去)하니 팔자는 양(陽)을 실(失)해서 광명이 없으므로 틀림없이 감옥에 갈 것이다. 감옥에 가는 시기는 경인년(庚寅年)이다. 아마도 2009년 1년 동안의 소송이 필요할 것이다.

만약 천수이비엔이 형을 받는다면 형기는 몇 년이 될까? 특사로 사면될 가능성이 있을까?

- 신운(申運)이 지난 후 계미(癸未)와 임오(壬午) 대운(大運)으로 명리대로 판단하면, 미운(未運)이 축토(丑土)를 충개(沖開)하여 그를 다시 감옥에 넣지는 않을 것이다.
- 그러나 계수(癸水)가 개두(盖頭)하여 즉, 형식상의 형기가 있기 때문에 천수이비엔은 10년의 세월을 감옥에서 보낼 것이라는 게 나의 결론이다. 그러나 형 판결시간은 매우 길 것이고, 도중에 가석방이나 집행유예가 있을 것이다.
- 좀 더 자세히 분석하면, 신금(申金)은 축(丑)에서 생겨나 법률의 구속수사를 나타내고, 묘목(卯木)은 그의 아들 천즈중을 나타낸다. 2010년 신운(申運)이 되면 묘신(卯申)의 합(合)이 있어 천즈중도 법의 제재를 피하기 어렵고, 형기는 아버지보다 적은 3~5년의 시간이 될 것이다.

⑪ 학금양 전기(郝金陽 傳奇)

우리가 생활하는 이 세계는 각종의 이야기들로 가득 차 있다. 그렇다면 온갖 세상살이의 은혜와 배신과 같은 인생백태 뒤에는 또 무엇이 모든 것을 지배하고 있을까? 이 세계에 대한 우리들의 이해가 너무 적으니, 일체 원인과 결과의 진실은 무엇을 의미할까?

본문은 돌아가신 스승 학금양 선생과 그의 스승 류개성(劉開成) 선생의 전기(傳奇)를 기록했다. 읽고 난 후에 여러분들도 어느 정도 깨달음이 있을 것이다.

학금양 선생은 1930년 윤달 6월 3일 인시(寅時)에 산서성 오대현 산구의 평범한 농민 가정에서 출생했다. 가정 형편이 넉넉하지 않았기 때문에 비록 타고난 자질은 똑똑했지만 학교에 다닌 적이 없다. 17세 때 일본이 투항했고 태원(太原)이 광복되자 선생은 취직을 하여 태원(太原)의 병기공장 노동자가 되었다.

1948년 가을, 외지에서 명(命)을 봐주는 명리(命理) 선생이 왔는데 다른 사람들의 말에 의하면, 명(命)을 보는 것이 놀라울 정도로 정확했다고 한다. 그 당시 도처에서 전쟁이 벌어지고 있어 모든 사람들 마음이 뒤숭숭하고 장래의 명운이 어떻게 될 줄 몰랐다. 선생은 젊었기 때문에 사주팔자(四柱八字)를 그다지 믿지 않았다. 그러나 사람들은 모두가 사주팔자가 정확하다고 하고 게다가 명(命)을 보는 비용도 비싸지 않아 마침내 사주팔자를 한번 내밀어보았다. 명리(命理) 선생은(동전을 사용해서 괘를 뽑았는데 아마도 육효인 것 같다) 점괘를 봤고, 다음과 같은 괘가 나왔다.

"당신 집 앞에 세 그루의 나무가 있는데, 괘 중에 확실하게 나타난 것은 금년에 '베어졌다' 로 나왔다."

학선생은 세 그루의 나무가 있는 것은 확인해 주었지만 그러나 당시에 그 나무가 베어졌는지는 명확하지 않았다. 나중에야 비로소 확실히 베어졌음을 알았다.

"내년 봄에 당신은 큰 재난이 있을 것이고, 그것은 생사(生死)의 재난일 것이다."

학선생은 '생사' 라는 말에 크게 놀라 내년의 재난이 죽는 것인지를 급하게 물어봤다.

"무슨 재난입니까? 목숨을 앗아갈 재난입니까?"

"내가 보기에는 죽음까지는 아니더라도 만약 살아난다면 단지 죽지 못해 살아 있을 정도일 것이다."

당시 학선생은 명리 선생이 말하는 죽지 못해 살아 있을 정도라는 것이 무슨 뜻인지를 전혀 이해하지 못했다. 그래서 나중에 어떻게 되는지를 또 물었다.

"35세에 당신은 자살을 시도하겠지만 죽지는 않을 것이고, 만약 이 어려움을 잘 이겨낸다면 어떤 사람이 당신에게 밥 그릇을 줄 것이고, 당신의 나머지 인생은 이 밥 그릇에 의지해서 밥을 먹고 살아갈 것이다."

여기까지 본 다음, 일생이 이 괘로 분명해졌기 때문에 더 물어볼 필요가 없었다.

"그러면 내년의 재난(災)은 어떻게 합니까? 해결할 방법은 있습니까?"

학선생이 물었다.

"방법은 있다. 아마도 효과가 있을 것이다. 내년 음력 정월 초하룻날 태세신(太歲神)에게 제를 올리면 방법을 알려줄 수 있다. 그러나 일종의 약을 써야 한다. 이 약은 내가 돌아가 만들어줄 수 있는데, 은화 3개의 비용이 필요하다."

명리(命理) 선생이 대답했다. 학선생은 망설였다. 당시 3개의 은화는 견습공의 한 달 월급이었던 것이다. 학선생은 첫째, 이 돈이 아까웠고 둘째, 명리 선생이 말하는 방법이 유용할지 몰랐고 셋째, 원래는 아무 재난도 없는데 이 사람이 미끼를 주는 것이 아닌지, 고의로 만든 술수가 아닌지 생각했다.

다음해 봄이 되어 태원성(太原城)이 해방됐기 때문에 폭탄이 매일 떨어졌다. 그 재난의 예언이 계속해서 마음을 억누르고 있었고 학선생은 정말로 재난이 발생할 것 같은 예감이 들어 고향으로 돌아가는 편이 낫겠다고 결정했다. 고향으로 돌아가려고 준비하던 전 날, 공장이 포에 맞아 화재폭발이 발생했다. 이때 학선생은 당직을 하고 있었는데 불행히도 양쪽 눈이 포탄에 부상을 당해 양쪽 눈을 실명하고 말았다.

당시 국민정부는 학선생에게 배상을 해주고 고향으로 돌려보내 주었

다. 태원(太原)이 해방된 후 얼마 지나지 않아, 국민정부는 붕괴되어서 학선생은 더 이상 생활보조금을 받을 수 없게 되었다. 그리고 자신은 또 노동 능력을 상실해서 부모에 의지해 살아갈 수밖에 없었다.

몇 년 지나지 않아 아버지마저 병(病)으로 돌아가셨고, 원래 빈곤했던 생활은 더욱 힘든 곤경에 빠졌지만 그러나 어머님이 계셨고 학선생의 의식주는 여전히 사람들이 돌봐주었다. 하지만 35세가 되던 해, 학선생을 가장 사랑해주었던 어머님마저 돌아가셨다. 학선생은 암담함 앞에 어쩔 줄 몰라했다. 앞으로 어떻게 살아가야 할까? 어디에 가든 남의 짐이 되는 것 같아 차라리 죽는 편이 더 낫겠다는 생각을 했다.

학선생은 끈을 준비해 목을 매달고 자살을 시도했지만 마침 다른 사람에게 발견되어 살았고, 죽음조차도 어찌할 방법이 없었다. 그 순간 학선생은 10여 년 전 명리(命理) 선생이 해주었던 말이 떠올랐다.

"35세에 당신은 자살을 시도하겠지만 죽지는 않을 것이고, 만약 이 어려움을 잘 이겨낸다면 어떤 사람이 당신에게 밥 그릇을 줄 것이고, 당신의 나머지 인생은 이 밥 그릇에 의지해서 밥을 먹고 살아갈 것이다."

이 해에 지식인 한 분이 퇴직해서 고향으로 돌아왔는데, 그는 마을에서 유일하게 학식이 있는 사람으로 일찍이 서당에서 공부를 했으며 명리학(命理學)에 대해서도 약간의 이해가 있어 고서 『연해자평(淵海子平)』을 가져와 학선생에게 말했다.

"너는 이제 입에 풀칠할 수 있는 재주를 배울 필요가 있다. 더 이상은 생각을 떨쳐버리지 못해 스스로 목숨을 끊으려고 해서는 안 된다. 하느님도 눈이 있으니, 너에게 먹을 수 있는 밥을 줄 것이다. 들리는 말에 의하면, 모든 맹인이 이 『연해자평(淵海子平)』에 의지해서 명리(命理)을 배웠다고 한다. 우리 집에 그 책이 있는데, 네가 공부하도록 그 책을 주겠다."

그 당시는 문화대혁명이 아직 끝나지 않은 상태였고, 봉건 미신으로 간주되던 그러한 책을 감히 누구에게 주려는 사람이 있을 수 있었던 것은 정말로 하늘에서 호박이 떨어지는 것보다 더 어려운 일이었다.

학선생은 이처럼 자신에게 관심을 가져주는 사람이 있는 것에 마음이 따뜻해졌고, 당연히 이러한 관심은 얻기도 어려운 일이다. 그러나 자신은 눈이 멀어 책을 볼 수 없는데 어떻게 배울 수 있을까 생각했다.

이때 학식 있는 분이 비로소 입을 열었다.

"명리(命理)에 대해 나도 그다지 잘 알지 못해서 너를 가르칠 방법이 없다. 그러나 나는 지금 시간이 있으니까 책 속의 내용을 너에게 읽어줄 테니 너는 기억하기만 하면 된다. 배워서 사용할 수 있을지 없을지는 너의 운명에 달렸다."

좋은 방법이었다. 하지만 명(命)을 판단하려면 팔자를 배열할 수 있어야 하는데 자신은 맹인인데, 또한 이것을 어디에 가서 배울 수 있을까 생각했다.

학식 있는 분은 계속해서 학선생에게 말했다."

"이웃 마을 ○○에도 맹인이 있는데, 그는 유성간월(流星赶月)을 할 수 있다고 한다. 언제 한 번 그를 여기로 모셔서 그로 하여금 먼저 네가 팔자를 배열할 수 있도록 가르쳐주면 되는 것 아니냐."

다음 날, 그 지식인은 유성간월(流星赶月)을 할 수 있는 이웃의 맹인을 모셔와서 푸짐하게 대접했고, 그 맹인도 가르쳐주겠다고 매우 통쾌하게 대답했다. 유성간월(流星赶月)은 맹인이 팔자를 배열하는 구결(口訣)로 두 부분으로 나뉜다. 한 부분은 유일간지(流日干支)를 배열하고, 한 부분은 절령

(節令)을 말한다. 매년은 두 마디의 구결(口訣)로 간지(干支)를 정하고, 또 두 마디로 교절(交節)을 논하는 말도 있다.

일백년을 암기해야 하는 것은 물론이고, 거의 4백구의 구결(口訣)을 암기하도록 했다. 4백구를 암기하려고 노력한 것이 하루 이틀의 일이 아니었다. 그러던 어느 날, 이 지식인은 종이에 기록하는 것을 도와주었는데 거의 하루 24시간 동안을 꼬박 이 구결(口訣) 전부를 가르쳐주었다.

학금양 선생은 타고난 재능이 뛰어나고 기억력도 아주 훌륭하여 반년도 안 되어서 『연해자평(淵海子平)』의 모든 구결(口訣)을 암기한 적이 있고, 유성간월(流星趕月)도 자유자재로 응용했다. 학선생은 그때까지도 정식 사부가 없었고, 혼자서 이런 구결(口訣)을 사용해 마을 사람들을 위해서 추명(推命)을 해주었다. 그러나 응용에 있어서는 편차가 매우 크고, 게다가 자평의 구결(口訣)에 대한 이해에 있어 일정한 수준에 도달할 수 없었다.

이때 지식인이 학선생에게 말했다.

"너는 이미 충분히 배웠고, 내가 너에게 가르쳐줄 수 있는 것도 다 가르쳤다. 그러나 명리(命理)을 더 잘하고 싶다면 여러 선생을 만나는 것이 좋을 듯하다. 선배가 이야기하는 것을 들은 적이 있는데, 예전에 우리 마을에 류개성(劉開成)이라는 맹인이 있었다고 한다. 그의 수준은 최고지만 이미 그는 죽었고, 그의 후계자가 아직 살아 있는지 물어봐 줄 테니 어디 있는지 찾아보고 네 스승으로 모시고 배워봐라. 어떻겠느냐?"

평생 동안 이런 귀인(貴人)을 만날 수 있다는 것에 학선생은 정말로 감격해서 눈물을 흘렸다. 그러나 어디에서 이런 사부를 찾을 수 있을까?

맹인명사 류개성(劉開成)은 민국시기의 민간 명인(高人)이고 맹파종사(盲派宗師)급의 인물이다. 오태(五台)·대현(代縣)·원평(原平) 일대에서는 상당히 유명하고, 일찍이 소년 염석산(閻錫山)·서향전(徐向前)을 위해서 명(命)을 봐준 적도 있다.

류개성(劉開成)이 명(命)을 보면 비용을 받는데, 가난한 사람은 비용이 아주 낮고, 부귀명(富貴命)이면 아주 높은 비용을 받는다. 명(命)을 보고 싶은 사람에게 먼저 팔자를 말하게 한 다음 선생이 먼저 몇 마디 판단하는데, 거의 백발백중이었다. 그런 후에 명(命)의 부귀 등급의 차이에 근거해서 복채를 받는다.

만약 손님이 상세히 알고 싶다면 며칠 간 예약을 해서 손님 집으로 명서(命書)를 가지고 가 상담을 해주기도 했다. 류(劉)선생은 특별히 학식이 있는 사람을 초대해서 그들을 위해 명서(命書)를 써주었는데, 이 명서(命書)들은 아주 모범적이라고 평이 났다.

노년이 되어서 류(劉)선생은 자신이 배운 것을 전파하기 위해 널리 제자를 받기 시작했지만, 그러나 받아들인 사람들은 모두 맹인이었다. 일순간에 제자들이 엄청 많아졌다. 매년 절에 갈 때에는 제자(弟子)와 손제자(孫弟子)들이 모두 만나서 간다. 삼황회(三皇會)라는 이름으로 제자들은 각자의 제자들을 데리고 와서 교류하고, 시험을 거행하는 것도 중요한 행사의 한 가지였다. 문제를 출제하는 것은 당연히 류(劉)선생이고, 시험에 합격한 사람만이 비로소 수습을 마치고 전문인이 될 수 있다. 그래서 그의 추명절기(推命絶技)는 당시 광범위하게 퍼져나갔다.

학선생은 소설에서 류개성(劉開成)의 이야기를 들은 적이 있었다. 그러나 해방 초 류(劉)선생이 돌아가신 후에 삼황회는 이미 존재하지 않았고, 게다가 문화혁명 기간에 맹인이 명(命)을 보는 것은 봉건 미신으로 간주되어

엄하게 금지되었다. 그러나 농촌의 관혼상제나 결혼날짜를 잡는 종류의 일들은 여전히 음양을 아는 선생들을 초대했다. 비록 금지한다고는 말하지만 완전하게 근절시킬 수는 없었다. 게다가 맹인들은 다른 생활 생계가 없었고, 이것에 의지해 생활을 유지했기 때문이다.

당시 뛰어난 학식인은 류개성(劉開成) 선생의 후계자가 원평 남백 지방에 장씨 성을 가진 맹인 선생이 있다는 소리를 들었다. 그래서 학선생은 조카와 함께 이 장맹인(張盲人)을 찾아가 사부로 모시고 배우려고 했다. 장맹사(張盲師)를 만난 학선생은 자신의 생각을 설명했지만 그는 더 이상 제자를 받을 생각이 없었다. 이런저런 말을 나눈 후에 그는 5만원의 아주 비싼 학비를 요구했다. 비싼 가격을 부르면 배우지 않을 것이라고 생각했던 것이다. 학선생은 비싼 가격을 듣고 망연자실해졌다. 당연히 그에게는 이렇게 많은 돈이 없었기 때문이었다. 이번에 온 것은 허탕인가? 하고 고민했다.

시간은 뜻이 있는 사람을 저버리지 않는다. 결국에 장맹인(張盲人)은 학선생을 제자로 받아들이기로 결정했고, 학비에 관해서는 우선 차용증서로 대체하여 3년 내에 갚기로 했다. 다른 제자들은 일반적으로 3년의 시간을 필요로 하지만 학선생의 상황은 달랐다. 그는 기초가 있었기에 장사부(張師父)가 그에게 전한 구결을 바로 활용했다. 그래서 장사부(張師父)와 함께 공부했고, 그는 1개월도 안 되는 아주 짧은 시간에 많은 것을 배웠.

아주 세세한 것은 물론이고, 학습 중에 이렇게 많은 구결을 학선생도 다 암기할 수가 없었다. 유일한 방법은 우선 종이에 베끼는 것이었고 나중에 다시 천천히 암기하는 것이었다. 당시 학선생은 종이를 살 돈조차 없었다. 그래서 사부에게 3원을 빌려 세 장의 큰 흰 종이를 살 수밖에 없었고, 사람을 찾아 구결을 베꼈다. 빽빽한 세 장의 종이! 이것이 맹파 창시자 류개성(劉

開成)이 전수한 단명구결(斷命口訣)이었고, 절대로 외부로 전수할 수 없는 것이었다.

학선생은 다른 제자와 똑같이 맹인에게만 전수하겠다는 맹세를 했고, 맹인이 아닌 사람에게는 전수하지 않았다. 여기서 우리는 학선생의 초인적인 터득력에 대해 탄복하지 않을 수 없다.

구결(口訣)을 받아든 다음 날, 어떤 사람이 찾아와 명(命)을 봐달라고 하기에 학선생은 장사부(張師父)로 하여금 듣게 하고 자신이 직접 명(命)을 봐주었다. 찾아온 사람이 놀랄 정도로 정확하게 설명을 해주었고, 3원을 복채로 받았다. 이것은 그가 평생 처음으로 산명(算命)으로 번 돈이었고, 그가 사부에게 빌렸던 3원을 갚았다.

장사부(張師父)는 학선생의 단명(斷命)을 듣고 놀라움을 금치 못했다. 기쁘기도 했지만 한편으로는 걱정되는 마음도 들었다. 학선생의 이해력이 일반 사람을 뛰어넘는 것에 놀랐는데, 그가 받았던 제자 중에서 가장 뛰어난 한 명이었다. 기뻤던 것은 그가 이런 능력이 있어 5만원의 학비는 문제없이 갚을 수 있을 것처럼 보였다는 것이다. 장사부(張師父)가 걱정한 것은, 이렇게 대단한 제자가 자신을 능가하지는 않을까? 나의 업종에 끼어들지는 않을까? 하는 것이었다.

시간이 흘러가자 학선생의 산명(算命) 기술은 날이 갈수록 더욱더 증가하고 있었다. 아니나 다를까, 3년 후 학금양은 이미 그 지역에서 유명한 선생이 되었다. 당시에 산명(算命)하는 사람들의 수입은 10여 명의 노동력 수입에 상응된다. 한 명을 산명(算命)하면 3, 4원에 불과하다고 생각해서는 안 된다. 그 당시 하루 노동력의 대가가 단지 1위안이었다.

학선생은 하루에 10~20명의 명(命)을 봐주는 것이 일반적이었다. 학선생은 길 안내자를 데리고 원평(原平)과 오태(五台) 일대에서 활동했고, 수많은 전기적인 산명 이야기를 남겼다. 나중에는 사부의 명성을 뛰어넘었고 게다가 그의 실제 단명 수준도 이미 장사부(張師父)를 뛰어넘었다. 똑같은 사람이 장사부를 찾은 적이 있고, 다시 학선생을 찾아 단명을 했는데 평가는 학선생이 판단한 것이 더 정확하고 더 상세하다는 것이었다. 그래서 잘 모르는 사람들은 두 사람이 사형 관계일 것이라고 생각했을 뿐 사제 관계라고는 생각지도 못했다.

하루는 이 말이 어쩌다 그의 사부(師父)에게까지 전해졌는데, 틀림없이 다른 사람들에게 학금양이 말한 것으로 생각한 사부는 화가 나서 아주 극단적인 말을 했고, 사제지간에 사이가 벌어져 오랜 기간 교류를 하지 않았.

제자(弟子)의 실력이 사부(師父)를 초월하는 것은 정상이라고 할 수 있다. 흔히 말하길, '장원의 제자는 있지만 장원의 사부는 없다.' 라는 말과 같다. 이 방면에서 학선생의 재능은 정말로 일반 사람들의 상상을 초월했다. 같은 구결에 대해서 이해와 깨달음이 조금은 다르고 수준 또한 각각의 특색이 있어 마치 우리가 지금 『황제내경(黃帝內經)』을 읽고 있다면 책 속의 내용에 대해 얼마나 깨달을 수 있을까는 독자의 의학 경계가 얼마나 높은지에 달려 있는데, 이것이 바로 경전의 매력이다.

##

학금양 선생의 류개성 사조(師爺)에 대한 추종은 더할래야 더할 수 없을 정도다. 그는 또 다른 이야기를 말한 적이 있는데, 나는 아직도 기억에 생생하다.

어느 날 아침, 40대의 중년 농민 왕모씨가 류개성을 찾아와 명(命)을 봐 달라고 했다. 그 사람은 '부인과 하루 종일 싸우는 데 더 이상은 같이 지낼 수 없을 것 같다'라고 말하면서 류선생에게 어떻게 하면 좋을지를 물었다. 류선생은 그로 하여금 생년일시를 말하도록 했다.

유감스러운 것은 우리들에게는 그의 팔자가 무엇인지를 기록한 것이 없다는 것이다.

류(劉)선생은 팔자를 배열한 후에 한 마디도 하지 않고 한참 동안 깊은 생각에 잠겼다.

"아, 당신의 명(命)은 내가 오늘 산명(算命)할 수 없다."

이 말을 듣고 놀란 왕모씨가 생각한 것은 '내 수명(壽命)이 다 됐나? 왜 류(劉)선생이 자신에게 산명(算命)을 해주지 않지?' 하는 것이었다.

왕모씨는 급하게 무슨 원인인지를 물었다

"걱정할 필요없다. 다른 문제는 없다. 하지만 만약 당신이 정말로 내가 오늘 당신에게 산명(算命)을 해주기를 원한다면 당신은 먼저 한 가지 일을 해야 한다."

류(劉)선생은 설명했다.

"무슨 일인가? 내가 할 수 있는 일이기만 하면 틀림없이 하겠습니다."

"할 수 있을지는 모르겠지만, 당신은 내가 말한 대로만 하면 된다. 돌아온 후에 내가 다시 당신의 사주(四柱)를 산명(算命)해 주겠다. 괜찮은가?"

류(劉)선생의 말에 왕모씨는 좋다고 했다.

"당신은 문으로 나가서 길을 따라 서북으로 가고, 계속 가다가 절벽에서 떨어져 내려오는 흙덩이를 보면 그 떨어져 내려오는 흙덩이에 소변을 보

고 그런 다음에 돌아오면 산명(算命)을 해주겠다. 아주 간단한 일이다."

왕모씨는 류(劉)선생의 속을 알 수가 없었다. 그러나 통쾌하게 동의했다. 그는 문을 나서면서 생각했다.

'오늘 절벽의 귀신이 되는 것은 아니겠지?'

하지만 류(劉)선생이 아무런 이유 없이 무엇 때문에 나를 해하려고 하겠는가.

3리도 채 걸어가지 못했는데 정말 류선생이 말한대로 절벽에서 떨어지는 흙덩이가 쌓여 있는 것을 발견했다. 소변을 보고 싶은 생각은 없었지만 힘들게 해결하고 막 몸을 돌려 돌아가려고 할 때 무의식중에 흙 속에 빨간 천의 끈이 묻혀 있는 것을 보았다. 호기심이 동한 그는 끈을 잡아당겼는데 알고 보니 끈이 아니라 빨간 천 자루였다.

흙덩이 속에 있는 자루를 잡아당겼는데 안이 묵직했다. 안에 무엇이 들어 있는지 궁금했던 그는 이내 빨간 천 자루를 열어보았다. 빨간 천 자루 안에 들어 있는 물건을 본 순간 그의 심장은 쿵쾅쿵쾅 뛰었다. 신기하게도 자루 안에는 돈이 들어 있었던 것이다. 세어 보니 9개의 동전이었다. 뜻밖의 재물에 그는 매우 기뻤고, 서둘러 그 자루를 잘 싸서 다른 사람이 볼까 봐 가슴에 안고 돌아갔다.

마침내 왕모씨가 돌아오자 류(劉)선생이 물었다.

"모두 내가 말한 대로 했느냐?"

왕모씨는 고개를 끄덕였다.

"그렇다."

"무엇인가를 발견했는가?"

"아니, 아무것도 보지 못했다."

"그럴 리가 없을 텐데. 나는 당신이 빈손으로 돌아오지 않았을 것으로 확신한다. 여기서 나한테 솔직하게 말하지 않다니. 하하하!"

류(劉)선생의 호탕한 웃음을 들은 왕모씨는 어쩔 수 없이 동전을 보았다고 솔직하게 털어놓았다.

"세 개의 동전을 꺼내서 여기에다 놓으면 산명(算命)을 해주겠다."

"좋다."

이 선생은 정말로 속일 수 없겠다고 왕모씨는 마음속으로 생각했다.

류(劉)선생은 추명(推命)을 시작했다.

"이 결혼은 이혼할 수 없으니 잘 생활하며 지내라. 어느 정도 시간이 지나면 부부 싸움을 하지 않게 될 것이다."

추명(推命)이 끝나자 왕모씨는 결혼에 대한 걱정도 풀려 안심이 되었고, 선생에게 감사의 인사를 하고 떠날 준비를 했다.

"서두르지 말아라. 복채는 아직 내지도 않았다."

류(劉)선생이 말했다.

"방금 전 세 개의 동전을 이미 복채를 내지 않았는가?"

"아니다. 방금 전 그 세 개의 동전은 내가 받아야 하는 것이다. 내가 행동이 불편해서 오늘 당신의 손을 빌어 가져오게 했을 뿐이다. 당신은 다시 세 개의 동전을 복채로 내야 한다. 당신한테도 아직 세 개의 동전이 남아 있다."

"오늘 정말 많을 것을 알게 됐다. 알았다! 알았다!"

왕모씨는 어쩔 수 없이 세 개의 동전을 복채로 지불하고 다시 한 번 감사 인사를 하고 돌아갔다.

> **보충 설명**
>
> 우선은 류(劉)선생 자신이 자신의 명(命)을 보면 본인이 언제 얼마만큼의 재물을 얻을 수 있을지 분명히 알 수 있었다. 그의 명(命) 중에는 분명히 재고(財庫)가 있다. 예를 들면 하나의 무술(戊戌)의 주(柱)가 있는데, 이 술(戌) 중의 재(財)가 창고 속의 물건이고, 무(戊)는 절벽의 상(象)이다.
>
> 이날은 때마침 그의 재고(財庫)를 열 수 있었는데, 어떻게 열까?
>
> 왕모씨의 명(命) 속에는 때마침 무진(戊辰)이 있는데, 이 무진(戊辰)은 마땅히 시상(時上)에 있어야 한다. 왜냐하면 시주 자손궁이 소변의 의미가 있기 때문이다.
>
> 또한 당일이 아마도 무진일(戊辰日)이었을 것이다. 이 무진(戊辰)의 재고(財庫) 또한 충개(沖開)해야지만 비로소 얻을 수 있는 것이다. 그래서 왕모씨로 하여금 서북으로 가서 이 재(財)를 가져오도록 시킨 것이다.
>
> 무술(戊戌)이 무진(戊辰)을 충(沖)하고, 무진(戊辰)의 무(戊)가 재(財)를 누르는데, 상(象)이 바로 절벽에서 떨어져 내려오는 흙인 결과 이렇게 충(沖)해서 두 사람이 모두 재(財)를 얻었다.

그렇다면 9개의 동전은 어떻게 나왔는가?

나는 술자(戌字)가 능히 응(應)하여 나왔다고 생각한다. 술(戌)은 9월이고, 서북은 건금(乾金)에 속하니 9라는 숫자가 나온다.

무진(戊辰)의 진(辰)은 수(水)의 고(庫)이고, 6이라는 숫자와 합(合)하니, 왕모씨는 6개의 동전을 얻는다. 그래서 다시 복채로 3개의 동전을 더 달라고 류(劉)선생이 말했던 것이다.

三

　　류개성(劉開成) 선생이 소년 염석산(閻錫山)을 위해 산명(算命)한 이야기는 나의 『명리진보(命理珍寶)』 책 속에 기록되어 있다. 들리는 말에 의하면, 그는 또한 나중에 총사령관이 된 서향전(徐向前)에게 산명(算命)을 한 적이 있는데 그때 서사령관은 아직 학교에 다니고 있을 때였다.

　　나는 줄곧 서사령관이 틀림없이 계속해서 류개성(劉開成)이 그에게 판단해준 명보(命譜)를 보존하고 있을 것이라고 생각했다. 왜냐하면 수많은 역사의 중요한 시기에 그는 늘 매우 냉정할 수 있었고 게다가 가장 정확한 선택을 할 수 있었기 때문이다.

　　서사령관은 우리 오대현 영안촌에서 태어났고, 그의 아버지는 지식인으로서 가르치는 일로 생계를 유지했고, 마을에서 가장 학식이 있는 사람이었다. 그에게는 공부를 하고 있는 두 아들이 있었는데, 장래 아들들에게 성공 가능성이 있는지에 대해 알고 싶어 당시에 가장 유명한 명리 선생인 류개성(劉開成)에게 아들들에 대한 산명(算命)을 해줄 것을 부탁했다.

　　당시 류선생은 제자를 데리고 그의 집에서 40일을 머물렀다(나는 호기심으로 그에게 왜 40일이나 되는 오랜시간 동안 명(命)을 봐야 하냐고 물었는데, 학사부는 부유한 사람을 만나는 것은 쉽지 않기 때문에 더 많이 머물려고 한다고 했다). 그 당시 서향전의 아버지가 많이 부유하다고는 할 수 없지만 그러나 일반 사람들과 비교해 보면 아이들이 공부를 할 수 있도록 학교에 보낼 수 있는 것은 중산층 이상의 가정이라고 할 수 있다.

　　40일의 긴 시간 동안 두 개의 명(命)을 산명(算命)했는데 상당히 자세하게 봤다. 그리고 복채를 받았는데, 이때 받은 돈이 백원이었으며 상당히 비

싼 비용이었다.

"왜 이렇게 비싼 복채를 요구하는가?"

서향전의 아버지가 물었다.

"당신 두 아들의 명(命)이 아주 귀(貴)하다. 군대의 부대를 관리하는 갯수에 따라 당신에게 1원을 받았는데 비싸다고 할 수는 없을 것이다. 비싸지 않다. 당신의 큰 아들은 30개의 군대를 관리할 수 있는 군장(軍長)의 명(命)이다."

류(劉)선생이 대답했다.

"그럼 둘째는 설마 70개의 부대를 관리할 수 있다는 말인가?"

"그렇다. 70개보다 더 많다. 장군의 명(命)이다."

류(劉)선생은 계속해서 말했다.

"당신의 두 아들은 서로 화합하지 못해서 당신이 죽었을 때 그들은 모두 곁에 있지 않을 것이다. 둘째아들의 명은 비록 지위가 아주 높지만 극처(克妻)가 심해서 세 번째 아내여야 비로소 백년해로를 할 수 있고, 또한 좋지 않은 일로 6개월 동안 거지 팔자로 변하는데, 이런 상황을 나는 명보(命譜) 속에 잘 정리해 놓았다."

실제로 서향전의 아버지는 그렇게 많은 복채를 지불하지 않았다(당시의 상황은 서향전의 아버지는 단지 아이들을 가리키는 선생이고, 연수입 또한 백원도 안되기 때문이다).

류(劉)선생은 당시에 그렇게 가격을 부르지만 단지 말로만 부를 뿐이었다. 실제로 얼마를 냈는지 우리는 알 방법이 없다. 중요한 것은 류개성(劉開成)의 신(神)과 같은 정확한 판단은 후에 모두 들어 맞았다는 것이다.

서사(徐師) 큰형 서수겸(徐受謙)〔서사의 원래 이름은 서상겸(徐象謙)이고, 『역경』에서 겸괘해 이름을 얻은 것이다〕은 후에 염석산(閻錫山) 부대의 군수관을 했으며 군장급이었다. 해방된 후에 역사 문헌을 수집하고 연구하는 기관에서 일을 했지만, 당시 국공양당(國共兩黨)에 있어서 서로 화합할 수가 없었다.

나중에 서사(徐師)의 첫번째 아내가 병으로 죽었고, 둘째 아내는 원정 길에 억울하게 죽었으며, 마지막 셋째 아내와 백년해로했다. 원정 길에 모든 군대가 전멸했고, 그는 몇 십 명의 부상병을 데리고 적들의 추적을 따돌리고 도망갔는데, 거지 분장을 하고 연안으로 도망갔다. 정말로 반년 동안의 거지명이었다.

● 건조(乾造) _ 서향전(徐向前) 총사령관의 사주

時	日	月	年
己	庚	戊	辛
卯	寅	戌	丑

학금양 스승의 말에 근거하면, 류개성(劉開成)의 산명(算命) 능력과 명성은 사람들에 의해서 신선처럼 대접을 받았다. 그러나 그에게는 배운 것도 없고 재주도 없는 변변치 못한 아들이 있었는데, 하루 종일 하는 일 없이 빈둥거리며 싸움을 하고 말썽만 일으켰다. 류개성(劉開成)은 아들에 대해서는 정말 어떻게 할 방법이 없었다. 나중에는 그를 마음대로 내버려두었다. 어른이 되어서도 어떤 일도 할 줄 모르고 해서 군대에 갔다.

어느 날, 류개성은 그의 한 제자와 이야기를 나누었다.

"내 아들은 쓸모 있는 사람이 될 것 같지도 않고 명(命)도 그렇게 가지고 태어났으니 이렇게 될 수밖에 없다. 내가 아들을 산명(算命)해 보았는데, 아마 모년 모월에 양쪽 눈을 부상당해 돌아올 것 같다. 그때가 된다면 나는 이미 이세상 사람이 아닐 것이다. 양쪽 눈이 멀어도 산 목숨은 살아야 하는데 더욱이 아들은 많은 것을 배울 만한 재능도 없다. 내가 너에게 전수하는 간단한 산명(算命) 방법들을 때가 됐을 때 네가 그에게 가르쳐줘라. 그러면 입에 풀칠은 할 수 있을 것이다."

말을 하는 도중에도 류(劉)선생은 깊은 한숨을 내쉬었다.

이것은 간편하게 형제를 판단하는 몇 가지의 방법으로 덧붙이는 말도 있고, 또한 아주 명확하지는 않지만 큰 편차는 없을 것이다. 예를 들어, 형제 두세 명을 판단한다라고 하면 둘 아니면 셋이지 넷은 아닐 것이다. 숙달되면 신기할 정도로 간단하다.

과연 류(劉)선생의 예상은 빗나가지는 않았다. 류(劉)선생이 서거한 후 다음 해에 그의 아들이 선생이 산명(算命)한 그 해에 눈을 잃고 집으로 돌아왔다. 모든 일들은 선생이 예상했던 대로 그렇게 발전되어 갔다.

류(劉)선생이 생전의 명성이 컸기 때문에 그의 아들을 찾아 산명(算命)하는 사람들도 많았다. 나중에는 아내를 맞이하고 아들을 낳았다.

정말로 소중하게 우리가 받아들여야 하는 한마디는 '모든 일은 다 명(命)이다. 명(命)으로부터 자유로울 수 있는 사람은 없다!'라는 말이다.

명리학이라는 학문을 접한 지 꽤 오랜 시간이 흘러갔지만 여전히 감을 잡을 수가 없었다. 항상 간직한 화두는 사주에서 음양을 어떻게 응용하고, 사주에 시간과 공간을 어떻게 적용하여 해석할 것인가였다. 언젠가 풀리겠지 하는 바람으로 〈자평진전〉, 〈적천수〉, 〈연해자평〉, 〈삼명통회〉 등의 고서를 뒤적이며 실마리를 찾고자 하였으나 머리가 아둔하여 여전히 미로를 헤매기만 했다.

2007년 어느 날 가을에 『맹파명리』라는 책에서 맹파명리의 저자 단건업 선생의 스승인 학금양 선생의 전기를 읽으면서 일종의 전율 같은 희열뿐만 아니라 명리학이라는 학문에 대한 확신성을 가질 수 있었다. 이때부터 『맹파명리』를 뿌리째 뽑아보자는 심정으로 중국어 공부와 더불어 맹파이론을 하나하나 짚어가면서 이해하려고 무던히도 노력하였다. 그러나 주공(做功), 허실(虛實), 빈주(賓主), 환상(換象), 대상(帶象) 등을 도저히 응용할 수 없었다. 그래서 잠시 동안 나와 『맹파명리』와는 인연이 없는 것이 아닌가 생각하고 다시 전통명리(傳統命理)〔용신·격국〕로 방향을 돌렸다.

그러던 어느 날 지인과 〈연해자평〉을 놓고 열띤 토론을 벌이던 중에 『맹파명리』 이론과 유사한 내용이 바람처럼 스쳐 지나갔다. 이때『맹파명리』의 숨은 그림자를 본 것이다. 그 순간 말로 형언할 수 없는 희열을 느끼고, 바로 중국의 단건업 선생에게 전화를 하였다.

이렇게 하여『맹파명리』와 인연이 이어져 단건업 선생으로부터 직접 강의를 들을 수 있는 내 삶의 최고 행운을 맞이한 것이다. 단건업 선생의『맹파명리』 공부 중 나를 더욱 놀라게 한 것은 정확한 이론과 철저한 논리를 바탕으로 하여 명리학에 접근하고 해석해 낸다는 것이었다. 더 나아가 이러한 이론과 논리를 바탕으로 응기(應期), 상법(象法), 구결(口訣), 육친(六親) 등을 활용하여 언제 무엇이 발생하는지를 정확하게 해석해 내는 것을 보고서 명리학에 대한 경외심까지 느꼈다. 이러한 인연으로 때늦은 감이 있지만『맹파명리』라는 훌륭한 책을 한국에 소개하여『맹파명리』를 알릴 수 있는 기회가 온 것이다.

부족한 실력으로 제대로『맹파명리』를 번역할 수 있을까 하는 두려움이 존재했었지만, 명리학에 대한 학문의 다양성과 전통명리와는 다른 차별성에 대하여 독자들에게 선택의 폭을 넓혀 줌으로써 경직되고 획일화되어 있는 우리 명리학의 발전에 조금이나마 도움이 되었으면 하는 바람으로 부끄러움을 무릅쓰고 책을 번역하게 되었습니다.

원래 번역이란 제2의 창조이다 보니 단건업 선생의 『맹파명리』 이론을 제대로 이해하고 번역해야 되는데 그렇지 못하였고, 또한 워낙 문장력이 없는지라 번역 중 많은 오류가 있었을 수 있으므로 앞으로 독자 여러분의 애정 어린 충고와 가르침을 겸손하게 기다릴 뿐입니다.

이 책이 나올 수 있도록 노력하신 상원문화사 대표 및 관계자 여러분과 중국어 번역에 대해 도움을 주신 우재기 박사님께 감사드리며, 아울러 정밀한 교정을 해주신 대안 선생님, 유정식 선생님, 전진우 선생님, 그리고 항상 동생처럼 보살펴주시는 박종일 형님께 깊은 감사를 드립니다.

끝으로 부족한 실력임에도 불구하고 한국어 출판을 허락해 주신 단건업 선생님께 감사의 마음을 전하며, 『맹파명리』가 기존 전통명리의 한계성을 극복할 수 있는 하나의 대안이 될 수 있기를 희망합니다. 독자 여러분들의 명리학 공부가 무르익기를 기원합니다.

辛卯年 仲夏
박형규 올림

참고도서

_ 단건업 著, 『맹파명리』, 시륜조화유한공사출판, 2006년
_ 단건업 著, 『명리진보』, 중국철학문화협진회출판
_ 단건업 著, 형명분 著, 『맹사단명일례집일』, 시륜조화유한공사출판
_ 단건업 著, 『복문명학』
_ 단건업 著, 『명리도독전결〔풍, 화〕』
_ 곽목량 著, 『팔자신기묘쾌』, 무릉출판사
_ 곽목량 著, 『팔자시공현쾌』, 무릉출판사
_ 진춘익 著, 『팔자명리신해』, 무릉출판사
_ 서우진 著, 『관판연해자평평주』, 송림출판사
_ 만민영 著, 『삼명통회』, 무릉출판사
_ 하건충 著, 『팔자심리추명학』
_ 장문정 著, 『논명쇄기 1·2·3』, 중국철학문화협진회출판

盲派命理_맹파명리

1판 1쇄 발행 | 2024년 6월 10일

지은이 | 단건업
옮긴이 | 박형규
펴낸곳 | 학산출판사
주소 | 서울시 종로구 종로 127-2 영흥빌딩 502호
전화 | 010-7143-0543 / 02)765-1468
이메일 | boak5959@naver.com
출판등록 | 2017년 12월 29일

책임편집 | 김영철
표지 및 본문디자인 | 개미집

ISBN 979-11-987735-0-0 (93180)

● 이 책 내용의 일부 또는 전부를 재사용하려면 반드시 한국어 출판권자인 옮긴이와 학산출판사의 서면에 의한 동의를 받아야 합니다.
● 책값은 표지에 있습니다.
● 잘못 만들어진 책은 구입처 및 본사에서 교환해 드립니다.